U0593254

厦门文献丛刊

厦门海疆文献辑注

陈　峰　辑注

厦门市图书馆　编

厦门大学出版社

厦门文献丛刊
总　　序

厦门素有"海滨邹鲁"之誉，文教昌明，人文荟萃，才俊辈出，灿若群星。故自唐代开发以来，鸿章巨著，锦文佳作，层见叠出，源源不绝，形成蔚然可观的厦门地方文献。作为特定地域之人文精神的载体，这些文献记录了厦门地区千百年来之历史发展与社会变迁，讲述着厦门地区千百年来之政教民生与人缘文脉，是本地宝贵之文化遗产，更是不可多得的地情信息资源，于厦门经济建设之规划与文化发展之研究，具有彰往考来的参考价值。

然而，厦门地处滨海扼要，往昔频遭战乱浩劫，文献毁荡散佚颇多，诸志艺文所载之厦门文献，十不存三。而留存于世者，则几成孤本，故藏家珍如拱璧，秘不示人，这势必造成收藏与利用之矛盾。整理开发厦门文献，是解决地方文献藏用矛盾的有效手段。它有利于地方优秀传统文化之传播，有利于发挥地方文献为当地社会和经济发展服务之作用，从而促进地方文献的价值提升。因此，有效地保护、整理与开发利用厦门地方文献，俾绵延千百年之厦门地方文献为更多人所利用，已成当务之急。

保护人类文化遗产是图书馆的重要职能之一，而开发利用文献资源更是图书馆的一个重要任务。近年来，厦门市图书馆致力于馆藏地方文献的搜集、整理与开发，费尽心思，不遗余力。为丰富地方馆藏，他们奔走疾呼，促成《厦门地方文献征集管理办法》正式颁布，为地方文献征集工作提供法规保障；为搜罗地方珍本，他们千里寻踪，于天津图书馆搜得地方名士池显方的《晃岩集》完本，复制而归，俾先贤文献重返故里；为发挥馆藏效用，他们更是联袂馆人，群策群力，编纂《厦门文献丛刊》，使珍藏深闺的地方文献为世人所利用。厦门图书馆人之努力，实乃可贺可勉。

余观《厦门文献丛刊》编纂方案，入选书目多为未曾开发的地方文献，其中不少是劫后残余、弥为珍贵之古籍。如明代厦门文士池显方的《晃岩集》、同安名宦蔡献臣的《清白堂稿》等，皆为唯一存世的个人文集，所载厦门、同安之人文史事尤多，乃研究明代厦门地方史之重要文献；又如清代厦门文字金石名家吕世宜的《爱吾庐笔记》、《爱吾庐题跋》等作品，乃其精研文字，揣摩金石之心得，代表清末厦门艺术研究之时风；再如宋代朱熹过化同安时所著的文集《大同集》、明代曹履泰记述征剿海上武装集团的史料文献《靖海纪略》、清代黄家鼎权倅马巷时所著的文集《马巷集》、清代沈储记述闽南小刀会起义的史料文献《舌击编》等，亦都是厦门地方史研究的重要资料。这些古籍文献，璞玉浑金，含章蕴秀，颇有史料价值。更主要的是这些文献存世极少，有的可能已是存世孤本，急待抢救。《厦门文献丛刊》之编纂，不以尽揽历代厦门文献为能事，而是专注于未曾开发之文献，拾遗补缺，以弥补厦门地方文献开发利用之空白，实乃匠心独运之举。

《厦门文献丛刊》虽非鸿编巨制，然其整理、编纂点校工作繁重，决非一蹴可就。愿编校人员持续努力，再接再厉，使诸多珍贵的厦门文献卷帙长存，瑰宝永驻，流传久远，沾溉将来。

是为序。

己丑年岁首

掬采海国万里涛

——古代厦门的海疆文献

自古以来，地少人多的闽南沿海民众因困于生计，多浮海为生。他们御风驾舟，渡台湾、走日本、下南洋，通四夷，于万顷波涛间寻求生机，或启荒远之区，披榛斩棘，以拓谋生之地；或通海外之商，彼往此来，以博贸易之利。海洋成为闽南人图谋生存、寻求发展之路。地处东南沿海之厦门，其得天独厚的地理优势，注定其兴亡盛衰与海洋息息相关。海上贸易之发展令厦门具有了海防的价值，元代"嘉禾千户所"的设置和明代"厦门城"的建立即与此相关。明代之海禁与反海禁的斗争以及闽南的抗倭斗争，也在滨海之隅的厦门上演。随着闽南中心港口"先泉州，次月港，后厦门"的转移，明代后期，厦门成为闽南人走向海洋的重要起点。它不仅成为通洋口岸，促进闽南海上交通贸易之持续发展，亦成为郑成功抗清复台的立足点，演绎了悲痛壮烈的海上史剧。到了清代，厦门已发展成闽南海外商贸之重镇和闽台政治、军事之要区。

在认识海洋、征服海洋、利用海洋进行物质生产和经贸活动中，在围绕海洋展开政治、军事斗争的过程中，古代厦门造就了诸多精研海务的海洋地理学家和好勇尚义的海防军事将领。尤其是在清代，闽海政局风云变幻，海上战事如波逐浪，滨海之厦门，成为"武功最盛区"，涌现出一大批军事将领，官至提督军务之职者达二十余人，而以水师将领为多。这些熟悉港汊舟楫、善于海上征战的水师将领及其幕僚，以其对海防思想的认识和海防手段的实践，撰写下一部部凝结着丰富经验的海疆文献。虽然，当时战乱频仍、士庶播迁，使不少厦门海疆文献淹没于历史沧海之中，但也有一些文献历尽劫难而保存下来了，如陈伦炯的《海国闻见录》、李增阶的《外海纪要》、李廷钰的《海疆要略必究》和《靖海论》、林君升的《舟师绳墨》、窦振彪的《厦门港纪事》、林树梅的《闽海图说要略》，等等。这些文献，或记叙海疆形势、海外风情，或纪录海道水程、潮信气候，或论述防海策略、海战战术，或教习造船制舟、掌舵操缭，林林总总，题材颇丰，囊括了海洋地理、海防军事、航海技术等多个学科知识。这些文献是颇具闽南特色的海疆文化之载体，印证着厦门人征服海洋的足迹，记载着厦门人对海洋文化史的贡献。

在厦门海疆文献中，最具影响的是海洋地理学家陈伦炯所著的《海国闻见录》。作为清代第一部综合性海洋地理名著，它一直被许许多多论述中外地理或海洋文化的著述所提及。

陈伦炯（1687—1751），字次安，号资斋，福建同安县安仁里高浦村（今属厦门集美区杏林街道）人。少从其父出入东西洋风涛之中，熟知海上形势。清康熙年间袭父荫补，召充宿卫。尝随从康熙帝狩猎关外，康熙帝偶问及外夷情形，对答如流，皆与图籍吻合。康熙六十年（1721年），朱一贵事变起，奏陈《易平状》。事平后，授台湾南路参将。雍正间，晋澎湖副将，旋补台湾镇总兵。后历任广东高、雷、廉及苏松、狼山诸镇总兵。任内励己率属，廉洁奉公，"兵民祝之如父母，伦炯抚之如己子，上下相安"。乾隆七年（1742年）升浙江宁波水师提督。

陈伦炯所著的《海国闻见录》是一部图文并茂的海洋地理学著作，作于清雍正八年（1730年），比魏源著名的《海国图志》领先整整一个世纪。该书分二卷，上卷记八篇，包括天下沿海形势录、东洋记、东南洋记、南洋记、小西洋记、大西洋记、昆仑记、南澳气记；下卷图六幅，包括四海总图、沿海全图、台湾图、台湾后山图、澎湖图、琼州图。该书详细地描述了中外海洋沿岸国家的地理民俗状况，对我国沿海形势叙述尤细，"凡山川之扼塞、道里之远近、沙礁岛屿之夷险、风云气候之测验，以及外番民风、物产，一一备书。虽卷帙无多，然积父子两世之阅历，参稽考验，言必有征"《四库全书总目提要》)。

陈伦炯撰写《海国闻见录》，与其父陈昂的影响有极大的关系。陈昂，字英士，同安县安仁里高浦人，居厦门。少好击剑，武功高强。父兄早逝，为侍养寡母，弱冠即从事海上经商，漂泊于大洋沿岸诸国之间。清康熙二十一年（1682 年），靖海侯施琅召至麾下，随从平定台湾，以功授苏州城守游击，调定海左军，迁碣石总兵官。又奉命寻觅郑氏流落海外之遗裔，长达五年之久，足迹遍及东西洋各国。回来后，叙功授职，官至广东副都统。陈昂一生漂泊海上，见多识广，经验丰富。其所见所闻，皆传之陈伦炯。在《海国闻见录自序》中，陈伦炯称："炯自为童子时，先公于岛沙隩阻盗贼出没之地，辄谆谆然告之。"这为陈伦炯后来撰写《海国闻见录》提供了许多素材。陈昂的目光甚为深远，曾上书朝廷，主张限制来华列强的行动范围，"请敕督、抚、关差诸臣防备，于来入港之先取其火炮，另设所关束，每年不许多船并集"。但对于朝廷下令闭关，断绝海外贸易，则认为不妥，曾对陈伦炯说："滨海生民，业尽在蕃舶。今禁绝之，则土货滞积，生计无聊。"故日暮之年，备下遗疏一折，令其子于适当时机上奏朝廷，为生民请开海禁。陈伦炯在其父逝世后，带着父亲遗疏入都晋见康熙，为皇帝所嘉纳。陈昂防备外夷和保民恤商的思想无疑促动陈伦炯撰写《海国闻见录》，"使任海疆者知防御搜捕之扼塞，经商者知备风潮、警寇掠，亦所以广我皇上保民恤商之德意"（陈伦炯《海国闻见录自序》)。

受父亲影响，陈伦炯精研海务，游踪曾"东极日本，西极波斯。中国沿海，则周历不下十次"，对沿途的自然地理状况、风向潮汐规律及海外诸国风土民俗尤为留心，"及移镇高、雷、廉，壤接交趾，日见西洋诸部估客，询其国俗、考其图籍"（陈伦炯《海国闻见录自序》），广搜资料，参稽考证，终于编撰出自成特色的一部海洋地理著作。

由于《海国闻见录》在海洋地理、气候、沿海民俗以及航海、海防等方面的研究都具有一定的价值，因此，自成书以来，一再被人们或抄写、或刊刻出版。现今存世版本甚多，仅国家图书馆就藏有：清乾隆年间刻本一册、清乾隆五十八年（1793年）刻本一册、清道光三年（1823年）长洲张久照刻本二册、清同治七年（1868年）粤东三元堂刻本二册，还有大连市图书馆藏乾隆年间刻本一册、中国人民大学图书馆藏清同治八年（1869年）长沙余氏刻本一册、中科院图书馆藏清抄本一册等。此外，还被收入多部丛书之中，有四库全书本，属史部地理类；珠海艺尘本；明辨斋丛书本，为第十六册；昭代丛书本，入戊集；台湾文献史料丛刊本，入第七辑。另上卷《天下沿海形势录》、《东洋记》等八记收入《小方壶斋舆地丛抄》第十二帙和第十帙。

继陈伦炯之后，与海洋地理有着密切关系的海疆文献，有李廷钰的《海疆要略必究》、窦振彪的《厦门港纪事》和李增阶的《外海纪要》。这三部书均属于航海学文献，涉及到海运航线、船舶引航、航海气象和天文潮汐等方面知识。相比之下，《海疆要略必究》和《厦门港纪事》重点记录的是海道"针路"与沿途岛澳辨识，更趋于专门性的引航术；《外海纪要》的内容则错杂得多，包括寄泊澳屿、更期水程、风云天气、沙线礁石、时辰流水等方方面面的介绍，可谓综合性的航海学文献。

李廷钰（1791—1861），字润堂，号鹤樵，同安县民安里后滨村（今属厦门翔安区马巷镇）人。闽浙水师提督李长庚之族侄，从小为李长庚所抚养，李长庚之原配吴夫人视为己出。李长庚，字超人，号西岩，清乾隆三十六年（1771年）武进士，授蓝翎侍卫，历福建海坛镇总兵、铜山参将、澎湖协副将、定海镇总兵。清嘉庆五年（1800年）擢浙江水师提督，于闽、浙、粤三省海面屡败海匪。清嘉庆九年（1804年）任闽浙水师提督，统领两省水军。嘉庆十二年（1807年）征剿蔡牵海上武装，于黑水洋中不幸中炮身亡。赐祭葬，谥"忠毅"，追封伯爵。李长庚无子，吴夫人奏立李廷钰为嗣子，承袭封爵。出身水师世家的李廷钰，秉承养父之文武才华，习熟兵法韬略。嘉庆十八年（1813年）补二等侍卫，后授南昌城守副将，历九江、南赣、潮州等镇总兵、道光二十二年（1842年）年任浙江提督。咸丰三年（1853年）会办泉属团练，旋进兵厦门剿黄潮，督办厦门军务，授福建水师提督。清咸丰十一年（1861年）以病卒于家。卒后家人整理其遗作，甚为丰富，有《靖海论》、《海疆要略必究》、《行军纪律》、《美荫堂书画论跋》等刊刻行世，另有《秋柯草堂文集》、《承恩堂奏稿》、《自治官书》及诗集七种则未梓。

李廷钰的《海疆要略必究》，记录的是东南沿海的海疆概况，包括岛澳形势和海道水程，间有潮信气候等资料。全书分三部分，第一部分《抛船行船各垵礁辨水辨》，记录自琼州海口至杭州湾外沿途各可供寄碇抛船的港湾岛澳形势，包括礁石沙汕之方位、行船抛船之水深、进港出港之路线等；第二部分《各垵礁辨》，记录自厦门澳头至宁波镇海沿途各主要港湾水道的形势与航线；第三部分，则收录了若干条我国沿海海域的航线"针路"，详细记载这些航线的开船地、航向、航程、水深、到达地等信息。其撰写的目的，乃"以备航海者有所准绳"（李维实《海疆要略必究跋》），"俾我同人各挟一册以自随，庶几履险如夷，共跻安善，夫然后得以同心戮力，扫荡么氛，以冀毋负我国家设立水师至意"（李廷钰《海疆要略必究序》）。

《海疆要略必究》乃李廷钰于咸丰六年（1856年）自校刊刻，并撰序。《同安县志·艺文》著录为《七省海疆纪程》，《厦门市志·艺文志》著录为《海疆要录》。咸丰六年之刻本未见存世，今唯有清光绪二十五年（1899年）重印本尚存，藏厦门同安区图书馆，题作《海疆要略必究》，系李廷钰之孙李维实重刊，并题跋。

窦振彪（1785—1850），字升堂，广东高州吴川（今为湛江吴川市）硇洲岛人。自小熟悉水性，精通武功。清嘉庆十九年（1814年），由行伍拔补为水师千总，擢水师提标中营守备。历任海口营外海都司、广海寨游击、提标中军参将、水师副将。道光九年（1829年）署琼州镇水师总兵。道光十一年（1831年），由两广总督李鸿宾推荐，升任福建金门镇总兵。道光十二年，奉命平定台湾嘉义县张丙、陈办起事，因获道光帝赏戴花翎。道光十九年（1839年），曾督舟师击退进犯的英夷兵船。道光二十一年（1841年），英军攻陷广东，临危受命，于二月擢任广东水师提督，旋转调福建水师提督。八月，英舰再次进犯厦门，窦振彪恰出洋缉盗，未能亲临战场指挥，而当晚厦门被攻陷，因受朝廷处分。道光三十年（1850年），卒于任上。越年咸丰即位，颁旨赠"太子太保"，谥"武襄"。

窦振彪的《厦门港纪事》，与李廷钰的《海疆要略必究》相似，记录的是南自海南、北至锦州的我国海疆概况，包括岛澳形势和海道水程，间有潮信气候等资料。全书编排较为无序，然其内容亦可分三部分：第一部分记录厦门港口形势与潮汐、风信。这部分篇幅不多，但可能是该书题名为《厦门港纪事》的主要原因；第二部分记录沿海各港湾的深浅与礁石辨别；第三部分即沿海海域的航线"针路"，篇幅所占比例较多。

《厦门港纪事》今有清三千客斋抄本存世，藏于上海图书馆。据其书后清代吴兴藏书家姚衡之题跋所云，此书乃道光二十三年（1843年），福州将军怡良奉命至台湾密访总兵达洪阿、道员姚莹"戮夷冒功"之案，水师提督窦振彪派兵护行时所携。后姚衡向窦振彪乞录副本，并请武陵周敬五照录，并亲自绘图。而今此抄本只存文字部分而亡其图矣。

李增阶（1774—1835），字益伯，号谦堂，李长庚之侄子。长年追随李长庚，驰骋于万里海疆。清嘉庆三年（1798 年），随李长庚征剿蔡牵海上武装。长庚战死，李增阶誓报其仇，以灭蔡牵为己任。水师邱良功追击蔡牵，李增阶率八百人为先锋，与蔡决战于黑水洋。两军相衔，兵刃短接，拼死狠斗，最终击毙蔡牵于海上。由裨将擢至广东水陆提督，道光朝授南洋总巡大臣。李增阶英勇善战，一生大小二百余战，军功卓著。且谙熟海事，富有海上作战经验，所著《外海纪要》是其在洋二十余年的经验总结。

《外海纪要》，又名《外海水程战法纪录》，《同安县志·艺文》则著录为《李谦堂军门外海水程战法纪要》。该书今尚存，有道光刻本藏福建省图书馆。另有《续修四库全书》本，入史部政书类，据福建省图书馆藏道光刻本影印。全书不分卷，由十篇资料辑成，内容包括广东、福建、浙江、江苏、上海、天津等外海洋面水程、寄泊澳屿之概要，厦门、海口行舟外海番国之水程日期；沿海之风云天气、沙线礁石、时辰流水，各方面知识咸详具备。卷首有蔡勋所作之序和李景沆所题之跋。其首篇为《凡水师须谙水务明战法》，分为六目：一为兵船制造，二为舵工选择，三为器械筹备，四为遇敌应付，五为火攻方略，六为航行详慎。而末篇为《蒸海水法》，介绍了运用造酒法进行海水淡化的的技术。由此可见，该书不仅仅是航海学，而且是涉及海洋军事的海疆文献。

海洋军事，是厦门海疆文献的一个重点主题，诸多水师将领把他们用鲜血换来的宝贵经验用笔记录下来，或教习于官兵，或诏示于来者。据方志艺文著录，厦门海洋军事文献有李廷钰的《靖海论》、林君升的《舟师绳墨》、林树梅的《闽海握要图说》和《闽安记略》、吴必达的《水师要略》等，但今尚存世的只有前三部。

《靖海论》，是李廷钰论海疆用兵之道的著述。其论有五，分五篇论之：一曰将得人，叙选将识才之七种观察方法；二曰兵用命，论得人心于用兵御卒之术；三曰船坚实，述同安梭船之制造技艺；四曰军食足，论军粮于水军战事之重要所在；五曰器械备，析各种火器大炮之不同用场。全书三千六百余字，篇幅虽短，然所言皆秉要执本，一发破的。卷首有李廷钰自撰序言，序称："予少失学，知识浅陋。时值海洋多事，小丑跳梁。自少时及壮，皆得奉侍先忠毅公之侧，躬历四省，破浪冲风。窃幸指示方略一二，藉有率循以至今日，爰是不敢自私，是以叙而论之，唯高明谅察焉。"李廷钰追随李长庚多年，其军事技术多继承于李长庚，在该书中有数处谈及。如"论三"之中述及李长庚所创的"同安梭"船，甚为详细地叙述了制作之选材、钉灰等各种技艺；"论五"谈到李长庚常用的各种火器及其性能等。该书曾刊刻过，然今未能见到原刻本，尚存的是清时抄本，现藏于福建省图书馆。《同安县志·艺文》著录为《新编靖海论》，想是李廷钰后人曾修订过。

　　林君升的《舟师绳墨》，是为训练水师而编撰的管驶之法，被后人誉为我国古代第一部刊印传世的水军教科书。林君升（1688—1755），字圣跻，号敬亭，马巷厅井头村（今属厦门翔安区马巷镇）人，出生于海滨一个"浮家泛宅"的家庭。弱冠之年即参加水师，初为偏裨，清雍正四年（1726年）由黄岩游击擢定海总兵，继任碣石、台湾总兵。清乾隆七年（1742年）任广东提督，后任福建水师提督。清乾隆十七年（1752年）任江南提督，卒于清乾隆二十年（1755年）。林君升数十年出没"于洪波巨浸中"，富有海上实践经验，且能"虚心问察"、"身试力行"，因此，"于云气氛寝礁脉沙线"以及舟师各项事宜皆非常熟悉，是位海上行家。其著述有《舟师绳墨》、《救荒备览》及《自遣偶草》。

　　《舟师绳墨》撰写于林君升任定海总兵期间，是为训练水师而作的管驶之法，详列自捕盗而下及众兵所有职掌章程。全书分为"教习弁言"、"捕盗事宜"、"舵工事宜"、"缭手事宜"、"斗手事宜"、"碇手事宜"、"众兵事宜"七节，分别叙说捕盗、舵工、缭手、斗手、碇手及一般水兵在舟师中的地位、作用、技能要求、行动规范以及相互关系，且饬令全体官兵既各司其职、各尽其责，又

"共为一耳，共为一目，共为一心，共为一力"。林君升撰写此书之目的在于"教习"，篇首的"教习弁言"告诫官兵"欲使尔等简易遵循"，"故各条教约宁言粗俗而求实"，令不识字者亦能听得懂、记得住，"行船时字字依着而行"，"或战或守俱不外此"。该书编成时，初为四营僚属各抄一本，互相教习。后其旧隶部下、江南苏松总兵陈奎检点遗编，于清乾隆三十七年（1772年）刻印刊行，分发各队目兵人等讲习。该书今尚存，即清乾隆三十七年陈奎刻本一册，藏国家图书馆。另有《续修四库全书》本，入子部兵家类，据陈奎刻本影印。

林树梅的海洋军事文献，有《闽海握要图说》和《闽安记略》。林树梅（1808—1851），字实夫，号啸云，又号瘦云、铁篴生，马巷厅后浦村（今属金门县）人。林树梅本姓陈，生父陈春圃为金门营把总。周岁余，过继与金门千总林廷福。林廷福行伍出身，曾任金门左营守备、天津水师镇中军游击、台湾水师副总兵官、闽安镇副将等职。林树梅虽未从戎，然从小随养父出入风涛戎马之中，所至港汊夷险，辄随笔记录。又曾出入于兴泉永道、汀漳龙道诸公幕中，参赞海防政务，对沿海港汊沙礁、水路航道了若指掌，而对海防军务、水师战法颇有研究，故亦有相关著述传世。

《闽海握要图说》今尚存世，载于林树梅的《啸云山人文抄》之中，长达三十五页。该书图文并茂，全文分总说、闽海握要总图、海道说、巡哨说、占测说、战舰说、剿捕说、杂录八个部分，是一部涉及航海水道、气象占测、海防军务等多方面的综合性海洋军事著述。它体现了林树梅的海防思想，对审视闽海形势、以施战守而言，是一部实用的文献。其中的"巡哨说"、"占测说"等见解颇具代表性。民国《厦门市志·艺文志》中著有林树梅的《沿海图说》和《战船占测》两部存目，在《金门志·人物列传》中亦有记载，然未见单行本存世。今尚存世的《闽海握要图说》应该就是这两部著作的合编，因其题名与方志艺文所著录的相似，而其中"占测说"、"战舰说"又与方志艺文所著录的《战船占测》题名相符，或许该书曾作为单行本分别刊印过。

《闽安记略》则未见诸志艺文著录，今亦未见其书，唯有林树梅所撰自序，载于《啸云山人文抄·卷十三》。据序称，该书乃清道光八年（1828 年）林树梅侍其父协镇闽安镇时所作。闽安镇虽为县治一隅，"然地当闽海之冲，外制五虎门，内蔽省垣，南引长乐、福清，北拥连罗、宁德，实海道之咽喉、水师之扼要"，是当时的海防重镇之一。林树梅随其父巡防谘访时，将所得谨记下，"复又搜寻旧简、采摭遗闻"，编辑而成该书。其"于星野、民风、土田、物产，郡志已言者不赘，而营制、海防考之特详"，"至艺文事迹有关风土者，亦附卷后"。可见该书主要是记述闽安海防之事。

吴必达的《水师要略》，闻其名即可知为海防文献。吴必达，字通卿，号碧涯，同安县在坊里溪边（今属厦门同安区大同街道）人，怀远将军吴承炽之子。清雍正七年（1729 年）举人，次年联捷武进士，殿试三甲，分发广东候补，历广海寨守府、广东寨游府、香山协镇府等。清乾隆二十四年（1759 年）升授温州水陆总镇府。乾隆二十五年（1760 年）入京陛见，升授广东全省水陆提督，调补厦门水师提督，统理澎台水陆官兵。镇守海防三十余年，革除陋规，整饬营伍，卓有政绩。善诗，有雅歌投壶风。《水师要略》显然是海上军事技法的著述。嘉庆年间，官至宁波提督的厦门人谢恩诏曾重梓以行，"海上事取则焉"。可惜该书今未见存世，唯有《同安县志·艺文》等志书艺文中著有存目。

今尚存世的六部厦门海疆文献，虽其内容不尽相同，然统而观之，可以归纳出三个共同的特点：

一是实践性。无论是海疆形势、海道水程、潮信气候，或是防海策略、航海技术、海战战术，都是历代闽南航海家和水师官兵实践结晶的记录，是作者数十年海洋生涯、水师经历的经验总结，故具体、真实，具有很强的实践性。

《海国闻见录》，其内容虽不及《诸蕃志略》之广泛，也不及《岛夷志略》之远程。但它记述的是陈伦炯亲历的所见所闻，和那些"剿传闻而述新奇，据故籍而谈形势者"相比较，它言必有据，记述详实，且独具只眼，多有新解。如《南澳气记》中所称的"万里长沙"，虽有前人记述过，包括《列子》所谓"归墟"，《庄子》所谓"尾闾"，《抱朴子》所谓"沃焦"以及《宋史·琉球传》的所谓"落漈"，然所载多出自传闻，叙述甚不详明。陈伦炯则以潮水涨落推算长沙溜落，称潮涨而此溜落，潮落而此溜长。知水自上入，仍自下出。此论一出，决千古迷疑。又有史称，舟落漈者一去不返，陈伦炯则据其实践经验指出：潮涨时求出，外高内下反而不得出，如潮落乘南风掉船，尚可以出。清雍正四年（1726 年），有闽船落漈，按其记述方法驾驶，果然得以返回。

同样，李增阶的《外海纪要》，乃其"留心经世，随时随事纪载于篇。凡目所未睹，又参访员弁，以求其确"（蔡勋《外海纪要序》）的记录；林君升的《舟师绳墨》，亦是其"数十年虚心问察，字字身试力行"（林君升《舟师绳墨自序》）的结果；李廷钰的《海疆要略必究》也是其"身历其处，辄笔于册"的总结，既使非本人亲历，"亦非摭拾传闻，盖出之老于操舟者"（李廷钰《海疆要略必究序》）。可见，这些文献或是作者纵横海上几十年的实践记录，或是作者访自舵工、水手而获得的第一手资料，其真实性勿庸置疑，故可达到"以备航海者有所准绳"的效果。

二是资料性。这几部海疆文献，其描述准确到位且精炼简洁，为我们留下了丰富的海洋地理资料、航海技术以及清代水师史料，资料性很强。

如《海国闻见录》在记叙闽南沿海形势时写道："泉州，北崇武、獭窟，南祥芝、永宁，左右拱抱，内藏郡治。下接金厦两岛以达漳州。金门为泉郡之下臂，厦门为漳郡之咽喉。漳之太武而南，镇海、六鳌、古雷、铜山、悬钟，在在可以寄泊。"简炼的几十个字，就将闽南沿海一带描述得如此精辟！其亲手绘制的六幅地图，详示台湾、澎湖、琼州等地的地理形势，较前人的地图详备、精确，在当时测绘技术还很落后的情况下，堪称难能可贵。

又如李廷钰的《海疆要略必究》、窦振彪的《厦门港纪事》和李增阶的《外海纪要》，对北自渤海湾、南至海南岛、西至北部湾的我国沿海海洋地貌、海道水程、水文航运、气候潮汐等进行简明扼要的描述。尤其是《厦门港纪事》，收录了大量的沿海港湾形势、岛礁地貌和水道针路，十分丰富。这些资料，不仅在当时具有重要的海上指南价值，而且在当代航运上亦提供了宝贵的参考资料。透过文献中港湾、岛礁、水道、针路的描述，还可以看到我国海疆形势之历史变迁。

再如李廷钰的《靖海论》中关于李长庚首创"同安梭"船以及古代择材选料的描述，为后人留下了古代闽南船舶制作的宝贵史料；林君升的《舟师绳墨》，则让我们了解到古代水师的职掌分工和责任章程，这都给我们留下可供参考的宝贵史料。

这些海疆文献资料，还曾在捍卫我国主权发挥过重要的作用。历史学教授柴德赓在其所著的《史籍举要》中介绍《海国闻见录》时曾写道："光绪三十四年，日本商人西泽占沙岛。岛在粤东惠来、海丰之间，有人于此书找出岛属我国的确证，日人无言以对，遂将此岛归还我国。"此外，《海国闻见录》中分别记载我国西沙群岛、中沙群岛一带和南海西沙附近海域的"万里长沙"、"七洋洲"，亦说明了我国人民开发西沙、南沙群岛的历史渊远流长。

当然，《海国闻见录》在描述沿海各国的民情风俗时，述及的一些当地传说，是不可当史料对待，如郑和途经七洲洋，呼鸟播箭为记，用以导航；暹罗鬼与郑和斗法，连夜建寺塔，等等。虽然这些传说并非史料，但也从另一角度反映了郑和下西洋的历史痕迹。

三是通俗性。这几部海疆文献，多出自水师将领之手。其编纂目的，或教习于官兵，或诏示于来者。其读者对象或掌舵操缭的舵工水手，或操炮执枪的员弁兵丁，上至水师将领，下至低层官兵，文化程度参差不齐，不能类同文人墨客的"筹海之书"，"笔墨虽工，然无裨于实用"（李廷钰《海疆要略必究序》），唯有通俗易懂，方能达到编纂目的。因此，这几部海疆文献的语言表述直白，言简意赅、深入浅出，读之有似在拉家常一般，字里行间透着一种亲和力，令读者有效地领会作者之意图。正如林君升在《舟师绳墨》的"教习弁言"中所说的："欲使尔等简易遵循，故各条教约宁言粗俗而求实效，不敢粉饰而事虚文。各抄一本，识字者自读，不识字者听识字者解说、诵读。到行船时字字依着而行，便觉亲切有味，就是或战或守俱不外此。"

　　非常有趣的是，我们在这几部文献中时常可发见一些用闽南方言的表述方法，如"靠"作"倚"，"沙汕"作"沙线"，"泊船"作"抛船"，"海陵湾"作"海龙澳"，"屏峰屿"作"屏方屿"，等等。由此可见，这些资料多是来自闽南海上行家之经验记录，亦可理解为当时的水师官兵中闽南人居多，为了让他们读得懂、听得进的缘故而不多加以修饰。然而，以闽南方言进行表述，虽方便了闽南籍的水师官兵，但也确实不易广泛普及。刑部主事蔡勋在读了李增阶的《外海纪要》手稿时，曾纵恿将军将其付之剞劂，以诏来者。作为闽南人的李增阶有点犹豫，说："闽俗土音，他省不解。"蔡勋道："旁注音义释文，可使阅者了然，则是书大有造于世。"正是这个原因，在《舟师绳墨》、《海国闻见录》等刻本的字里行间中，我们还是可以看到一些夹注，这就有助于普及了。

编　者

2012 年 11 月

目　录

海疆要略必究　李廷钰撰

放上海洋水路正港水辨/杨山往上海针路/上海往杨山针路/吴淞回厦针路/厦门往盖州针路/盖州回厦门针路/青山头放洋往天津针路/天津回青山头针路/青山头往锦州针路/天津浅口往盖州/菊花岛往锦州/天津港口往宁波针路/胶州出港离槟榔往宁波/春天大担开船放洋/澎湖往台/近吉放洋/南风放洋针/台回澎湖/澎湖回长山/天津港口水涨退时候/观云法/〈诸垵水深〉/丁厝澳进乍浦/金门料罗南风往上海/南澳往乍浦针路/乍浦回针路/〈普陀〉/中是凤/海南澳上洋针/又并桃花/限门回莱芜针路/在莱芜开船/一缘上海流水正月遇同看/过台湾放北风洋/过台湾放南风洋/放南风洋过厦门

厦门港纪事　窦振彪撰

〈厦门往周边水路〉/〈厦门潮汐时刻〉/抄录诸神风暴日期

分别罗经有君臣/罗经二十四字当能识/〈闽南往澎台〉/广东往南澳、铜山/〈南澳往姿港〉/番仔澳往厦门/厦门往北垵边针路/〈厦门澳头往上海〉/大羊山往上海针路/蟳广澳往乍浦/岞浦回针/灯厝澳

外海纪要　　李增阶撰

海国闻见录

［清］陈伦炯　撰

自　序[1]

先公[2]少孤贫，废书学贾，往来外洋，见老于操舟者，仅知针盘风信，叩以形势则茫然。间有能道一、二事实者，而理莫能明。先公所至，必察其面势、辨其风潮，触目会心，有非学力所能造者。

康熙壬戌[3]，圣祖仁皇帝命征澎、台，遗靖海侯施公琅提督诸军，旁求习于海道者。先公进见，聚米为山，指画形势，定计候南风以入澎湖。遂藉神策庙算，应时戡定。又奉施将军令，出入东、西洋，招访郑氏有无遁匿遗人，凡五载。叙功授职，再迁至碣石[4]总兵，擢广东副都统，皆滨海地也。

伦炯蒙先帝殊恩，得充待卫，亲加教育，示以沿海外国全图。康熙六十年[5]，特授台湾南路参将。皇上嗣位，蒙恩迁澎湖副将，移台湾水师副将，即擢授台湾总兵，移高雷廉[6]，又皆滨海地也。

伦炯自为童子时，先公于岛沙隩阻盗贼出没之地，辄谆谆然告之。少长，从先公宦浙，闻日本风景佳胜，且欲周谘明季扰乱闽、浙、江南情实。庚寅[7]夏，亲游其地。及移镇高雷廉，壤接交趾[8]，日见西洋诸部估客[9]，询其国俗、考其图籍，合诸先帝所图示指画，毫发不爽。乃按中国沿海形势，外洋诸国疆域相错，人风物产、商贾贸迁之所，备为图志。盖所以志圣祖仁皇帝暨先公之教于不忘，又使任海疆者知防御搜捕之扼塞，经商者知备风潮、警寇掠，亦所以广我皇上保民恤商之德意也。

雍正八年岁次庚戌仲冬望日，同安陈伦炯谨志。

[1]《四库全书》本无此自序，本序录自《台湾文献丛刊》本。

[2] 先公，即陈伦炯之父陈昂。陈昂，字英士，福建同安县安仁里高浦（今属厦门集美区）人，居厦门。少好击剑，武功高强。父兄早逝，为侍养寡母，弱冠即从事海上经商，漂泊于大洋沿岸诸国之间。清康熙二十一年（1682 年），靖海侯施琅准备东征台湾，征召熟识海道者，陈昂应召麾下，随从平定台湾。以功授苏州城守游击，调定海左军，迁碣石镇总兵。又奉命寻觅郑氏流落海外之遗裔，长达五年之久，足迹遍及东西洋各国。康熙五十七年（1718 年），叙功授广东副都统。

[3] 康熙壬戌，即康熙二十一年，公元 1682 年。

[4] 碣石，即今广东汕尾市陆丰市碣石镇，在陆丰南部碣石湾畔。历来为海防重镇，自宋代起已经在此设防保疆。明洪武二十二年（1389 年）设立碣石卫，辖海丰、平海、甲子、捷胜等九所。为全国三十六个卫之一，与著名的天津卫、沈阳卫等齐名。陈昂于康熙五十四年（1715 年）中受命出任碣石镇总兵。

[5] 康熙六十年，即公元 1721 年。

[6] 高雷廉，即广东高雷廉镇总兵，辖廉州、钦州、电白、吴川等营。初设于顺治十一年（1654 年）。时郑成功部与南明政权军队会师廉州湾，清王朝调兵攻占廉州府城后，设立高雷廉总兵官驻防廉州。

[7] 庚寅，指康熙四十九年，即公元 1710 年。

[8] 交趾，中国古代地名，位于今越南。公元前 111 年，汉武帝灭南越国，并在今越南北部地方设立交趾、九真、日南三郡。在之后的一千多年时间里，越南北部交趾地区基本上一直受到中国政权的直接管辖，至公元 968 年，丁先皇建立国号大瞿越（丁朝），越南才脱离中国而自主。

[9] 估客，即行商。

海国闻见录卷上

天下沿海形势录

天下沿海形势，从京师、天津，东向辽海、铁山、黄城、皮岛，外对朝鲜；左延东北山海关、宁远、盖平、复州、金州、旅顺口、鸭绿江而抵高丽；右亘东南山东之利津、清河、蒲台、寿光、海仓口、登州而至庙岛、成山卫。登州与旅顺口南北隔海对峙，东悬皮岛，西匝两京、登莱[1]，是为辽海。

登州一郡，陡出东海，尽于成山卫。海舶往盛京、天津者，以成山为标准也。成山卫转西南，则靖海、大嵩、莱阳、鳌山、灵山而至江南海州。此皆登州西南之海也。

海州而下、庙湾而上，则黄河出海之口[2]。河浊海清，沙泥入海则沉实，支条缕结，东向污长，潮满则没，潮汐或浅或沉，名曰五条沙[3]。中间深处，呼曰沙行。江南之沙船[4]往山东者，恃沙行以寄泊。船因底平，少阁[5]无碍。闽船到此，则魄散魂飞。底圆，加以龙骨三段，架接高昂，搁沙播浪则碎折。更兼江、浙海潮，外无藩扞[6]屏山以缓水势，东向澎湃，故潮汐之流，比他省为最急，乏西风开避，舟随溜阁，靡不为坏。是以海舶往山东、两京，必从尽山对东开一日夜，避过其沙，方敢北向。是以登、莱、淮、海稍宽海防者，职由五条沙为之保障也。

庙湾南自如皋、通州，而至洋子江口，内狼山、外崇明，锁钥长江，沙坂急潮，其概相似。而崇明上锁长江、下扼吴淞，东有洋山、马迹、花脑、陈钱诸山，接连浙之宁波、定海外岛。而嘉兴〈之〉乍浦、钱塘之鳖子、余姚之后海、宁波之镇海，虽沿海相联要疆，但外有定海为之扞卫，实内海之堂奥也。惟乍浦一处，滨于大海，东达渔山，北达江南之洋山、定海之衢山、剑山，外则汪洋。言海防者，当留意焉。

江、浙外海，以马迹为界，山北属江，山南属浙。而陈钱外在东北，俗呼尽山。山大澳广，可泊舟百余艘。山产水仙，海产淡菜（蚌属）、海盐（小鱼）。贼舟每多寄泊，江、浙水师更当加意于此。

南之海岛，由衢山、岱山而至定海。东南由剑山、长涂而至普陀。普陀直东之外，出洛迦门，有东霍山，夏月贼舟亦可寄泊，伺劫洋舶回棹，且与尽山南北为犄角。山脚水深，非加长桩[7]缆不足以寄。普陀之南，自崎头至昌国卫，接联内地，外有韭山、吊邦，亦贼舟寄泊之所。此皆宁波郡属。

自宁波、台州、黄岩沿海而下，内有佛头、桃渚、崧门、楚门，外有茶盘、牛头、积谷、鲎壳、石塘、枝山、大鹿、小鹿，在在皆贼艘出没经由之区。南接乐清、温州、瑞安、金乡、蒲门，此温属之内海。乐清东峙玉环，外有三盘、凤凰、北屺、南屺、而至北关以及闽海接界之南关，实温、台内外海径寄泊樵汲之区，不可忽也。

闽之海，内自沙埕、南镇、烽火、三沙、斗米、北茭、定海、五虎而至闽安；外自南关、大崳、小崳、闾山、芙蓉、北竿塘、南竿塘、东永而至白犬，为福宁、福州外护，左翼之藩篱。南自长乐之梅花、镇东、万安为右臂，外自磁澳而至草屿，中隔石牌洋，外环海坛大岛。闽安虽为闽省水口咽喉，海坛实为闽省右翼之扼要也。由福清之万安，南视平海，内虚海套，是为兴化。外有南日、湄洲，再外乌丘、海坛。所当留意者，东北有东永，东南有乌丘，犹浙之南屺、北屺、积谷、吊邦、韭山、东霍、衢山，江之马迹、尽山是也。

泉州，北崇武、獭窟，南祥芝、永宁，左右拱抱，内藏郡治。下接金、厦二岛，以达漳州。金为泉郡之下臂，厦为漳郡之咽喉。漳自太武而南，镇海、六鳌、古雷、铜山、悬钟，在在可以寄泊。

而至南澳，以分闽、粤。

泉、漳之东，外有澎湖，岛三十有六，而要在妈宫、西屿头、北港、八罩四澳，北风可以泊舟。若南风，不但有山、有屿可以寄泊，而平风静浪，黑沟、白洋皆可暂寄，以俟潮流。洋大而山低，水急而流回。北之吉贝、沉礁一线，直生东北，一目未了。内皆暗礁布满，仅存一港蜿蜒，非熟习深谙者，不敢棹至。南有大屿、花屿、猫屿，北风不可寄泊，南风时宜巡缉。

澎湖之东则台湾。北自鸡笼山对峙福州之白犬洋，南自沙马崎对峙漳之铜山，延绵二千八百里。西南一片沃野，自海至山，浅阔相均，约百里。西东穿山至海，约四五百里，崇山叠箐，野番类聚。建一郡、分四县，山川形势、生熟番性、蜂窠蚁穴，志考备载。郡治南抱七昆身，而至安平镇大港。隔港沙洲，直北至鹿耳门。鹿耳门隔港之大线头沙洲而至隙仔、海翁隙，皆西护府治。而港之可以出入巨艘，惟鹿耳门与鸡笼、淡水港。其余港汊虽多，大船不能出入，仅平底之澎船、四五百石之三板头船，堪以出进。此亦海外形势，以扞内地沿海要疆。

南澳东悬海岛，扞卫漳之诏安、潮之黄冈、澄海，闽、粤海洋适中之要隘。外有小岛三：为北澎、中澎、南澎，俗呼为三澎。南风贼艘经由暂寄之所。内自黄冈、大澳而至澄海、放鸡、广澳、钱澳、靖海、赤澳，此虽潮郡支山入海，实为潮郡贼艘出没之区。晨远扬于外洋以伺掠，夜西向于岛澳以偷泊。而海贼之尤甚昔，多潮产也。

赤澳一洋至甲子，南至浅澳、田尾、遮浪、汕尾、鲘门港、大星、平海，虽属惠州，而山川人性与潮无异。故于居中碣石立大镇。下至大鹏、佛堂门、将军澳、红香炉、急水门，由虎门而入粤省，外自小星、笔管、沱泞、福建头、大崭山、小崭山、伶仃山、旗纛屿、九州洋而至老万，岛屿不可胜数，处处可以樵汲，在在可以湾泊。粤之贼艘，不但艚艍海舶此处可以伺劫，而内河桨船、橹船、渔舟，皆可出海群聚剽掠。粤海之藏垢纳污者，莫此为甚。

广省左扞虎门、右扼香山，而香山虽外护顺德、新会，实为省会之要地。不但外海捕盗，内河缉贼，港汊四通，奸匪殊甚，且共域澳门，外防番舶，与虎门为犄角。有心者岂可泛视哉？

外出十字门而至鲁万，此洋艘、番舶来往经由之标准。下接岸〔崖〕门[8]、三灶、大金、小金、乌猪、上川、下川、戚船澳、马鞍山，此肇属广海、阳江、双鱼之外护也。

高郡之电白，外有大、小放鸡。吴川外有碙州，下邻雷州、白鸽、锦囊，南至海安。自放鸡而南，至于海安，中悬碙州，暗礁暗沙难以悉载，非深谙者莫敢内行。而高郡地方，实藉沙礁之庇也。

雷州一郡，自遂溪、海康、徐闻，向南干出四百余里而至海安，三面滨海，幅阔百里；对峙琼州，渡海百二十里。自海安绕西北至合浦、钦州、防城而及交趾之江平、万宁州，延长一千七百里。故海安下廉州，船宜南风，上宜北风。

自廉之冠头岭而东，白龙、调埠、川江、永安、山口、乌兔，处处沉沙，难以名载。自冠头岭而西，至于防城，有龙门七十二径，径径相通。径者，岛门也；通者，水道也。以其岛屿悬杂，而水道皆通。廉多沙、钦多岛，地以华夷为限，而又产明珠，不入于交趾，是以亭建"海角"于廉、"天涯"于钦。

琼州屹立海中，地从海安渡脉，南崖州、东万州、西儋州、北琼州，与海安对峙。琼山、文昌、乐会、陵水、感恩、临高、定安、澄迈沿海诸州县，环绕熟黎，而熟黎环绕生黎[9]，而生黎环绕五指岭、七指山。五指西向、七指南向，周围陆路一千五百三十里。府城中路直穿黎心至崖州，五百五十五里；万州东路直穿黎心至儋州，五百九十里。自海口港之东路沿海，惟文昌之潭门港、乐会之新潭、那乐港、万州之东澳、陵水之黎庵港、崖州之大蛋港；西路沿海，惟澄迈之马袅港、儋州之新英港、昌化之新潮港、感恩之北黎港，可以湾泊船只。其余港汊虽多，不能寄泊。而沿海沉

沙,行舟实为艰险。内山生黎,岚瘴殊甚,吾人可住熟黎,而不可
住生黎;生黎可住熟黎,而不可到吾地。熟黎夹介其间,以水土习
宜故也。此亦海外稍次之台湾。惜乎田畴不广,岁仰需于高、雷。
虽产楠、沉诸香等于广南、甲于诸番,又非台湾沃野千里所可比
拟也。

[1] 两京,指北京和盛京(今沈阳);登莱,指登州与莱州。
[2] 黄河出海之口,指在今江苏省境内的废黄河出海口。
[3] 五条沙,即黄河入海口处的暗沙,即表面沉积有砂砾、贝壳等松散碎屑
    物质的暗礁。
[4] 沙船,中国古代近海运输的一种优秀船形,也叫作"防沙平底船"。因适
    于在水浅多沙滩的航道上航行,故名沙船。是中国"四大古船"之一,
    在唐宋时期已经成型,为我国北方海区航行的主要海船。
[5] 阁,同"搁",搁置。下同。
[6] 扞,同"捍",保卫,抵御。下同。
[7] 椗,同"碇",停船时沉入水底用以稳定船身的系泊工具。碇以石块为材
    料,椗则以木材为材料。我国宋代已出现"木爪石碇",即利用木爪扎入
    泥层,类同木桩作用。
[8] 崖门,原本作"岸门",当为笔误,今据《台湾文献丛刊》本改之。
[9] 生黎,旧时称崖州少数民族黎族中山居者;熟黎,则为服王化者。《宋
    史·蛮夷传三·黎洞》:"今儋崖、万安皆与黎为境,其服属州县者为熟
    黎,其居山洞无征徭者为生黎。时出与郡人互市。"

东洋记

　　天地之大,何物不容;轻清之气,包涵万类,星辰日月亦有所
不及。而圣人测理备至,定四方,制指南,分二十四筹,由近之
远,莫出范围,启后世愚蒙,识万国九州。然而九州之外,又有九
州。谨按四方外国地方海道、人物风土,粗据所见闻而略志之,俾

后之君子，有所采择。

朝鲜居天地之艮方，联盛京、对天津，古箕子[1]地。分郡县幅员、里道，朝贡经由，历代史典舆图备纪，无庸剿说。其南隔一洋，日本国属之对马岛，顺风一夜可抵，明关白为乱[2]者是也。

自对马岛而南，寅甲卯东方一带七十二岛，皆日本倭奴之地。而与中国通贸易者，惟长崎一岛。长崎产乏粟菽，难供食指[3]，开贸易，入公家，通计终岁所获利，就长崎按户口均分。国王居长崎之东北，陆程近一月，地名弥耶谷[4]，译曰京，受封汉朝。王服中国冠裳，国习中华文字，读以倭音。予夺之权、军国政事，柄于上将军，王不干预，仅食俸米、受山海贡献，上将军有时朝见而已。易代争夺，不争王而争上将军。倭人记载：自开国以来，世守为王。昔时上将军曾篡夺之，山海应贡之物不产、五谷不登、阴阳不顺，退居臣位，然后顺若如故，至今无敢妄冀者。官皆世官世禄，遵汉制，以刺史千石为名。禄厚足以养廉，故少犯法。即如年金举一街官，街官者，乡保也，岁给赠养五十金，事简而闲。通文艺者为高士，优以礼、免以徭。俗尚净洁，街衢时为拭涤。夫妻不共汤羹，饮余，婢仆尚弃之。富者履坐絮席、贫者履坐荐席，名曰"毯踏棉[5]"。各家计摊毯踏棉之多寡为户口。男女衣服，大领阔袖。女加长以曳地，画染花卉文采。裈用帛幅裹绕，足着短袜以曳履。男束带以插刀，髭须而薙顶，额留鬓发至后枕，阔寸余，向后一挽而系结。发长者修之。女不施脂而傅粉，不带鲜花，剪彩簪珥而插玳瑁。绿发如云，日加涤洗，熏灼楠、沉，髻挽前后。爪甲无痕，惟恐纳垢。至于男女眉目肌理，不敢比胜中华，亦非诸番所能比拟，实东方精华之气所萃。人皆覆姓。其单姓者，徐福[6]配合之童男女也。徐福所居之地，名曰徐家村，其冢在熊指山下。其国男子年五十余，阳多痿。奴者，侬也，故呼之曰"倭奴"。俗尊佛，尚中国僧；敬祖先，时扫坟庐。得香花、佳果，非敬佛僧，则上祖坟。人轻生，有犯法者，事觉，向荒山割肚自杀，无累他人。立法最严，人无争斗。语言寂寂，呼僮仆，鸣掌则然诺。无售买人口，佣工期满即归。所统属国二：北对马岛，与朝鲜为界。朝鲜贡于对马，而对马贡于日本。南萨峒［峒］[7]马，与琉球为界。琉球贡于萨峒马，而萨峒马贡于日本。二岛之王，俱听指挥。气候与山东、江、浙齐。长崎与普陀东西对峙，水程四十更[8]。厦门至长崎，七十二更。北风从五岛门进，南风从天堂门进。对马岛坐向登州，萨峒马坐向温、台。地产金、银、铜、漆器、磁器、纸笺、花卉染印，海产龙涎香、鳆鱼、海参、佳蔬等类。萨峒马山高巉岩，溪深水寒，故刀最利，兼又产马，人壮健。嘉靖间倭寇者，萨峒马是也。日本原市舶永嘉，因倭之渔者十八人被风入中国，奸人引之为乱，髡须剃额，杂以远处土语，递相攘掠，群称"倭奴"。后平回国，仅十八人，王正以法，随禁市舶中国，听我彼往，至今无敢来者。倭载十八奇士。普陀往长崎虽东西正向直取而渡横洋，风浪巨险。谚云："日本好货，五岛难过。"厦门往长崎，乘南风，见台湾鸡笼山，北至米糠洋、香蕈洋，再见萨峒马大山、天堂，方合正针。糠、蕈二洋，洋中水面若糠秕、水泡若蕈菌，呼之为"米糠洋"、"香蕈洋"。

　　萨峒马而南，为琉球也。居于乙方，计水程六十八更，中山国是也。习中国字，人弱而国贫。产铜器、纸、螺甸[9]、玳瑁，无可交易。其衣冠人物，贡由福州，久熟习见，故不详载。

　　自日本、琉球而东，水皆东流，庄子所谓"尾〈闾〉[10]泄之，不知何时已而不虚"也。

[1] 箕子，殷商时期的大贵族，纣王的叔父。周武王灭殷，封箕子于朝鲜。其受封之地，即今之平壤。

[2] 关白，日本官名，仅次于国王。万历十四年（1586年），关白信长为其部下所杀，丰臣秀吉平其乱，遂居关白之位；关白为乱，指万历二十年（1592年）丰臣秀吉统一日本后用兵朝鲜一事。

[3] 食指，指家庭或家族人口。

[4]弥耶谷（Miyako），指日本京都（Kyoto）。

[5]毬踏棉，日文"叠"字的译音，意为铺席。

[6]徐福，即徐市，字君房，齐地琅玡（今江苏赣榆）人，秦代著名方士。秦始皇派他率领童男童女数千人出海采仙药，一去不返。日本文献称其至日本，留居熊野山。

[7]峒，原文作"峝"字，误。今据《台湾文献丛刊》本改之，下同。

[8]更，是指船舶从一地航行到另一地的距离，一更约为60里。

[9]螺甸，也叫螺钿，是一种手工艺品。用螺狮壳或贝壳镶嵌在漆器、硬木家具或雕镂器物的表面，做成各种有光泽的花纹和图形。

[10]间，原文缺漏，今据《台湾文献丛刊》本补之。

东南洋记

东南诸洋，自台湾而南。

台湾居辰巽方，北自鸡笼山至南沙马崎，延袤二千八百里，与福、兴、泉、漳对峙，隔澎湖，水程四更；隔厦门，水程十有一更。西面一带沃野，东面俯临大海。附近输赋应徭者，名曰"平埔"土番。其山重叠，野番穴处，难以种数。捕鹿而食，薯芋为粮。不知年岁，以黍熟酿酒合欢为年。性好杀，以人颅为宝。文身黑齿，种种不一。晨听鸟音，以卜行事吉凶。男女野合成耦。迨崇祯间，为红毛荷兰人所据，就安平大港建炮台城[1]三层，以防海口。教习土番耕作，令学西洋文字，取鹿皮以通日本。役使劳瘁，番不聊生。郑芝龙[2]昔鲸鲵海上，娶倭妇翁氏，生成功[3]，随带数十倭奴聚泊台湾。视海外荒岛不足以有为，仍寇江、浙、闽、粤。因嘱其子曰："倘不可为，台湾有如虮虱之安。"及郑成功寇镇江败归，阻守金、厦，始谋取台湾。会荷兰之通事何斌逋夷负钓鹿耳门，知港路深浅，说成功联樯并进。荷兰严守安平大港，成功从鹿耳门进，水涨三丈余，入据台湾。与荷兰相持甚久，因喻之曰：

"台湾系我先王所有，现存倭人，为尔等所据。今还我地，资货无染。"荷兰悉众而去。至康熙二十二年，郑克塽归顺，方入版图。以承天府为台湾府，天兴州为诸罗县，万年州为台湾、凤山二县。雍正二年，分诸罗北之半线为彰化县。

凤山沙马崎之东南有吕宋，居巽方，厦门水程七十二更。北面高山一带，远视若锯齿，俗名"宰牛坑"。山有土番，属于吕宋。

与沙马崎西北、东南远拱，中有数岛，惟一岛与台湾稍近者，名曰红头屿。有土番居住，无舟楫往来，语言不通，食薯芋、海族之类，产沙金。台湾曾有舟到其处。

吕宋大山，北从宰牛坑延绕东南，昔为大西洋干丝腊，是班呀所据。地宜粟米，长者五六分。漳、泉人耕种营运者甚盛。年输丁票银五、六金，方许居住。经商惟守一隅，四方分定，不许越界。广纳丁票，听凭贸易。东南洋诸番，惟吕宋最盛。因大西洋干丝腊是班呀番舶运银到此交易，丝绸、布帛百货尽消，岛番土产云集。西洋立教，建城池，聚宗族。地原系吕宋土番[4]，今为据辖。汉人娶本地土番妇者，必入其教，礼天主堂。用油水画十字于印堂，名曰"浇水"。焚父母神主。老终，归天主堂，挖坑土亲肤而埋。富者纳资较多寡埋堂上基内，贫者埋墙外。三年一清，弃骸骨于深涧。所有家资明于公堂，天主、妻、子作三股均分。其蛊殊甚，母传女而不传子。即如牛皮、火腿，咒法缩小如沙，令人食而胀毙。又有虾蟆、鱼蛊之类，彼能咒解，从口跃出成盆。禁龙阳[5]，父子、兄弟亦不得共寝席。夜启户，听彼稽察。拭床席，验有两温气者，捕以买罚。晨鸣钟为日，方许开市肆经营；午鸣钟为夜，阛市寂闭，不敢往来。昏鸣钟为日，灯烛辉煌如昼营生；夜半鸣钟为夜，以闭市肆。昼夜各以三时辰，为日为夜。傍午捉夜禁，阛地皆鬼市。

下接利仔发，水程十二更。至甘马力，水程二十一更。二处汉人，从吕宋舟楫往彼贸易。

利仔伐之东南，隔海对峙有五岛：班爱、恶党、宿务、猫务烟、网巾礁脑，中国俱有洋艘往通，亦系土番族类。山海所产，与吕宋同，如鹿麂、牛皮、筋脯、苏木、乌木、降香、束香、黄蜡、燕窝、海参等类。水程必由吕宋之利仔伐海而南，吕宋至班爱十更、至恶党二十三更、至宿务二十四更、至网巾礁脑五十八更。人愚，罔有知识。家无所蓄，需中国布帛以蔽身。国各有王，惟谨守国土。

其东南又有万老高、丁机宜二国，居于巳方，国土、人物、产类相似。水程，吕宋至万老高一百七十四更，至丁机宜二百一十更。

由吕宋正南而视，有一大山，总名无来由息力大山。山之东为苏禄，从古未奉朝贡。雍正戊申六年，至闽贡献。西邻吉里问。又沿西文莱，即古婆罗国。再绕西，朱葛礁喇大山之正南为马神。其山之广大长短，莫能度测。山中人迹所不到，产野兽亦莫能名其状。苏禄、吉里问、文莱三国皆从吕宋之南分筹。而朱葛礁喇必从粤南之七洲洋过昆仑、茶盘，向东而至朱葛礁喇一百八十八更；马神亦从茶盘、噶喇吧而往，水程三百四十更。厦门由吕宋至苏禄，水程不过一百一十更。共在一山，南北远近，相去悬殊矣。

又隔东海一带，为芒佳虱大山。由马神至芒佳虱，水程二十七更。复绕而之东，即系丁机宜；东北，系万老高。而苏禄、吉里问、文莱、朱葛礁喇，总名皆为无来由绕阿番。性喜铜钲，器皿皆铜。沿溪箸屋为居，俗甚陋。身不离刃，精于标枪，见血即毙。以采色布帛成幅衣身。经商其地，往来乘莽甲（即小舟），伙从持利器相随。产珍珠、冰片、玳瑁、海参、燕窝、乌木、降香、海菜、藤等类。而马神番性相似，人尤狡狯。红毛人曾据其港口，欲占其地。番畏火炮莫敢敌，入山以避。用毒草浸洗上流，使其受毒而自去。产钢钻、胡椒、檀香、降香、科藤、豆蔻、冰片、铅、锡、燕窝、翠羽、海参等类。钻有五色，金、黑、红者为贵。置之暮夜密室，光能透彻。投之烂泥污中，上幔青布，其光透出。各番以为首宝，大如棋子，值价十万余两，西洋人购之为至宝。吕宋至吉里问三十九更，至文莱四十二更。此皆东南洋番国。而朱葛礁喇、马神非从吕宋水程，应入南洋各国。因同苏禄、文莱南北大山，是以附载东南洋，俾览者识其形势焉。

[1] 炮台城，指台湾的热兰遮堡。明天启四年（1624 年），荷兰占台湾。崇祯三年（1630 年），在安平港筑热兰遮堡。中国人称台湾城或红毛城。

[2] 郑芝龙（1604—1661），号飞黄，小名一官，泉州府南安石井乡人。明朝末年以中国南部及日本等地为活跃舞台的武装海商集团首领，发迹于日本平户藩，为台湾郑氏王朝开创者郑成功的父亲。

[3] 成功，即郑成功（1624—1662），郑芝龙在日本娶肥前平户岛主田川七左卫门之女田川氏为妻，明天启四年（1624 年）于平户生长子郑成功。郑成功幼名福松，回国后名森，字明俨，号大木。后明隆武帝赐以国姓，改名成功。

[4] 吕宋土番，《台湾文献丛刊》本作"无来由番"。无来由，又作巫来由，早期东南亚华人把马来民族称为巫来由人。

[5] 龙阳，公元前 200 多年魏安釐王的男宠。后以龙阳为同性恋的代名词。

南洋记

南洋诸国，以中国偏东形势，用针取向，俱在丁未之间。合天地，包涵大西洋。按二十四盘分之，即在巽巳矣。

就安南接联中国而言，海接廉州，山绕西北而环南，直至占城，形似半月，名曰广南湾。秦象郡、汉交阯、唐交州、宋安南、明交阯[1]，陆接两粤、云南，风土人物，史典备载。后以淳化、新州、广义、占城谓广南。因舅甥委守淳化，随据马龙角炮台，北隔一水，与交阯炮台为界。自淳化而南至占城，为广南国，亦称安南。王阮姓，本中国人氏，古曰南郡。产金、楠、沉诸香，铅、锡、桂皮、象牙、绫绢、燕窝、鱼翅、赤菜、糖，与交趾相类。以交趾为东京，广南为西京，强于交趾，南辖禄赖、柬埔寨、昆大吗，西南邻暹罗，西北接缅甸，栽莿竹为城。人善没，红毛呷板，风水不顺，溜入广南湾内者，国遣小舟数百，人背竹筒、携细缕，没水密钉细缕于呷板船底，远桨牵绁，船以浅阁［搁］，火焚而取其辎重。今红毛呷板以不见广南山为戒，见则主驾舟者曰伙长，国有常刑。

厦门至广南，由南澳见广之鲁万山、琼之大洲头，过七洲洋，取广南外之咕哔啰山，而至广南，计水程七十二更。交趾由七洲洋西绕北而进。厦门至交趾，水程七十四更。七洲洋在琼岛万州之东南，凡往南洋者，必经之所。中国洋艘不比西洋呷板用浑天仪、量天尺，较日所出，刻量时晨［辰］、离水分度，即知为某处。中国用罗经，刻漏沙，以风大小顺逆较更数。每更约水程六十里，风大而顺，则倍累之；潮顶风逆，则减退之。亦知某处。心尚怀疑，又应见某处远山，分别上下山形，用绳驼探水深浅若干，驼底带蜡油以粘探沙泥，各各配合，方为确准。独于七洲大洋、大洲头而外，浩浩荡荡，罔有山形标识，风极顺利对针，亦必六、七日始能渡过，而见广南咕哔啰外洋之外罗山，方有准绳。偏东，则犯万里长沙、千里石塘；偏西，恐溜入广南湾，无西风不能外出。且商船非本赴广南者入其境，以为天送来，税物倍加，均分犹若不足。比于红毛人物两空，尚存中国大体。所谓差毫厘、失千里也。

七洲洋中有种神鸟，状似海雁而小，喙尖而红、脚短而绿，尾带一箭，长二尺许，名曰箭鸟。船到洋中，飞而来示，与人为准。呼是，则飞而去。间在疑似，再呼细看决疑，仍飞而来。献纸谢神，则翱翔不知其所之。相传王三宝[2]下西洋，呼鸟插箭，命在洋中为记。

广南沿山海至占城、禄赖，绕西而至柬埔寨。厦门至占城，水程一百更；至柬埔寨，水程一百一十三更。柬埔寨虽另自一国，介在广、暹二国之间。东贡广南、西贡暹罗，稍有不逊，水陆各得并进而征之。番系白头无来由，裸体居多，以布幅围下身，名曰"水幔"（读平声）。地产铅、锡、象牙、翠毛、孔雀、洋布、苏木、降香、沉束诸香，燕窝、海菜、藤。

自柬埔寨大山绕至西南为暹罗，由暹罗沿山海而南为斜仔、六坤、大哖、丁噶呶、彭亨。山联中国，生向正南，至此而止。又沿海绕山之背过西，与彭亨隔山而背坐，为柔佛。由柔佛而西，为麻喇甲，即丁噶呶之后山也。由麻喇甲而西，出于云南、天竹诸国之西南，为小西洋戈什哒。暹罗沿山海至柔佛诸国，各皆有王，均受于暹罗国所辖。古分罗、暹二国，后合为暹罗国。俗崇佛，王衣文〔纹〕彩佛像，肉贴飞金，用金皿。陆乘象亭、象辇，舟驾龙凤。分官属曰"招夸"，以裸体、跣足、俯腰、蹲踞见尊贵。不衣裤，而围水幔。尊敬中国，用汉人为官，属理国政、掌财赋。城郭轩豁，沿溪楼阁群居。水多鳄鱼。从海口至国城，溪长二千四百里。水深阔，容洋舶，随流出入，通黄河支流。夹岸大树茂林，猿猴、采雀，上下呼鸣。番村错落，田畴饶广。农时，合家棹舟耕种，事毕而回，无俟锄耘。谷熟，仍棹收获而归。粟藁长二丈许，以为入贡土物。因播秧毕而黄河水至，苗随水以长。水尺苗尺、水丈苗丈，无涝伤之患。水退，而稻熟矣。干河入中国，势猛而急；支河入西域，归柬埔寨、暹罗以出海，势散而缓，田畴藉以肥饶。故产米之国，石可三星。俗语："捕鹿枝头，牵牛上楼。"盖鹿为水漂没，阁〔搁〕息于树梢；溪屋为水注浸，引牛于楼。

人有被虎唤鳄吞者，告于番僧。僧咒拘而虎自至，咒摅绵纱于水而鳄自缚。剖而视之，形骸犹存。有受蛊者，向僧求咒则解。是以俗重佛教。富者卒后葬以"𥐟"[3]，即释氏塔也。又一种男女名谓"尸罗蛮"，与人无异，但目无瞳子。人娶之，亦生男女。夜眠，魂变为狸狗，率类向水厕嗜食粪秽。将明，附魂。若熟睡，翻覆其身，魂不得附归。女为经纪，人戏以酸柑挤汁嘬之，眼泪长流而不可忍。人染痢者，若不洗涤，夜为尸罗蛮舐食，化作小物，入谷道而食肠腹。故居暹之人，以近水搭厕，便于净涤。又有一种"共人"，共者，咒法名也。刀刃不能伤，王养以为兵卫。犯事应刑，令番僧以咒劝化之，使其自退共法，方与受刑。国多崇魔。

相传三宝到暹罗时，番人稀少、鬼崇更多，与三宝斗法，胜许居住。一夜各成寺塔。将明，而三宝之寺未及覆瓦，视鬼之塔已成，引风以侧之，用"头巾顶"、"插花"代瓦幔覆。今其塔尚侧，三宝寺殿今朽烂，棕绳犹存于屋瓦。洋艘于篷顶桅上加一布帆，以提吊船身轻快，为"头巾顶"。又于篷头之傍加一布帆以乘风力，船无欹侧而加快，为"插花"。番病，每向三宝求药。无以济施，药投之溪，命其水浴。至今，番、唐人尚以浴溪浇水为治病。外洋诸番，以汉人呼唐人，因唐时始通故也。

番俗，死后焚而后葬，为消除罪孽。又一种生前发愿，死后恬问饲鸟、饲鱼者。恬问，即舍身也。恬问鸟，置之山石之上，群鸟翱翔毕集，然后内一鸟红嘴足，先下而啄，群鸟集下，顷刻仅存髅骨，收而埋之。恬问鱼，焚化存灰，和面作块，投之溪。亦有先饲鸟、后饲鱼，两者皆兼之矣。

国造巨舰，载万余石。求桅木于深山大树，先以咒语告求允许，方敢下斧。不则树出鲜血，动手者立亡。用牛挽辇，沿途番戏以悦之，咒语以劝之，少有不顺，则拔木而自回旧地。挽至厂所，其灵方息。产银、铅、锡、洋布、沉束、象牙、犀角、乌木、苏木、冰片、降香、翠毛、牛角、鹿筋、藤席、佳文席、藤黄、大枫子、豆蔻、燕窝、海参、海菜。以银豆为币，大者重四钱，中者一钱，次者五分，小者二分五厘，其名曰"泼"[4]。皆王铸字号，法不得剪碎。零用，找以海螺巴。

厦门至暹罗，水程过七洲洋见外罗山，向南见玳瑁洲、鸭洲，见昆仑，偏西见大真屿、小真屿，转西北取笔架山，向北至暹罗港口竹屿一百八十八更，入港又四十更，共水程二百二十八更。而东联柬埔寨，仅水程一百十三更。何以相去甚远？盖柬埔寨南面之海，一片尽属烂泥，故名"烂泥尾"。下接大横山、小横山，是以纡回外绕而途远也。

由暹罗而南，斜仔、六坤、宋脚，皆为暹罗属国。大呍、吉连舟、丁噶哟、彭亨诸国沿山相续，俱由小真屿向西分往，水程均一百五六十更不等。土产铅、锡、翠毛、佳文席、燕窝、海参、科藤、冰片等类相同，惟丁噶哟胡椒甲于诸番为美。番皆无来由族类，不识义礼，裸体挟刃，下围幅幔。槟榔夹烟嚼，国米和水吞，贸易难容多艘。

而柔佛一国，山虽联于彭亨，其势在下，水程应到昆仑用未针取茶盘转西。至柔佛，计厦门水程一百七十三更。番情与上诸国相似，而所产相同，较之略美而倍多。年经商，可容三、四舶，就舟交易。产沙金，国以铸花小金钱为币，重四、五分。银币不行。

由柔佛而西，麻喇甲亦系无来由族类。官属名曰"恶耶"[5]，国王仿暹罗，用汉人理国事、掌财赋。产金、银、西洋布、犀角、象牙、铅、锡、胡椒、降香、苏木、燕窝、翠毛、佳文席等类。金钱、银币皆互用。往西海洋，中国洋艘从未经历。到此而止，厦门水程二百六十更。

至于小西洋乌鬼国，大西洋虽与大块相联，西洋呷板来往，语具大小西洋记。

麻喇甲南，隔海对峙大山为亚齐，系红毛人分驻。凡红毛呷板往小西洋等处埔头贸易，必由亚齐经过，添备水、米。

自亚齐大山生绕过东南，为万古屡，尽处与噶喇吧隔洋对峙。红毛回大西洋者必从此洋出，然后向西南过乌鬼呷，绕西至大西洋。

就中国往噶喇吧而言，必从昆仑、茶盘，纯用未针，西循万古屡山而至噶喇吧，厦门计水程二百八十更。原系无来由地方，为红毛荷兰所据。分官属名曰"呷必丹"[6]，外统下港、万丹、池问三处。下港产胡椒，万丹另埔头，池问产胡椒、檀香。而噶喇吧甲诸岛番埔头之盛，各处船只聚集贸易，中国、大西洋、小西洋、白头、乌鬼、无来由岛番，馨珍宝物食无所不至。荷兰建城池，分埔头。中国人在彼经商耕种者甚多，年给丁票银五、六金，方许居住。中国人口浩盛，住此地何啻十余万。近荷兰亦以"新唐"禁革，不许居住，令随船而回。

茶盘一岛，居昆仑之南，毗于万古屡山之东，皆南洋总路水程分途处。岛番捕海为生。产佳文草，顶细而长者，年仅足二席之用。入王家，辟虫蚁，值价四五十金，次者二三十金，再次十金。值一二金者，犹锦绣、布褐之相去也。

[1] 秦象郡、汉交阯、唐交州、宋安南、明交阯，历代古地名，皆指今越南。交阯，又作交趾。秦始皇统一中原后，为巩固南方而进占今越南所在地，公元前 214 年，将越南北部归属于象郡管理。公元前 204 年，秦南海尉赵佗自立为南越武王，越南北部为南越国的一部分。公元前 111 年，汉武帝灭南越，并在越南北部地区设立交阯、九真、日南三郡，实施直接统治。968 年，丁先皇以武力征服境内的割据势力，建立国号大瞿越（丁朝），越南正式脱离中国而自主。

[2] 王三宝，即王景弘，福建人，明朝宦官。曾随郑和等人率船队七下西洋，人称王三宝。

[3] 乞，暹语佛寺之意。暹罗之佛寺中皆有佛塔。

[4] 泼（Bat），暹罗货币银本位单位，今译作铢，相当于"元"。

[5] 恶耶（Raja），马来语国王、王公之意。

[6] 呷必丹（Capitan），西方殖民者对殖民地利用原有传统的权力结构治理殖民地行政，以达到"分而治之"及"间接统治"的一种制度。它赋予原有之地方首长（如地主、贵族、侨领等）权力，承认其地位，以达到政治、经济的控制。葡萄牙人占领马六甲后，即设立"甲必丹"制度。荷兰人占领马六甲，继续遵照葡人之制度。

小西洋记

小西洋，居于丙午、丁未方。

从麻喇甲、暹罗绕西沿山而至于白头番国。人即西域之状，卷须环耳，衣西洋布，大领小袖，缠腰，裹白头，故以"白头"呼之。国有二，东为小白头，西为包社大白头。二国北接三马尔丹，即噶尔旦之本国也。而三马尔丹之北，邻细密里也国。而细密里也之西，为俄罗斯国。

小白头，东邻民呀国。民呀人黑，穿着皆白，类似白头。英机黎、荷兰、佛兰西聚此贸易。民呀之东，接天竹佛国；民呀之东南，远及暹罗；民呀之南，临海；民呀之北，接哪吗、西藏及三马尔丹国属。而小白头南入于海之地曰戈什嗒，东、西、南三面皆临大海，外悬一岛曰西仑，中产大珠。戈什嗒东之沿海，地名有三：曰网礁腊，系英机黎埔头；曰房低者里，系佛兰西埔头；曰呢颜八达，系荷兰埔头。西之沿海，地名有二：曰苏喇、曰网买，皆英机黎埔头。其地俱系红毛置买所建也。包社大白头国，东邻小白头，北与小白头皆联三马尔丹，西北枕里海，西邻东多尔其，西南邻阿黎米也，南临大海。

多尔其分东西二国，皆回回。东多尔其国不通海，东邻大白头，东北傍里海，北接惹鹿惹也，西邻西多尔其，南接阿黎米也。里海者，诸国环而绕之：东北细密里也，西北俄罗斯，东三马尔丹，西惹鹿惹也，西南东多尔其，南包社大白头。内注大海，不通海棹。其水惟从包社出海，故为里海。

惹鹿惹也，一国亦不通海。东傍里海，西傍死海，北联俄罗斯，南接东、西多尔其。女人姿色美而毛发红，气味臭；衣着同白头，贡于包社。死海者，即黑海。源从地中，北俄罗斯、南西多尔其、东惹鹿惹也、西民哖呻。四面环绕，不通大海，故为死海。而西多尔其、民哗呻二国，不通小西洋之海，而滨于中海之东北。中海系从大西洋之海而入，语附《大西洋记》。

阿黎米也，东邻包社大白头，北接东、西多尔其，西北滨于大西洋之中海，西联乌鬼国。陆地一隅，自西至西南与乌鬼之地隔对一海，南临大洋。国为多尔其所属，贡男女于多尔其为奴婢。

乌鬼国，东北山与阿黎米也相联，向西南生出坤申方大洋，何啻四、五国之远。其尽处曰"呷"，即中国支山入海尽处曰表。表者，标也。佛兰西曰呷，英机黎曰岋，皆顺毛乌鬼地方。

是以红毛呷板从小西洋来中国者，由亚齐之北、麻喇甲之南穿海过柔佛、出茶盘而至昆仑。自呷而东至戈什嗒，自戈什嗒而东至亚齐，其海皆呼曰小西洋。人黑白不同，皆西域装束，长衫、大领、小袖、裹头、缠腰。国富庶，产宝器、生银、洋布、丁香、肉果、水安息、吧喇、沙末油、苏合油等类。以金银为币，钻石为宝。

大西洋记

按红毛等国，居于西北辛戌乾方，而乌鬼自坤申而绕极西至庚酉方，皆乌鬼族类之国。总而名之，曰大西洋。按天图分度十二月，日月方行到之度，正当乌鬼地方之呷处[1]。乾、艮、坤三方，博厚相均，而于巽巳地缺少，故外生东南，断续诸国，尚未适均。而又于噶喇吧、万古屡之东南，另生一地，以补东南之缺。因人迹不到，尚未立名。曾询之佛兰西人，云：昔时伊国呷板曾到彼处，地有土人，语言不通，执数人而去。后国王遣载之回。此所以地面正四于适均之处未均，而又补之也。是以西洋人志四方洋名，以东南缺处之海洋为小东洋，戈什嗒为小西洋，日本为大东洋，红毛为大西洋[2]。

乌鬼国地方，其顺毛乌鬼[3]，北与小西洋阿黎米也之山相联，沿海生向西南坤申方。而尽呷[4]处方绕向西北，与闇年乌鬼王国为界。又于呷之东面悬海大山，系吗哩呀氏简乌鬼一国，间有舟楫通粤东。自闇年，又向西北复绕出极西西方一带，皆闇年卷毛乌鬼地方。又自西复往西北，与苏麻勿里乌鬼为界。中有一国，亦名乌鬼王国。西面皆沿海接联，北面一带陆地俱联苏麻勿里，东与接联阿黎米也之顺毛乌鬼为界。周围皆属乌鬼地方，种类繁多，肌骨皆黑，生相不一，地方广阔，难以族举。沿海亦有通舟楫贸易者。各国以争斗攘掠为事，所掠人口，活者俟红毛经过，售买为奴；死者类牲畜，剖块晒干为食。

苏麻勿里，[5]西临大洋，北邻弥黎吕黎惹林。二国南北相联，人口稀少，山林深密，多产奇状野兽。弥黎吕黎惹林西临大洋，北一带与猫喇猫里也毗联。猫喇猫里也，乃回回族类，多为海贼，在中海、西海劫掠。西临大洋，北一带与红毛隔中海对峙。海从西入东，自隔海之西北而东，沿中海有葡萄牙、是班牙、佛兰西、那吗、民哞呷、西多尔其，而尽中海之东处，阿黎米也。由阿黎米也而向西，直出至西洋，皆猫喇猫里也中海沿边之地。南、北、东诸国三面夹绕，惟西通外海，是为中海。海产珊瑚。西洋人来中国者，谓中海阿黎米也之地，西联乌鬼陆地处，恨不能用刀截断，即于中海可通阿黎米也内海，而出小西洋戈什喀至亚齐、出茶盘，何用绕极西、极西南、极东南而至噶喇吧北上茶盘，远近相去年余之远也。

葡萄牙者，澳门之祖家也。东、北二面，地邻是班牙，西临大洋，南俯中海。

是班牙者，吕宋之祖家也。西北临大洋，东南俯中海，西邻葡萄牙，东北接佛兰西。

佛兰西者，西临大洋，北接荷兰，南邻是班牙，东接那吗，东南俯中海。由中海之东，接联那吗。

　　那吗者，天主国王处也。北接黄祁，东沿中海而至民哖呻。由民哖呻沿东南中海，而至西多尔其。由西多尔其东沿中海，至阿黎米也。由阿黎米也向西，沿中海之南猫喇猫里也之地，而出西洋。民哖呻者，天主之族类也。东至死海，北接那吗，北邻挽雅、黄祁二国，南临中海。

　　荷兰者，噶喇吧之祖家也。西邻佛兰西，沿佛兰西而至西北，皆临大海。北面隔海，对峙英机黎。东邻黄祁，南接那吗，由荷兰北海而至黄祁。

　　黄祁者，均系红毛种类。素未通中国，近有舟楫来粤营生。南接那吗、民哖呻，东邻普鲁社。

　　普鲁社，系俄罗斯种类也。西北接呇因，东邻细密里也，南接惹鹿惹也，沿海而至细密里也，皆属北海。

　　呇因者，西北海之国，亦系红毛种类。素未通中国。西南隔海与英机黎对峙。

　　细密里也，东邻加里勿东，南接噶尔旦三马尔丹，南至里海，西邻俄罗斯，北系北海。

　　英机黎一国，悬三岛于呇因、黄祁、荷兰、佛兰西四国之西北海。自呇因沿海而东绕俄罗斯，自俄罗斯而东至西密里也，皆为北海，不能行舟，海冰不解，故为冰海。

　　自呇因而南，至乌鬼诸国，皆为大西洋。红毛者，西北诸番之总名。净须发，披带赭毛，带青毡卷笠，短衣袖，紧袜而皮履，高后底，略与俄罗斯至京师者相似。高准碧眸，间有与中国人相似者。身长，而心细巧，凡制作皆坚致巧思。精于火炮，究勘天文地理。俗无纳妾。各国语言各别，以摘帽为礼。而尊天主者，惟干丝脑、是班牙、葡萄牙、黄祁为最。而辟之者，惟英机黎一国。产生银、哆啰呢、羽毛缎、哔吱、玻璃等类。

---

[1]　"按天图分度十二月……正当乌鬼地方之呷处"一句，《昭代丛书》本置

于"以补东南之缺"之后。

[2] 此句《昭代丛书》作"以东南缺处之海洋为小东洋,与戈什嗒少西之小西洋相对;以日本之洋为大东洋,与红毛大西洋相对"。小东洋,指南海;小西洋,指印度洋;大东洋,即今太平洋;大西洋,即今大西洋。

[3] 顺毛乌鬼,指尼罗河流域地区及非洲东部印度洋沿岸地区的埃及、苏丹居民。

[4] 呷,指开普(Cape),即好望角(Cape of good hope)。

[5] 此处《昭代丛书》有"亦系乌鬼"四字。

昆 仑 又呼昆屯

昆仑[1]者,非黄河所绕之昆仑也。七洲洋之南,大小二山,屹立澎湃,呼为大昆仑、小昆仑。山尤甚异,上产佳果,无人迹,神龙蟠踞。

昔荷兰失台湾,边海界禁未复,因金、厦二岛平,荷兰掠普陀,毁铜像、铜钟。万历间,宫塑脱纱佛像,刀刃不能伤。驾火炮坏之,取里所实金银财宝。见像必剖,以取脏宝,悉收而去。至昆仑,意欲居之。龙与为患,藉火炮与龙斗,相持有日。后荷兰状若颠狂,自相戏以曲腕击背心,日益毙,扬帆而去。将至噶喇吧,船击碎,存活者可十人。雍正丁未岁夏,噶喇吧海面立一中国妇人,群相棹舟往视,惟浮一铜钟,[2]上镌"普陀白华庵",知为昔荷兰掠沉。回浙洋艘,互相争载,以藉神庇。公议求筊,余戚末黄姓彦者,本船柁师,得筊载回。通港之艘,惟此舟小而旧敝,顺帆不及月,抵南澳,后转运至普陀。别船坚致,有被劫红毛者、有失风水者。佛力如此,前惟付之劫数耳。余少随先君任浙,闻之白华住持剖疑者,常言小沙弥时在山被红毛劫掠逃匿虚张情景,今恍惚将三十年,恨僧未之见也。

康熙四十五六年间,红毛又图昆仑,不敢近山居住,就海傍立埔头，以昆仑介各洋四通之所，嗜涎不休。有中国洋艘，载砖瓦往易红毛洋货，以其本廉而利大。夜团宿于沙洲，人寂寂稀少。后密窥，知为鳄鱼步岸所吞。伐木围栅稍宁。夜闻山中语，语促归。红毛为水土不服，毙者甚多。又为广南番[3]劫杀殆尽，仍虚其地。

凡中国洋艘由昆仑者，备鸡鹅毛、鲨壳等类，到昆仑洋，天时极晴霁，见黑云一点，随化为含烟，蜿蛇摇尾，即如江浙夏月、湖中云龙。下篷惟恐不及，狂风立至。幸不及时而霁，俗呼"鼠尾龙风"。白云者，其风尤甚。日遇二、三次或四、五次，间或不遇者少。故以翎毛、鲨壳焚秽气，以触远扬。过昆仑则无。

[1] 昆仑，即昆仑岛，为越南东南端岛屿。中古以来是东西航路必经之地。
[2] 此处《台湾文献丛刊》本有"共获而归"四衍字。
[3] 广南番，指越南中部的土著原住民。

南澳气

南澳气[1]，居南澳之东南。屿小而平，四面挂脚，皆嵝古石[2]。底生水草[3]，长丈余。湾有沙洲，吸四面之流，船不可到。入溜，则吸阁［搁］不能返[4]。

隔南澳水程七更，古为落漈[5]。北浮沉皆沙垠，约长二百里，计水程三更余。尽北处有两山：名曰东狮、象，与台湾沙马崎对峙。隔洋阔四更，洋名沙马崎头门。气悬海中，南续沙垠，至粤海，为万里长沙头[6]。南隔断一洋，名曰长沙门[7]。又从南首复生沙垠至琼海万州，曰万里长沙。沙之南，又生嵝古石至七洲洋，名曰千里石塘。长沙一门，西北与南澳、西南与平海之大星鼎足三峙。

长沙门，南北约阔五更。广之番舶、洋艘往东南洋吕宋、文莱、苏禄等国者，皆从长沙门而出。北风以南澳为准，南风以大星为准。惟江、浙、闽省往东南洋者，从台湾沙马崎头门过而至吕宋诸国。西洋呷板，从昆仑七洲洋东、万里长沙外，过沙马崎头门而至闽、浙、日本，以取弓弦直洋。中国往南洋者，以万里长沙之外渺茫无所取准，皆从沙内粤洋而至七洲洋。此亦山川地脉联续之气，而于汪洋之中以限海国也。沙有海鸟，大小不同。少见人，遇舟飞宿。人捉不识惧，抟其背吐鱼虾以为羹。

余在台，丙午年时有闽船在澎湖南大屿被风折桅飘沙坏，有二十人驾一三板脚舟，用被作布帆回台，饿毙五人。余询以何处击碎？彼仅以沙中为言，不识地方。又云：“潮水溜入，不得开出。”余语之曰：“此万里长沙头也。尚有旧时击坏一呷板。潮虽溜入，汝等若以南风棹长潮，再不得归矣。大洋之水为沙两隔，节次断续。南北沙头为潮汐临头，四面合流，外长[8] 而内退、外退而内长。须沿沙节次撑上断续沙头，夹退流，乘南风，东向尽流南退。虽欲北上求生，而南下者，正所以生也。何也？南风夹退潮，方能出溜。虽溜下，然而归于大海，不入内溜，方得乘南风而归。”群起而呼曰：“曾到此地乎？不则，何为知之确且详。有如目睹，坏呷板尚存，为飞沙污没。饥抱海鸟为餐，渴饮其血。驾长潮，为溜所吸，不得开头三四日。无奈祷筊，棹退潮，溜入大洋，飘十二日到台。”余又语之曰：“呷板飘坏，闻之粤东七、八年矣。尔之舟，飘风于何处，计风信而度之，谅在斯矣。至于潮水分合，退为长、长为退，夹流双开，临头汇足，易知近隔、难识远捍，自有一定之理。在乎海国形势于胸中，意会变通，有可到处、有不可到处，安能处处而指识！岂操舟者把死木之所为哉？则如南澳气受四面流水，吸入而不出，古为落漈。试问入而不出，归于何处，岂气下另有一海以收纳乎？四入者从上而入，必从下而出，如溪流涌急，投以苇席，入而出于他处。”此理甚明，并以志之。

［1］南澳气，即为东沙群岛。所谓"气"，是指"山川地脉连续之气"，乃自元朝开始的地理上的一种解说。

［2］蝼古石，指海底珊瑚礁的形状。

［3］水草，指的是东沙海域所生的海人草。藻体丛生，长丈余，暗紫红色，软骨质，不规则的叉状分枝。

［4］湾，为东沙环礁的礁体里一种环形地貌，中间为一浅湖，中有小沙洲和沙岛。环礁并非连续不断，而是有水道和外海相通，当天气恶劣或信风吹起之时易形成"吸四面之流"的险象。溜，古文释义中有小水流之义。此处指较窄而浅的水道。水道上有不少珊瑚礁头生长，容易搁浅，即"吸搁"。

［5］漾，为流经台湾海峡之黑潮，其土名"沟"。落漾，原指船只穿经此黑潮而过，土名"过沟"。此处指经过黑潮而到达之地，即东沙群岛。

［6］万里长沙头，指东沙群岛南部延伸至广东洋面。

［7］门，指水道；长沙门，指中沙群岛和西沙群岛之间的航道。

［8］长，升高。后作"涨"。

海国闻见录卷下

四海总图

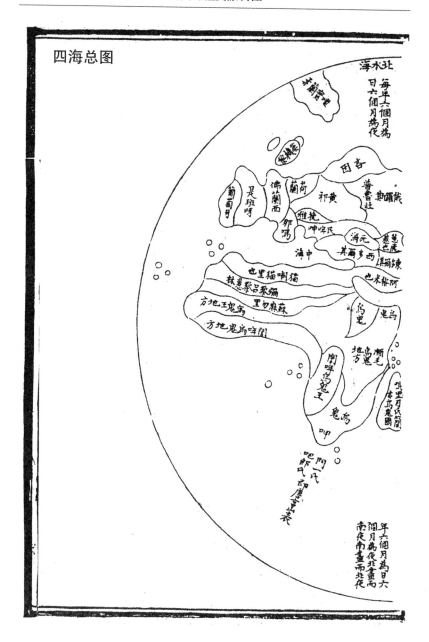

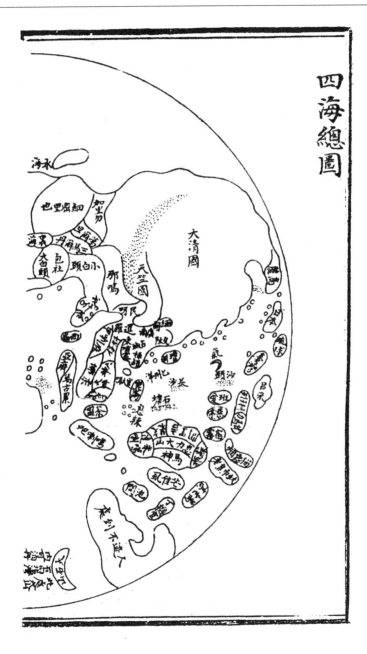

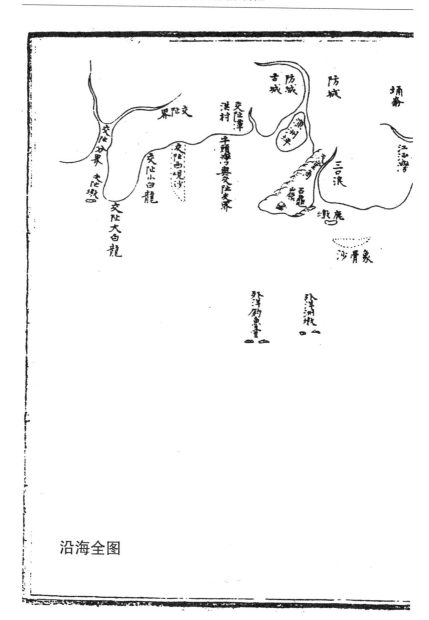

沿海全图

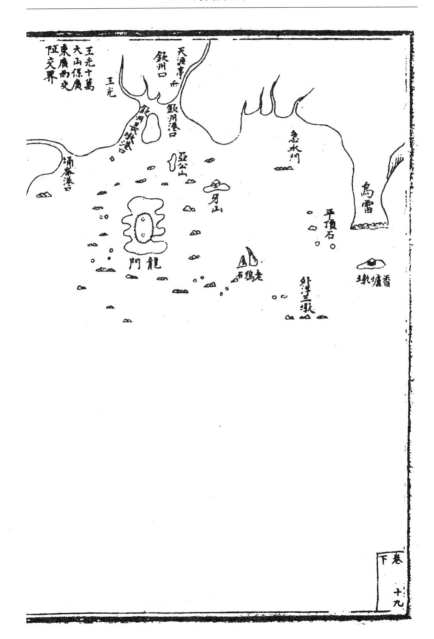

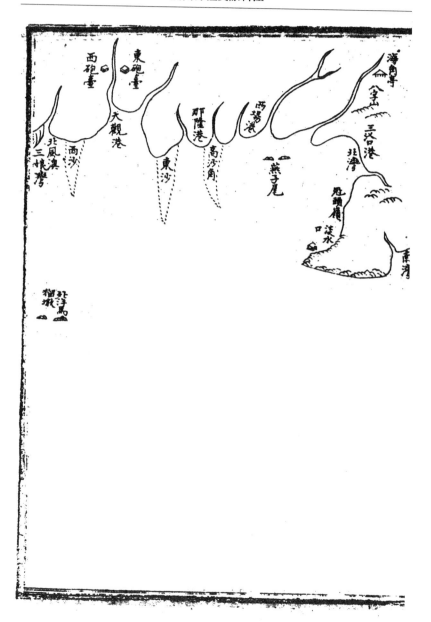

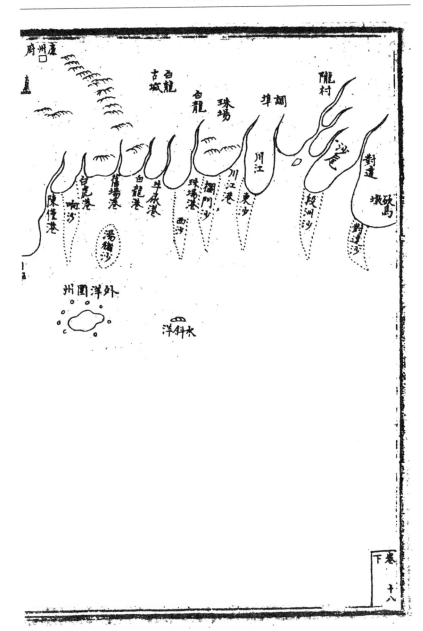

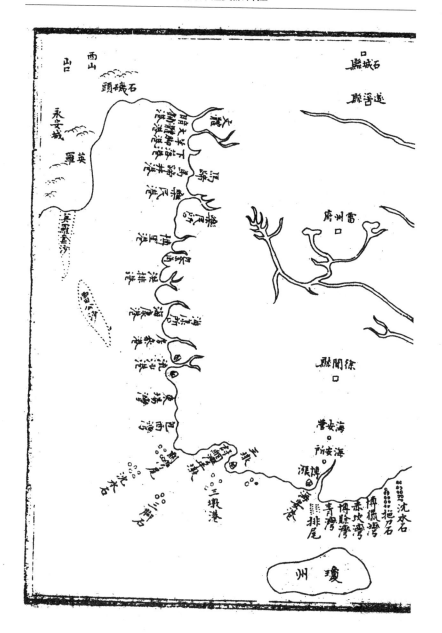

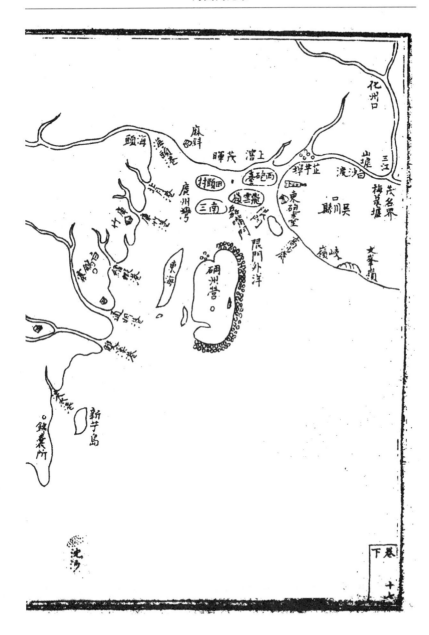

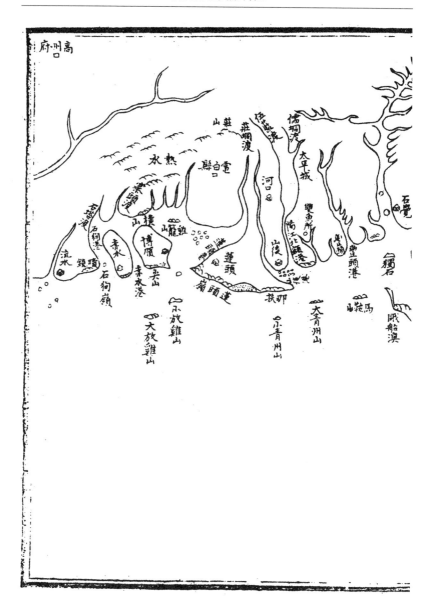

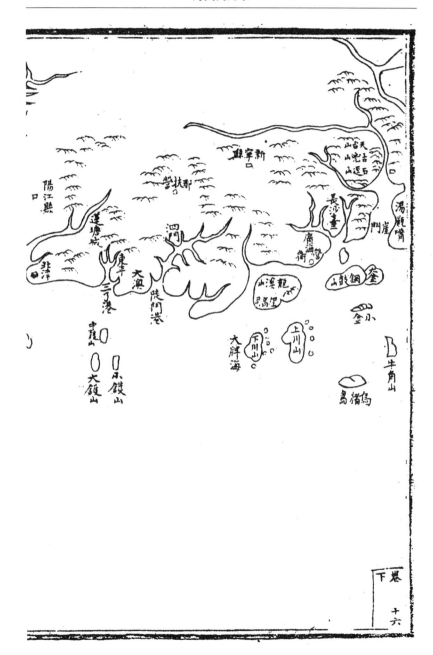

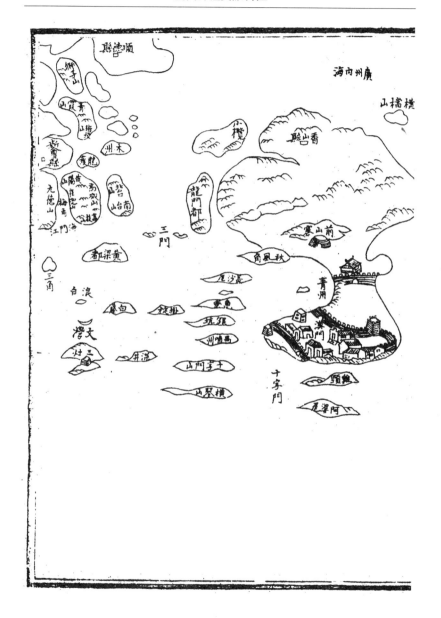

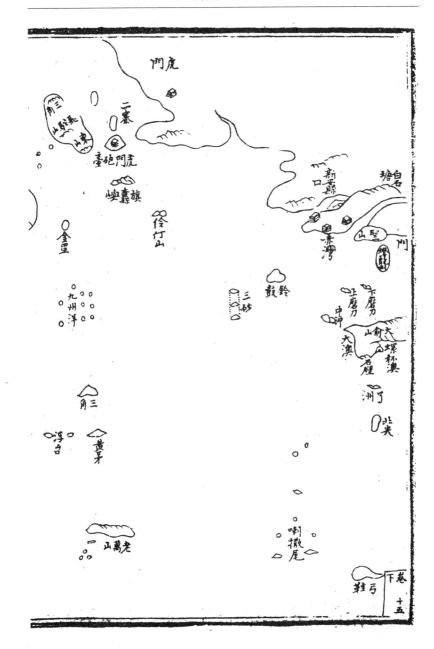

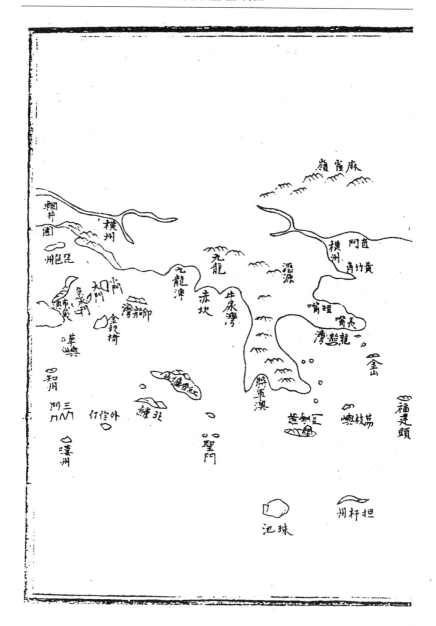

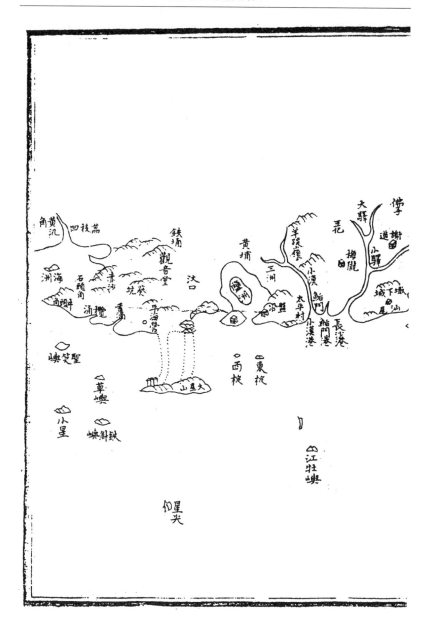

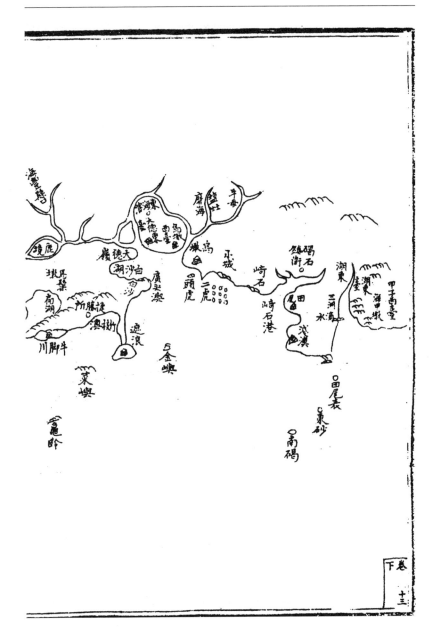

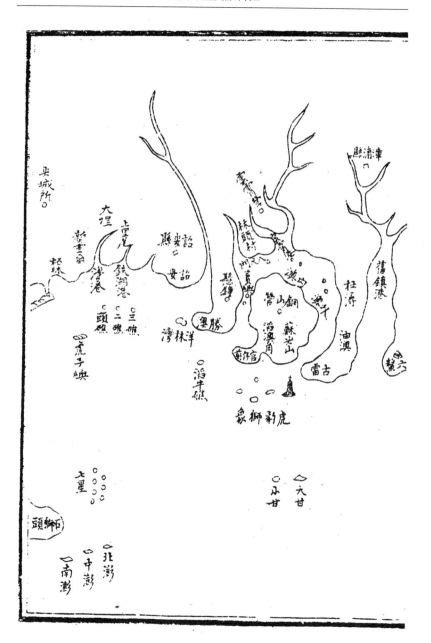

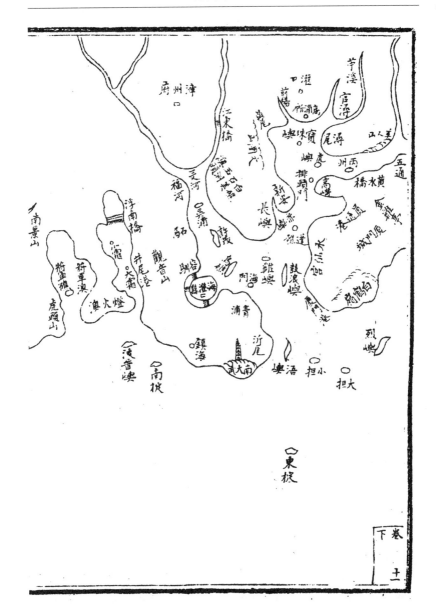

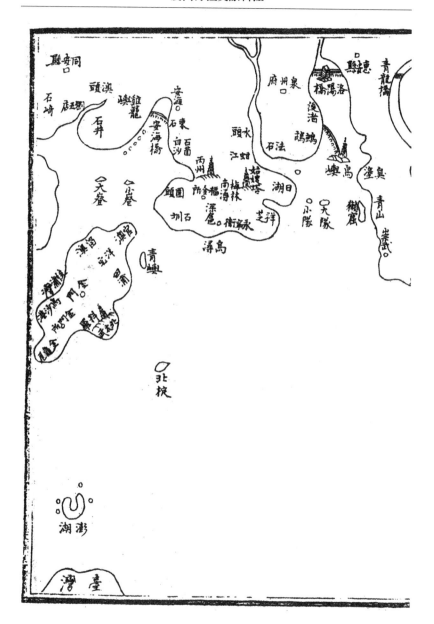

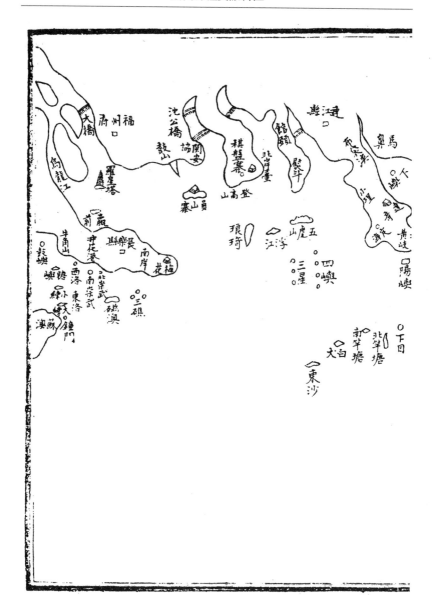

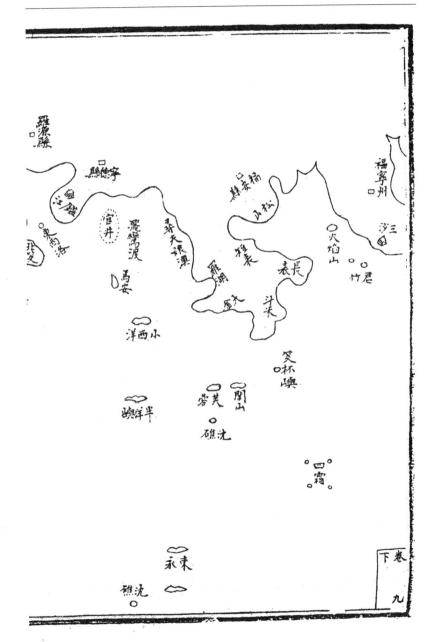

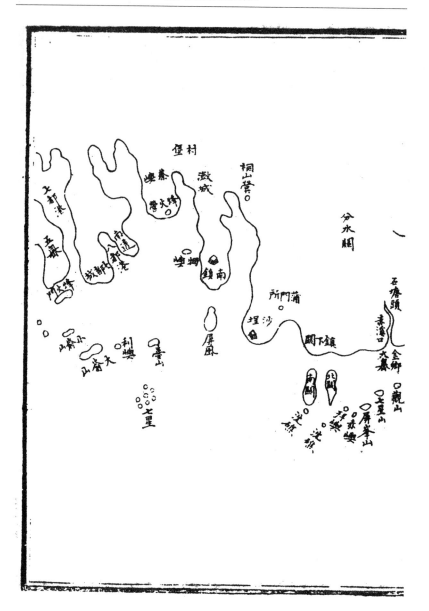

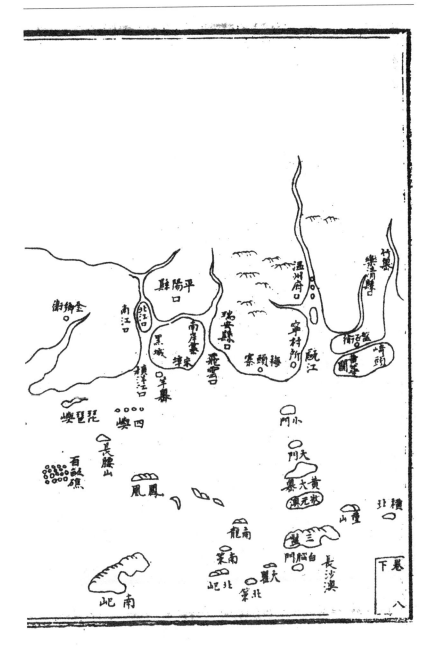

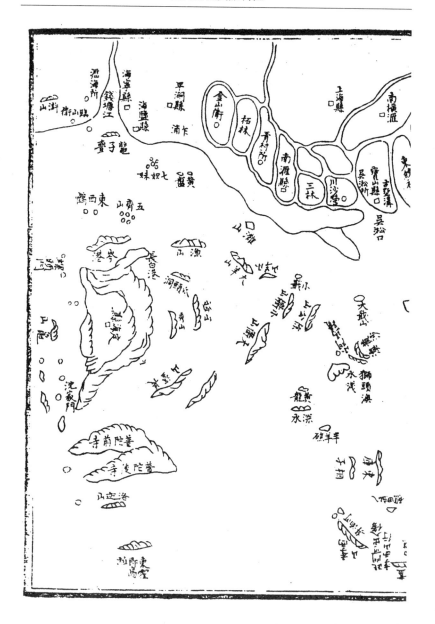

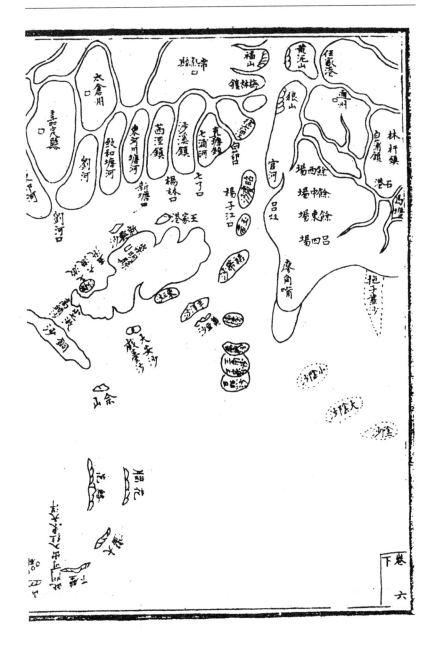

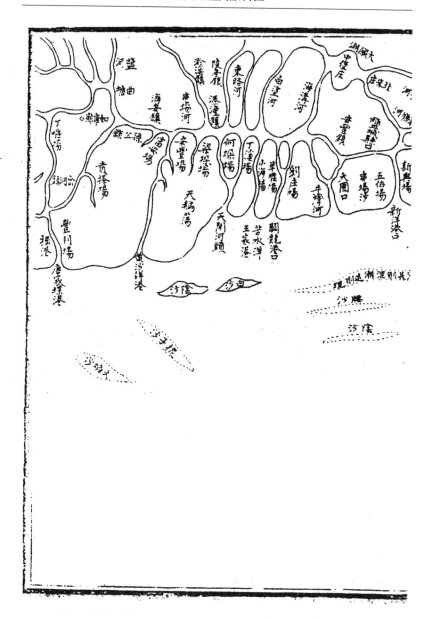

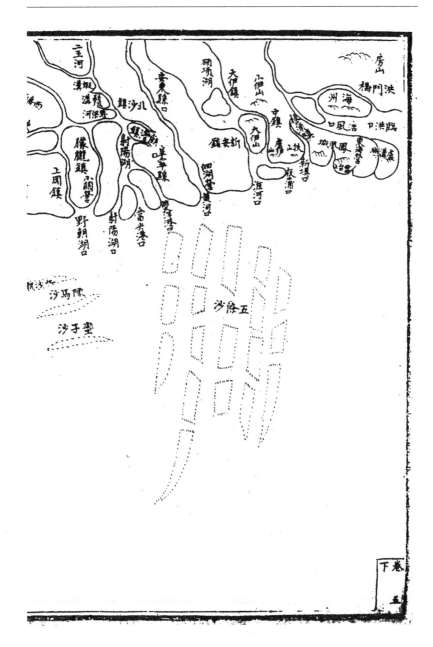

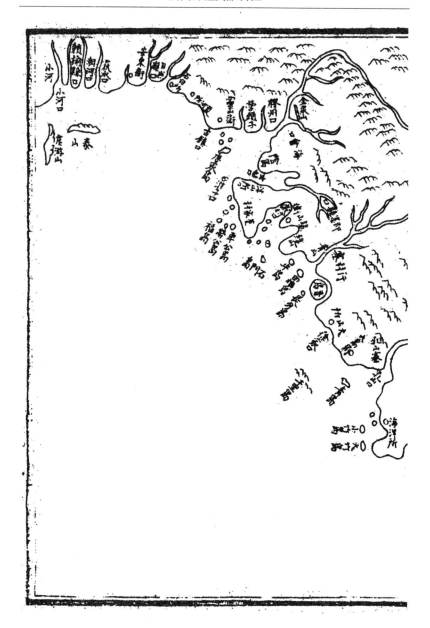

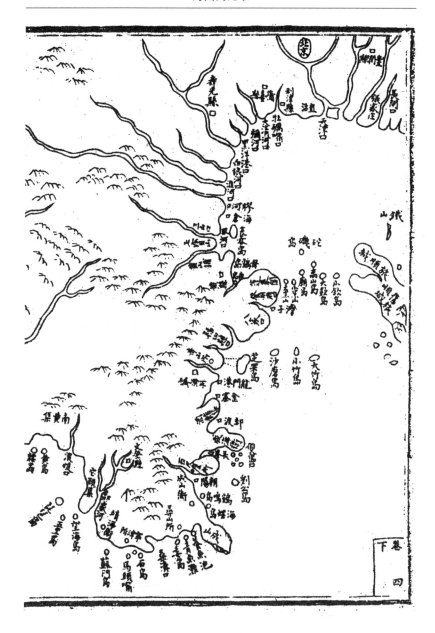

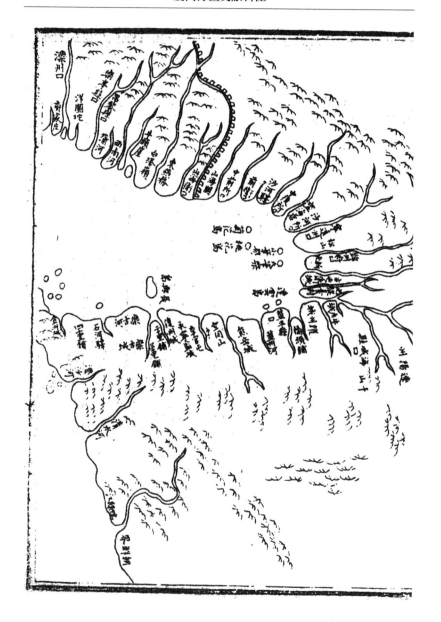

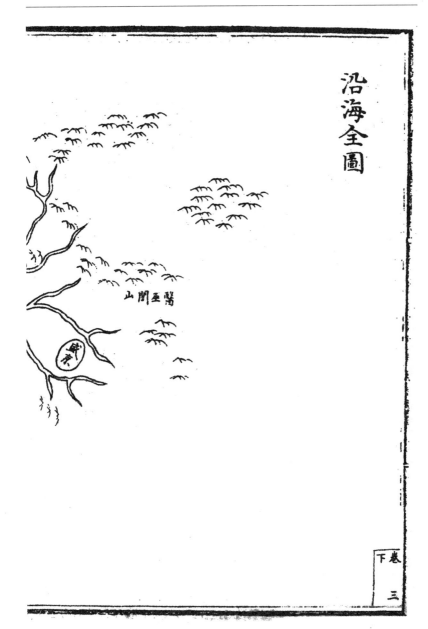

沿海全圖

山門至鼇

卷下
三

台湾图

台湾后山图

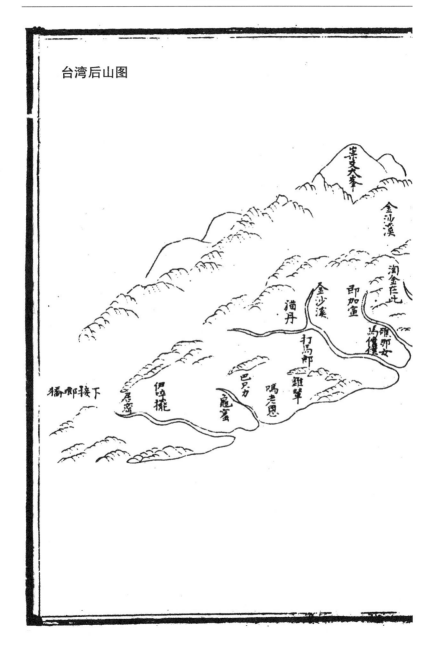

臺灣後山圖

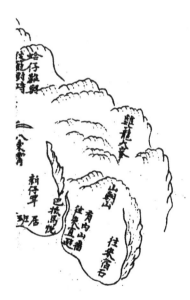

澎湖图

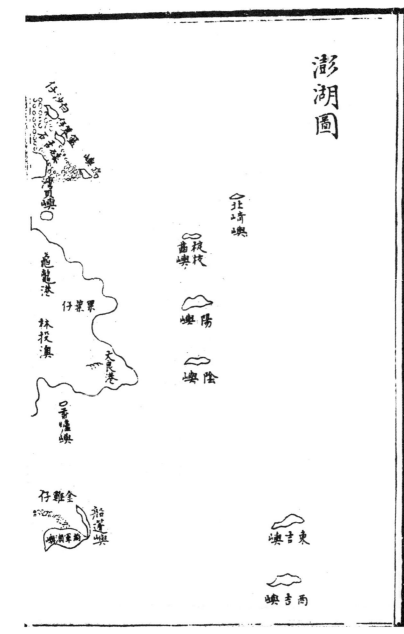

澎湖圖

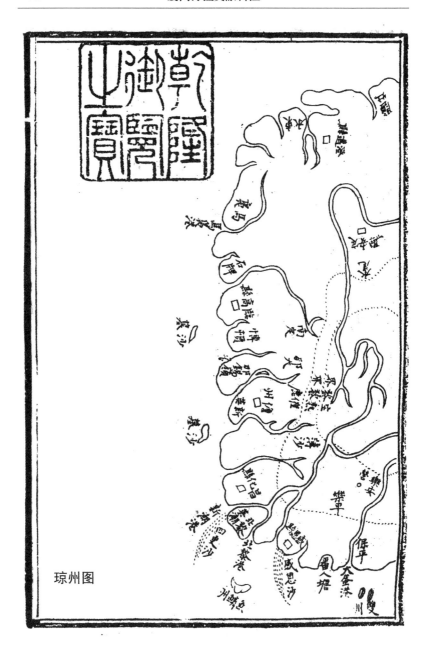

琼州图

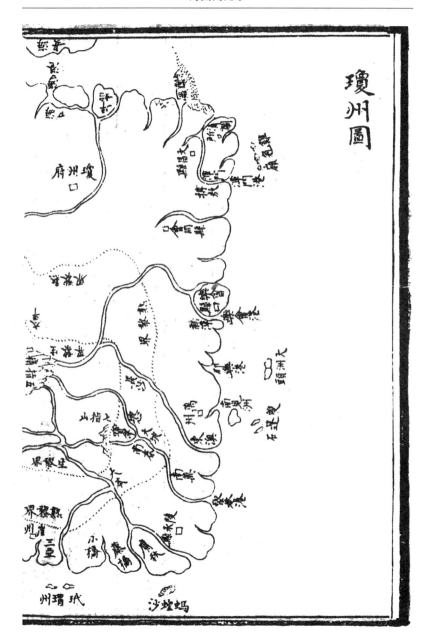

海疆要略必究

［清］李廷钰　撰

海疆要略序

［清］李廷钰

　　从来筹海之书多矣，类皆文人之敷衍，笔墨虽工，然无裨于实用。就中惟陈公《海国闻见录》，庶几为济世之具，且图说兼备，了如指掌，犹虑其所见，诚然所闻，殆未敢深信也。此册既非亲历，亦非摭拾传闻，盖出之老于操舟者，身历其处，辄笔于册。惜乎无图可索，第较之盲人赴路者，不犹有把握乎？爰是与寮寀黄参戎[1]诸君校订，粗可观览，俾我同人各挟一册以自随，庶几履险如夷，共跻安善，夫然后得以同心戮力，扫荡么氛，以冀毋负我国家设立水师至意。予□□□□，不敢强解，愿诸君之留□。

　　咸丰丙辰秋仲，润堂李廷钰。

[1] 寮寀，官舍，引申为官属同僚的代称。黄参戎，即黄光华，字挺秀，同安县在坊里岳口保人。由金门左营游击升烽火营参将。咸丰八年（1858年）阵亡，赐云骑尉世袭、祭葬，加封拓鱼将军。

抛船行船各垵礁辨水辨[1]

琼州海口

自琼州海口起，至沿垵[2]北上尽山止。开船流东水至白沙港，上可观府城塔，齐身可从犁头汕，汕[3]内山可行。

[1] 辨，原作"办"。
[2] 垵，闽南方言指称形如马鞍的山地。多用于地名。
[3] 汕，闽南方言指因海水冲积而形成如山脊形隆起的沙滩，又称作"沙汕"。

铺前山

山上有塔，澳[1]内可抛船[2]，打水四、五托[3]，沙泥地。南面汕坛内有一条港，名铺前港。鼻头[4]有礁，不可太近。

[1] 澳，海边弯曲可以停船的地方。多用于地名。
[2] 抛，闽南话读作 pha，停搁。抛船，即抛锚以固定船只。
[3] 打水，测量水深、判断船位的方法。古代航海，以绳驼探水深浅若干，驼底带蜡油以粘探沙泥，由此来判断船的位置；托，长度单位。以成人两臂平伸为度。
[4] 鼻头，闽南话读作 phinn-thəu，物体突出而像鼻子的部分。本文中指的是地理形貌。

目莲头

澳内可抛船，打水四、五托，沙泥地。恐水急，不可太近。鼻头上势[1]是汲水门[2]，倘要行[3]外洋，南边是抱虎山、目莲头沙汕一列生。至汲水西，是硇洲、钱汕，其门可防[4]。东是七洲山。

［1］势，闽南话读作 sè，指地理形貌，如山势；或地理方位，如上势、东势。
［2］汲水门，应为急水门，一般指海水流速甚急的水道，而此处则特指目莲
　　头岬角外的急水门。详见《地名注释索引》。
［3］行，闽南话读作 kiann，行船、航行。
［4］可防，在本书中，应作"宜防"、"须防"、"应防"、"当防"解。下同。

海北山

　　船在铺前，要从硇洲内行，可候流东水，用壬亥针及子午针，
见东礁汕。汕内托水四、五托。内是海北山，召离角入内石牌礁。
东是钱汕头，出水好抛船，托水四、五托，沙泥地。船行正路打水
六托，可从中汕打涌下而行。内是锦囊辈山，山港内是锦囊港，水
涨，托水三托。港口有汕生，与中沙相对，其路甚狭，用心探水，
仔细而行，恐防拜舵。其水托半，过北浅狭，就深正路，托水六
托。东看有山，是硇洲观材尾，外是钱汕出水打涌。西是猪母汕一
列，可从打涌上而行，方妙。

硇　　洲

观材尾山上有烟台，可从猪母汕上身而行。

烟　　台

　　城子下好抛船，打水三、四托，沙泥地。在此开船，可从宫前
而行。至宫上上势，可防三礁礁。对中詹桃汕，可从硇洲畔行。

北村湾

　　上山有烟台湾，内好抛船，打水三、四托，沙泥地。地上鼻头
橹古石，生开[1]可防。开船西下有鹿尾汕，打涌甚，可防。上有东
海山，其形圆。鹿尾汕上，内有一港甚深，托水十六七托，名为广
州湾港。

[1] 生开，即初次行船或初次行走在某条航线上。

广州湾

　　内好抛船，打水五、六托，沙泥地。此处开船出港，西是赤汕湾、白鸽寨澳。

限　　门

　　港下有一白墩石，名曰"象"；远内有一山，名曰"虫嘴山"。如入此港，即将三山观看为准。内有西炮台、妈祖宫，前好抛船，候水涨入芷寮。

五鬼山

　　山内是吴川县东门外。东门不敢开。

半畔山

　　好寄椗[1]，打水四托，沙泥地。上是赤水港。港口有一礁，敲[2]船不可太近。入内有沙汕，系是电白港下山，可近放鸡山。

[1] 椗，同"碇"，详见《海国闻见录》之《天下》篇注。
[2] 敲，即敲，亦作"圖"，闽南话读作 khau，意为刮风，如敲风。引申为顺风行船之意，如敲船、敲帆等。

放鸡山

　　好抛船，打水三托，沙泥地。北内是电白港，上下俱是有沙汕。港上是龙头山，山水外有大礁，打涌可防。船从礁内敲，外是黄岐屿，从内敲可也。

青山子

好抛船，打水四、五托，沙泥地。内是如动港，东是东墩山，海内好抛船，沙泥地。此处开船可防鼻头尾，有礁，打涌不可太近。内面有一余动港，甚阔，好避飓风。四面俱好，不防。

双　鱼

此山有烟台，湾内有一屿仔，好抛船。打水三、四托，沙泥地。

钱　屿

内有一织浓港，甚浅。水外有沙汕，可防。

海龙澳

澳内好抛船，打水五、六托，泥地。澳中开有礁，敲船可防。

阳江大澳

好抛船，打水四、五托，泥地。山上有王爷庙，澳中有大礁三墩，名曰"王爷印"。南开去下势，是南北津阳江。

蚊　屿

外是村尾山，下外是阳江矴〔圪〕，内是大澳鼻，上内是斗门港。

下村山

太平澳，托水五、六托，烂泥。此澳是下村尾隔界之处，内是亚公山。山边甚浅，烂泥地，敲船不可近山边。

上村山

番仔墓，好避飓风及南风涌，打水四、五托，沙泥地。内是广海汛，汛外是铜鼓角，好抛船，打水四托，沙泥地。上村鼻头有礁，打涌，可防。

大钦山

好抛船，打水十余托，泥地。此处风落山甚大，时常欲走碰。外是交鳞山。

交鳞山

山下外有观音屿礁，入此大钦门，内是内海，下是铜鼓山。

黄岑山

此山内可通三灶澳，但内面有石产，非惯熟，切不可行。

三灶山

澳内好抛船，打水五托，泥地。澳内上有礁，下有港仔，好避飓风。水退，船到墨港门上，有一门，外往虾公屿。外过是深水澳门，路可行。此内是江门，甚闹。

虾公屿

内路甚浅，烂泥地。恐防拜舵，候水涨方可过。屿尾有沙汕一条，名曰"虾须"，可防。

琵琶屿

外是大井门，内是香山门，门内有一竹扫礁。入此门是香山县，能透[1]广州河下。

[1] 透，闽南话读作 thàu，意为直通到底。

刳牛房

此处好避飓风，打水四托，泥地。此处澳上身[1]有石礁，可防。外是十二门、山北门，内是番子城墩台门，好抛船，打水四、五托。

[1] 上身，上面部分。

番子城

墩台内妈祖宫前，好抛船，打水三、四托，泥地。炮台鼻头上、外大门中，有一礁，名曰"草鞋礁"。两畔尽好行。

十二门

打水山好抛船，打水三、四托。此山与番子城相对，其门中草鞋礁，可防。此处开船上内，外是老万山、诺犍尾北，内是九州山，直至旗蠹澳内。

大鱼山

山外是弓鞋洲、墙珠池，好避飓风。泥地，可防艇贼。此山内好抛船，打水四、五托，泥地。有墩台，好往外洋。

广东往高州

赤安庙前、罗汉屿外，俱可行过，谨防。直出龙灯洋，在此往高州。

虎跳门

门外有一小礁，出入在屿东过。入虎跳门，船驰搭南面，山边深、北边浅。入去北面有横屿一个，船驶在屿子关，直至草尾洋鳄鱼抢宝。船入，尽搭北边过。过子船搭南面东井山边外转湾，就东井搭[塔]脚双港口，在南边入去。新市下岛洋在港中。船在门边过至宝珠寺前，可从南，亦妙。

赤安庙

北额头有大产，船抛碇在屿头。赤安前大屿二个，船出入在屿外过，有小石〈礁〉，无碍。

扑头门

即墨斗门，入门是妈祖宫，抛船。入去，内是小汲水门，九龙澳、沙澳后好抛船。入去是大汲水，流甚急，无礁。北边是大山，是传澳，好抛船。

登梁大山

有半洋礁一个，在后登梁。船抛屿门过，抱在屿内，东畔是登梁大山。开是竹篙屿，内有门过船，屿内好抛船。抱在屿内搭登梁山。

大星港

戴船不可太倚[1]小物港口，外有鹅子礁，出入或礁内外通行。入大星澳搭东额，有大礁一块，出入或澳内。有石屿子，收入在屿子内，过至港口，抛船在屿子头。内过有大座，出入小星门，俱可过。北边是椿澳，好抛船在屿澳底。欲入澳口，从产下过。

[1] 倚，闽南话读作 uá，靠近、贴近。

潮沙港

是燕州港口。船欲收入，抛在妈祖宫前。潮沙港口下有屿子一个，东风好抛船。出入在外过。

东龙菜屿

东龙即龟龙。船过菜屿头，有屿仔一个，在东额开船。在内龟龙尾边有沉水礁，不可贪[1]。北龟龙下大产有猫屿，抱在澳边，若欲收入，量[2]开。

[1] 贪，闽南话"越界"之意。
[2] 量，疑作"让"，闽南话"量"与"让"同音。

寨浪澳

船出入不可太近东额。谢郎边有大礁，不可太近，北边过须防。

田尾澳

东额头有礁，田尾有大礁一个，船出入，在礁内过。若收，澳内额头有沉礁水边，时出打涌，量开，不可太倚。田尾北边有大礁一座，船出入不可近北面，谨防。

龙海大澳

船出入不可太倚龙海，有龙石屿子一个，船欲抛其龙海澳。船在屿外下边收入妙。

甲子澳

屿仔外有甲子栏礁一座，生甚，开对栏外。过甲子澳口，有礁在额头，出入量开。入甲子港口，有三点金礁在港中。

神泉澳

澳口有礁一个，船出入在东额头。澳内出水礁仔一个，船抛在礁子外。澳北浅。

赤　澳

澳口有大礁一个，又门内礁一个，船入搭东边过。底有沉礁，在北礁、在外面。赤澳下有屿，船出入在屿外过。其屿内不可过，须当记。

靖海澳

即乌涂澳。有礁一个，驶船着对礁外。如收入抛碇，船尾坐小屿。

钱　澳

澳内有观音礁，在澳镇中正。船欲收入，须行东额头炮台边入。南出去，有南礁，须防之。如欲入海门港内，澳对齐有一红萝礁，船驶至东边炮台齐身，须举开，不可近澳畔。

瑓　头

即广澳。额头有暇尾礁，船出入不可太拢，谨防之。

马弦大山

船出入搭大山边，外面有大汕一条，至小篮蒲。马弦港口有网桁，入去北面是坭埔港口，不可太倚。南面是老鼠石，澳外有礁一个。入去揭扬 [阳]，出入在屿外，对桁直入正港。

大篮蒲

船出入在屿外，收入澳外有大礁一个，在网头下，抛船可泊在礁内。

鸡母澳

澳口有屿仔一个，出入在屿中过，倚沙沄。内澳是槺林，开是南澳总兵府[1]，好抛船。下澳是后宅，亦好抛船。倚过草埔头，有网桁，出入可防。此是黄芒山，好抛船。侍郎屿一个，即凤屿。

[1] 南澳总兵府，是南澳总兵的衙署，位于广东省汕头市南澳岛深澳镇大衙口。明万历四年（1576 年），南澳副总兵晏继芳建造。介于粤东与闽南之间的南澳岛，地处东南沿海要冲，故南澳总兵府是管制闽粤台的重要军事基地。

南　　澳

上势有腊屿，南澳鼻有四个屿、田紫菜屿。门中有七星礁。过东洋有屿曰"彭山"。下势屿仔尾可行，水急流涨，过西退流，过东俱横流。而屿仔门不可行。

悬　　澳

澳下有大礁一个，驶船时，内搭沙沄过，外量开之过。号名悬钟城，在礁下过。边有虎仔屿一个，并屎鸡冠礁甚多。至炮台角，行船虎仔屿外，方妙。戗船过胶棉屿，九下山宫前额有砗礁。

宫仔前

外鼻头有沉礁，砗礁一朵，有屿。此屿可行，中央行之。

苏　　尖

澳内有礁一个。船在礁外东畔，不可太倚。外是鲎壳澳，后面沉澳角，好抛南风；前，好抛东风。澳口有虎仔屿。

铜　钵

东风好抛船，不可太倚，甚浅。铜钵对门，大小柑桔二个。

铜　山

入澳东门，上下可过。东山有石屿仔一个，驶船对屿内过姑螺澳，即古雷。

姑螺澳

名"古雷"，有牌证。外上额有朱钝礁一个，水退出水，船行北面大山不可过，不可开。

洲门菜屿

内有沉水礁一个，行船不可太近菜屿，对洲门直落杏里澳，好抛南风。金屿一个，船在屿内过，或开量外驶。对金屿下有大礁一列，在金屿内过，不可贪金屿。

陆　鳌

后狼犴屎内有礁，外上面屿仔内过。入陆鹅「鳌」[1]，在沙弦外网门入，出来墓弦，即召弦外。

---

[1] 鳌，原作"鹅"，当为闽南话谐音。

大　境

即将军澳。鼻头上破胶瓒，船出入可防。开船驶对将军仔过，到镇中抛在礁齐身。打水四托，沙仔地。

镇　海

下是井尾港口，港口上是火烧屿，内好行。屿上是镇海仔鼻头，不可太倚。外是南桩，桩齐身，有桩索，外好行。镇海对澳出船至旗头上，内身有麦穗礁一座，至浯屿内犬骨礁二个，至厦门港口外有沉枝。有东桩，内有沉枝。

浯　屿

上势青屿，不可太倚。浯屿后有九节礁，两边门俱可行。浯屿尾下门上落，宜倚东势过。下有麦穗礁，宜倚东行之。

厦门港

港内〈打〉水四、五托，是沙泥地。户部前有雷。

大担门

澳在门内宫前，打水三、四托。北门中，打水八托。

烈　屿

亦有埯，曰"城仔角"，好抛船。打水五、六托，泥地。对面有沙汕，名曰"海翁汕"。驶船须谅[1]南开，见料罗大埯起头，沙汕不防。

[1]谅，同"量"。闽南话"量"，意为"让"。

塔仔脚

若东涨风，可倚边，金龟尾过来，抛塔仔脚。打水五托，半沙泥地，不防。若开，谅倚边，有沉水礁，名曰"朴俴"，须防之。

料　罗

抛船正澳，打水六托，是泥地。八月尾起至三月尾，在此放台湾洋，若开船至鼻头，谅开东北势，有一屿名曰"北桩"，驶船须记之。

湖下澳

内打水四、五托，是泥沙地。外是烈屿。山门中有沉水礁，出入倚西南过。门外东势有沉角带澳。

金沙澳

系是金门山西势澳，打水四托，是沙泥。石盘内可泊，即潭口大礁内。

围头

打水五托，沙地。埃开有纸虎礁，须防之。开船，埃开有网尾礁，出鼻有沉水礁，名曰"小米盾"，须防之。鼻开有大米盾，谅开驶，不防。

石峻

好抛船，打水四、五托，沙泥地。澳内有礁一座，水退欲收入，看澳内二沙坝出现，正好收入。

深沪

好抛船，又好南风。金屿门内有半洋礁沉水，又有白膳礁，宜防。

永宁

宫前有沙汕，甚浅。又有马礁，须防。或戴堤沉水二处，内不可过浅。上有沉水礁，北去祥芝尾，有礁一，则须防沉水之。

佛堂冬

冬天寄泊，打水四托半，须防水退浅。

祥　芝

南风可抛船，打水六、七托，泥地。中埭鼻头谅开，不防。

大　坠

上有天后宫庙，东北风抛船，对庙口，打水六托半，沙泥。潮水不好，谅早开船。

獭　窟

内打水五托半，泥地，须防水泊浅。有屿门可过。中有虎礁，须防之。

崇　武

澳内好抛船。龟屿外有沉水礁，内去亦有沉水礁，名为耙齿礁。出入须防仔细。

大　岞

内是牛头，水浅。内有沉水礁，船入上澳去，须防岞间有沉水礁。内好抛南风，谨记之。

牛里澳

在黄天山边。东势过南一小龍，而入澳内。打水二、三托，是沙泥地。候涨水七、八分，方可入。

小　岞

过船，对倚而过，不必谅开。倚有流超。

贼仔澳

东北风可抛船，打水四托，半泥地。倚边上势，有埠名曰"蚵壳港"，可避飓风，甚好。

湄 洲

蛎壳埕、香炉屿外，是蛇礁，好抛南风。水退时，恐畏搁浅。过去是吉蓼峰，上是妈祖庙，往来礼仪奉献。

吉 蓼

有城，泊于城下港中。打水三、四托，是泥沙地。门口对南，有屿曰"竹屿"，而行边中势上下各礁，不可太倚竹屿，甚浅，曰"黄峻南北门"。

湄洲大门

有门盏礁，出入宜防之。莆禧西势黄螺港，水八分可入。东鼻尾曰"霸鼻"，东甚深。鼻南另有孤岛，曰"铁钉屿"。外有贼仔澳，东北势有乌龟。

莆禧所

是妈祖故里，好抛北风。水退，不可行船。湄洲中门过，中门沉水礁一，所行可南面。

平海所

澳内好抛船，打水二、三托。南有一屿，名曰"平海矻[圪]"。外有沉水礁，行船南面而行。

青山泥沪

好抛船。

南 日

共有三澳。东沪澳，好抛北风；西寨，好抛南风。北去是山外，多有鱼。小屿寒碎，小碎礁甚多，名曰"十八门"。小南日，好抛船。门外有沉水礁，曰"碗礁"。行船欲入，宜小心。

兴化港口

水涨，平正入港。

野马门

门中有沉水礁，外是白屿洋。洋中有沉水礁，非惯熟不能认得。内是兴化府坠头野马门，去是北壁头、江口、光阴口等处。

东门屿

门扇后流水甚急，出门有沉水礁，须防。名为南盘。

万安所

入门有沉水礁，水浅打涌，水退出现。出入宜搭塔仔边行方妙。外是打石澳、草屿，东北是宫仔前、□鸠、墓仔口、后宫等处。

海　坛

观音澳葫芦好抛北风，〈苏〉澳湾、安港好避飓风。鲁题头有沉水礁，宜防。行船东去邦田，上是苏澳湾、安港，好寄南风。西面不便去。潮水退时，无水，浅。石牌洋有礁，有舍钱礁；龙凤宫前有金盏、银台等礁，非惯熟不能认得，夜间不可行船。北是大练门，浅，不便行船，切切谨记。

宫仔前

亦好抛船，找水五、六托，沙泥地。流水不好，谅开。抛船须记之，爱常驶桩。

海坛平潭澳

从南势大山边而入，至竹屿寄泊。打水三托，连是泥沙地。候水八分，倚南由白礁身系大港，俱循南势山边而行。又倚东势寻港至罗头，船头向西北，有半头屿，北鼻驶避东南势。港中边有蛙仔礁，过此礁至港仔口炮台，齐身俱是烂泥埕，好抛船。

石牌洋

打水三托，零乌沙地。石牌洋西势另有沉水礁，水退六、七分出现。石牌屿洋对南手洋石、牌仔礁，水退三、四分出现，即是手洋礁。

屿头烂泥澳

由石屿起船，至水涨七分方往之。澳前港心打水四托，零沙泥地。澳正泥埕，顶好泊船。中有屿仔，有沉礁生横，出入稍近此边，倚屿边行之，必须仔细。入海口港由此经过，俱有沙线[汕][1]，惟量防之。

[1] 沙线，即指沙汕。闽南话"线"与"汕"同音。

古屿门

门内有弓鞋礁、船路礁，北去中有恶礁，名为"鸡屎礁"，行船可防。可近福屿而行。古屿门外名是"横蒜杞"，有蒜仔礁，宜防。流水东去是乌猪洋，有恶礁，宜防。古屿一埝到朱澳、乌丘、东甲、牛屿三处，俱系海坛外洋岛屿。

乌 丘

系澳内，打水二十五托。山上有淡水可取。洋中有恶礁，生在东南尾。开势〈打〉水有三十余托，用艮寅针取牛屿。乌丘系南日外洋，离南日约有一更洋。

东　甲

在万安之东，三岛大小相错，所续海中山上有大王庙。澳中好抛船北风，系贼之所，可燖洗船只。澳口多礁门，去有牛屎鸡卵礁沉水，行船须小心，谨记之。

东甲一名"东沪"，系南日外坂。

牛　屿

取乌龟，用单癸针，五更；取管塘，用艮寅针，七更。取东涌，单癸，内过；艮寅，东涌外过。说牛屿洋有沉水礁，无人识见。或牛屿内不可贪拢，恐牛屎鸡卵礁沉水，行船须防，慎之。牛屿系海坛外坂。

朱　澳

门内有礁，北有沙仑澳，潮水退时浅。若欲入福州，茭面有铁板沙仑，非水涨八、九分不可入，可暂寄椗。

白　犬

犬目处好抛船，闪[1]东北风。甚深底，欲打入椗索，不可久住，谨记之。

[1] 闪，躲避、避开。

东　沙

白犬相对面上管塘澳，打水九托，好抛南风。半洋有屿，名曰"三白牙"，夜间行船须防。

南管塘即竿塘，内三坡：福州港、梅花头、中茭。

管　塘

二山相连上塘、下塘界，内澳好抛南风，打水十五托。沪澳抛南风，长箕澳抛风，甚好。巽上一更，船取东沙。

定海所

抛北风，夏天甚难。西去有目屿仔、布袋澳，内好避飓风。南去四屿中，定海门所须防。北边屿仔外中门有沉水礁，船行东畔方妙。

黄　岐

即大爷澳，好抛船。澳口有沉水礁，宜防。南去是铜鼓洋，洋中有龙船礁，近东鼓出入不防。开门有沉水礁，宜防。

北茭头

有一屿名曰"洋屿"，船若过门，打水无底，直至西洋抛船。内有一坡，南风好抛船。

大西洋

门中有西洋，可防。澳内可抛船北风。有澳曰"景桥"，是水浅。

小西洋

有澳好抛船。东北门势有沉水礁，船出入宜防。

东　涌

东洋海外，东山、西山相倚，中有一门，离一箭之地。三□澳四面倚壁，打水五十托。上有大王庙，澳前多拳头石。西山澳好抛南风，乃是悬海山外。若遇飓风，无处可避，用单子，七更，取牛山。

东涌，系塘之外屿。

盔　山

横山在西山、马砌、西洋东北，上至大金罗胡塔，半水可寄南风。系是贼仔澳。

盔山，五虎外屿。

芙蓉山

有间岐，南马砌，北为罗屏翰，可寄南风。是贼仔澳。

宁德澳

澳大，在鼻内，曰"马讫"。澳内托水十三托，是泥地。先到宁德，后到大西洋。

老　湖

澳内好抛北风。水退门外去是间岐山，好抛南风。东面校椾㮊屿门，中有沉水礁，当防。

大　金

抛船打水三、四托，无流水，不防。行船鼻外有二屿，名曰"杯扣屿"。屿有一沉水礁，过门不防。外东势一更洋，有浮屿，达功望三屿，近看大小九个。东一屿名曰"东角"，外有浮屿，即霜山。

福建头流水挨开可兜而过，不防。

筊艮屿上有九使庙，流水亦是挨开。

三沙五澳

澳内好抛船，东北风。南去是金洋，有恶礁险屿，出入宜防。空山烽火门内甚狭，流水急猛。烽火门有礁，出入须小心。外是佛山，竹沪甚多，夜间行船宜仔细。

烽火门

门内有龙目礁，当防之。浪大船身摇动。

窑山垵

即大嵛山。内好抛船，打水六、七托，泥地，不防。上有妈祖宫。

棕蓑澳

内可寄椗，打水四托半。并开船从小边过，不可直开。流水不好，切记。

屏方屿

亦从山边而过开，不好流水。下有小黄崎澳，亦可抛船。东外有七星屿，北又有一屿曰“田台”，亦可寄泊，离屏约有一更洋。

南　关

抛船打水六托半，泥地。若开船，须防鼻头有一沉礁，记之。开船由出口中，水退，水势甚凶。由南而过，宜至流开船，甚妙。港中屿北关，闽、浙交界，系浮屿。内是南镇港，内即沙埕澳，可取船入内面。□□□营好避飓风，烂泥地。浅，船好放，最妙。

北　关

西南澳浅兜有沉水礁，水退时即出。东畔澳好抛船。上有妈祖庙，船只都奉献。有二门，挟好行。北去是黄叠门，好寄椗。

草 屿

东北风亦可寄椗，打水六、七托，泥地。若开船，不可太倚，须记之。

金 乡

下有包袱屿，上下俱好行。又有圣筶屿内行，外亦可行。金乡内澳好避飓风。泥烂地，可淤浅。又有鱼屿，可寄流。鼻头有礁三个，内外可行，应候流而行。

盐 田

澳内有屿子，下好抛船。澳对间有半洋礁，名曰"百亩打涌"。水退出现，近大山边而行可也。

琵 琶

鼻头入去好抛船，水退时恐畏浅，烂泥，无防。此处内身好避飓风。内去平桥等处地方。

凤 凰

南势鼻头开，有一沉礁，名曰"凤凰蛋"，须防之。抛船打水六托，泥地。北有一门，可从北而过，不防。西势鼻头开，有沉礁，驶船须防之。出门东势有虎屿门，可过船，不防。

南 杞

大山有澳，好抛船。系贼仔澳之所。西北去是凰尾，有礁仔，宜防沉水。凰尾外有马鞍，连四屿，好寄椗。外屿在盐之开。

北　杞

澳前有礁，此去流水礁甚多，不可行船外屿。

乖　屿

下好抛船。门中须防沉水礁，无但不畏。草屿亦可抛船，内面有竹沪，小心亦可行。

三　盘

水退时浅，内是三盘大门，小门是黄花。温州地方外是龙山澳，好避飓风。澳中有泥堆，宜防。中门出去，外是马齿屿。屿有礁，礁止可过到娘澳，可近边行。外去畏深，到合龙门，门甚狭，流水急，宜仔细。澳中鱼船甚多，中央外势有礁，出入从山边可也。山上有妈祖庙。上去东北，崇担、葆郎俱可抛东北风。对面竹篙屿，好抛南风。石塘前面有龙目礁二个，夜间行船须防。

龙　澳

抛船在六使庙，倚边。若开，抛就无底，流水又急，须记之。

坎　门

抛船打水五托半，泥地。出门宜防流水急，须记之。

昌垣屿

抛船打水七、八托，泥地。

桑　门

门口有一屿，内有沉礁。驶船从屿边，候水退三、四分可过。至鲎壳门口，可从大礁边过，不防。

石　塘

抛船四、五托，是泥地，不防。

吊邦门

有三门，门中有沉礁。生开北边应防。

鲎壳澳

好抛四面风。内是双门卫，入禁门金盘上西北，去是海门、台州地方，南面外势是积谷。南有沉礁，宜防。

凤尾山

有澳，好抛船，又好避飓风。在东西南面内浅狭，外好抛北风。

网仔垵

澳中有礁，抛船仔细。

川　焦

下有土屿，屿内好过，水退应防。外有一屿，曰"东西杞"。上是白带门后，驶船经过，外有铁钉屿三，有山鼻头，好过内去的。

牛头山

上门、下门俱好抛船。上有妈祖庙，上去是古盘（即茶盘）礁。上下好过，须防沉水。

三　门

即花澳，有屿仔一个，上下好过。澳上有妈祖庙，庙前好抛船，恐畏浅。入石浦所，可候流水，从中门而行。夜间不可过，流水急猛，须防。

石浦所

上下门俱好行，须防流水。出入下门有竹沪，可从阔中而行，不可从上鼻头行，方妨。

海　洋

入去是沉水礁，礁内是王屿门，内是池盘山，山内有港，是海洋港。港内有礁。北去是小佛山头、长汉、黄江渡，南是普陀、西杞等处地方。

佛头山

入海洋，潮水涨可入。南是牛栏杞，来阁大鱼山，山上有淡水可取。小鱼山北有沉水礁，在边驶船，可开，不可倚。

洛水涂龙澳

船若在内，不必言；若在淡水，须防流水。

虎仔屿

淡水门有一礁，出入上金婆屿内过、捼鼎屿外过。

南　田

好抛东北风。内是汲水门，门内东去是屿仔，下去有沉水礁，须防。北边大山鼻尾，有沉水礁，行船须防。

林岭头

南有二澳，好抛北风，泥浅。开有半礁，可行船，应防。内是昌国卫等处。戗船上是九山，须防洋礁。

九山假积谷

好抛东北风，西南不便去。山尾去有沉水礁，西是乱礁洋、州山等处。南有半洋礁，夜间不便行。

南　窑

中门北去俱可过，须防流水急。水退时，东南流上亦可进船。

中　窑

入港内南风屿子边鼻头过。下畔有沉水礁，应防。门外洋中有一更船开，之间有沉水礁，当防。用癸丁丑未针取凤尾。

州　山

入普陀加门，水浅。中门有沉水礁，须防。过去鼻头是港仔，入去是泥。北面有北风涌，即是州山。西南入去是宁波等处。

普陀山

水急外涌，好抛。内是十二门，开去好抛船，泥地。常时欲走桟。

北　乌

内有清光庙。大澳流水急并深。葫郎澳、州山等处门，丁未，十更取凰尾山。

螂　蚬

尽山，俗呼两广鱼澳，打水二十余托。山上有淡水可取。用子午针取洋山。

洋　山

有花鸟屿，用乙卯针，七更取尽山。流水甚急，山兜是泥。又浅，澳内好抛船，打水七、八托。出去洋中有屿，名曰"梅招屿"。屿边有礁，生开应防。

尽　山

行船应防南螂蜆。尽山门内去须防北面，有沉水礁。内去是花鸟。尽山澳内不可抛船，水底有石，欲割断桩索，可谨记之。

各埯礁辨

〈澳头〉[1]

澳头开船，如做雾，用辰巽针对大港。要南线头可看西山，不可贪入刘五店。大松横可看普陀岩狮尾松。出楼山北势，如做雾，可看金门，隙[2]略开，隙到加哖线西头。头出五营巡至三山入，赤坪一个，鸟鼻头南一个，过身离鲂仔线［汕］，水退七、八分超起，可驶船。可看屿坪，在槟榔屿南，离隙中有小礁对港，可用单丑过板礁。看金门山顶，有尖对坪墩，过身要闪横去。直看南门港心礁，横看烟墩塔鼻头，第三个鼻头过身，正港鸿渐山出大嶝东头虎头寨，离身北闪十八线［汕］，直看金门山塔上三山半，横看鹤山。出尾乡北势过，直看小嶝乡里，出白鸭屿，东是潭口大石，不可抛船。

[1] 此段原无小标题，此处为编注者所加。
[2] 隙，闽南话读作 khiah，漏洞、小缝。

潭　口

开船白鸭东过身，寻觅屿，好寄椗。不可倚倚兜，浅水退流。挨小嶝门觅屿，东头有沉礁，不可倚。单屿头开有港心礁一块，直看白鸭，不可出官澳头港。大嶝城不可出。是港过草屿，南避礁、北闪蛏仔线［汕］，直看草屿头，出官澳头半个。戙船要倚蛏仔线线兜，可看大嶝山顶寨仔，不可离草屿。若离，恐碍蛏仔线［汕］。横看田普寨，入仙山脚头，出是磁头埯。

磁头埯

有妈祖宫，前对有纸虎礁一块，对北有覆鼎塔，上白屿归中，北看磁头山，有烟墩塔。鼻头有嫦娥，生在网头。船网头北嫦娥离身。纸虎北有一屿，要离石尾后北山可知船在东行，至妈祖宫北好抛船椗。如出草屿，逢南风对单乙，离米硕礁对东，不可太倚，有拖尾。上去是石峻，有双胜礁，顶上头尖出现直辨。如用针，单丑寻鳗尾开，有礁，须防。夜间姑嫂塔有大坑见底，齐鳗尾至坑密，各山上相连。对永宁埯开，有礁一片，抛船在此，直看烟墩塔庙角姑嫂塔。出福全西正埯，水退开船，离鳗尾要闪却金，直看青山。出崇武塔堀山东，船外身过。横看佛堂下，二石相叠齐身。此处若逢好风，用丑癸寻崇武塔埯。佛堂后是五宝澳，戙船不可太倚。五宝后尚芝头倚有水鸡腿礁，可防。祥芝对港口有大礁一片，出水豆大礁是大坠。

大　坠

入埯直看赤屿，出大坠山尾南横看大坠。开东北隙，并铁中有一小石屿见现，可头起对大坠山驶。倚此埯口北线，南有香炉礁，塔堀甚多。若要赤屿内过，有港心礁一块，直看日湖塔。大坠腰不可贪坑。横辨看城角合石坑出，离身不入澳，调行船对赤屿外过，过身不可贪倚。

崇　武

　　垵口西有钯齿礁拖尾，东有假龟，有龟屎便，可防，行船不可太倚。过大岞要入牛屿。大岞开牛角塔，牛屿有海翁礁，横直辨牛〈角〉出在东，不妨。有中礁一块，倚南，可防。大岞后有一垵，名曰"后沙"，倚可避台〈风〉。小岞头内有礁一块，若过南，可防。过身西有一屿，不可太倚。过屿仔是双头弄，抛椗。出双头弄，北势山有礁一块，要吉鸟戙出。头弄山腰有一鼻头，见底，去是吉鸟垵。

　　吉鸟门有港心礁一块，直看门假山出丹屿，横看吉鸟鼻头宫出现，好抛船。出北势浅，点水过铁占屿。下过脚白线脚，顶过倚北边行船，南有网。过港心礁，直看铁占屿合吉鸟门，对外过；横看旺梨山，向澎海行到。如好风，用丑癸对杚仔外边。彭海垵口有一礁，横看乳母山尖出彭城西角妈祖宫；直看猪母洛水出杚仔东，可过闪出礁。离杚仔可寻南日，用艮寅对垵。野马要大港北有草鞋礁一块，可防。上有菜瓜坪三片，直看南日头抱出现，横看东后尖合南日，尾腰内有小屿，不可倚兜。行船过马肚礁，直看钻屿，贪入北势山尾腰；横看北边山，北有小野风，对北边大山，有四角炮台。此迅水正退，甚多退三、四分。

　　挨倚野马门，倚北坪行船，东有二屿，行寻门扇后垵抛。开船过鼠尾礁，直看拣屿贪入草屿山尾内；横看门扇后白沙密密，可头起，取五间厝，巡山纺车礁至桔柱。过老鼠礁，可看老鼠屿西北边，有破隙即过身，可闪金盏、银台。直看桔柱外有一屿，出桔柱垵口，屿仔隙横金盏、银台，屿仔搭东势山，有一洪屈，出即上离，出南即下离，要收入宫仔前。宫仔前垵看鹿仔澳，密上垵要去古屿，对屿内鹿仔澳，有浅，不可倚，直看古屿坛山尖合大成鱼、海坛鱼。此处近过中港，直看老鼠屿头出拣屿东；横看海坛澳口，有小屿，如龟形，贪成鱼屿南头，密即过身。如雾，可用针单子取五礁，名曰"三碗笋"。东有一港心礁。直看牛角〈山〉尖合古屿山尖；横看大练门凛隙西，闪泊片片礁，可看牛角山尖，贪古屿山尖，西有路对港。如遇雾，可看五礁，名曰"三碗笋"，打水三托。可用单壬取古屿垵。

妈祖宫鼻头有浅，出垵可防。古屿后算盘子礁，直看赤屿出，看冬瓜屿南头。如做雾，行船可用单丑倚北势山尾，有一块礁，戢南可防。赤屿北有礁一块，直看古屿西北势小山，有小山尖，不可看离算盘屿；横看赤屿仔中一隙见底，如密过身大姐、二姐，不必太倚东洛。南势，有片拖尾礁。磁澳出垵，东有礁一块离水，北有猫仔屿兜点水。行船过猫仔屿后，有一礁，直看牛角山尖合磁澳山腰。如逢好风，可收入白犬。〈白〉犬出垵有七星礁，直看上塘尖出下塘；横看犬目出现，齐身用单子兼壬取下塘头，头过是塘尾，用单丑取下塘。

定　海

如要定海，用乾戌对四屿下过。定海内有雷公礁，水退三分即现。定海西有一块横避屿，凛开隙对辦开垵，对四屿顶过。定海东势有小屿仔四个，头有拖尾，不可倚。赤岐东外鼻有礁，不可太倚。

黄　岐

对垵口开是四屿，离黄岐垵苞靴贪巡东势。鼻外有一坑，坑内田密，即船内过，直对妈祖宫，贪入东势鼻。如西过，可倚西势山而行。出黄岐垵外鼻头铜鼓屿北有礁，曰"圭母朶"，直看羊生建屿见现；横看倚兜有一坑，坑东一隙如密即过。上去是羊生建，内可过。恐流短，要入北茭头。此处礁甚多，俱在过船行，可倚大山遇门而过。北茭头亦可寄椗。对东北一横屿仔，中有垵，亦可寄椊。流退可对屿北过，可倚青门，媳妇澳可倚。大山边有娘澳，山底有一礁，水退尽无流打涌。过媳妇娘澳可倚，循山而行，直至老湖入垵。要抛船须看东势，有一横屿，贪老湖本身。山有一坑见底。或贪北势坑半现，好抛椊。出垵是横屿头，西南头有拖尾，名曰"三个礁"，可防，不可太倚驶。到屿有一要见底，可驶倚。若要内门过，对礁名曰"港心礁"。南过，北亦可过。至屿尾开汗流心，可记。过礁后，可倚山边而行，上去是〈大金〉。

大　金

未入垵，西势一鼻头，有礁曰"螺砒"，不必倚。冷山尾有一屿，好抛船。东北角有一垵，是鸭池，暗时[1]可看。对东北有隙，见底落椊。杯扣屿可过船。鸭池山后对坑口一田，船不必太倚。正垵是杯扣屿，凛开。门有一礁，倚杯扣屿，行船在此过，直看老湖有一片清净，可倚行。竹根屿中门，顺风可过船。西来中凹不必太倚鼻三沙澳。

[1] 暗时，闽南话"夜晚"。

三　沙

见底现九使宫出现，落椊。正要出垵，巡头澳鼻头兜驶出鼎敢屿西倚边。暗时出垵，须防竹根屿东有礁出水。鼎敢屿有鼎敢礁，在东北一块。出烽火门中有龙目礁二块，倚山一门亦可过。未至门暗北势山尾不必太倚门中，倚出或礁，俱可过。对龙目中门，须倚东龙目过，倚西一门不可过。倚大窑垵，暗时可见船身。出东势开门有小屿避门，直看烽火门。密在在妈祖宫屿正垵。七都内可避台，暗时可认八都屏风屿。吞入八都头屿仔，直看大窑山尾，贪着屿仔。屿仔兜有礁，可看屿仔门，即过。要入垵，小心点水。抛船北鼻头，可倚东鼻头，不可出垵，对鼻屿仔东过循山而行至山尾尽屏风屿西南，不必倚屏凤屿，东兜亦清净，屏凤屿后沙埕，戴南亦可寄椗，南关亦可抛椗。南关头开有礁盘一块，要过，倚南关头驶北关中门，不必密。要外过，直看北关外鼻，外有一冬瓜屿，出即外过。横看镇下门，内有一大山尖对门中，或看北关小门，密可收入。

北关垵

对宫口有妈祖礁一块，可防。北关门北鼻头合二鼻头屿，看宫仔合大松，记之，落椗正垵。如大窑开垵，逢好风，用单丑取北关尾。北关出，倚草屿口，抛船草屿不必倚西。过草屿内门，椗地不好。上去是金香垵，包服屿头有浅烂泥，要过，小心点水。门下要西边有一屿，头拖尾不必太倚。包服屿北过，暗时认金香垵。对北一坑见底又密，东势鼻头外山不见，落椗正垵，小心点水。金香外鼻有礁出水，船在南势过。行开一屿曰"杯扣屿"，南北俱可过。离礁后一二回，船俱可倚山直循至〈盐田垵〉。

盐田垵

八母礁直看包服屿出金香鼻半个，横看琵琶屿出盐田尾半个。如要内过，包服屿贪入金香山，密盐田垵白沙现，内过琵琶垵，可避风。琵琶有二屿相连，屿西边有白鳝好台，可寄碇。屿北对头门、二门俱可过，三门不必过。开去有凰凤蛋礁一片，好要礁内过〈凰凤垵〉。

凰凤垵

若要礁外过，看男儿头，离凰凤出。西一圆屿出现北关，逢好风，用子癸入八母礁内过。用单艮对凰蛋南边虎仔屿兜，清净可倚。驶船出虎仔屿东，是男儿后，暗时可防。一屿出虎仔，好风用单艮对廊上，去是〈状元澳〉。

状元澳

西有半洋礁，直看三盘门。屿仔北有一小门现，南势过。横看无辨。廊头有礁，在网仔南，倚兜三盘内过状元澳鼻。倚北边浅，烂泥。三盘门内北边有礁一片，直看门口内大屿仔，东南角另崩一块三角尖小石屿，开隙；横看大屿北，小门开对礁边出，三盘门、马齿东西可过。龙澳头有网仔垵，可寄桩。龙湾北坎门下有垵，名曰"楚门"，开落桩正垵。

三　盘

如逢好风，用丑艮离四屿仔，用单丑寻大鹿门。又出三盘，如逢返流，四屿北亦可过。龙澳东头网仔垵口有一石坪，兜有一块礁。东蛤鲨屿仔，西龙澳尾，此门可过坎门口。东门北势有拖尾，不可太倚。竹篙屿头有礁出水，暗时可防。又竹篙垵清净，点水抛船。茹榔澳内有一垵，曰"八尺门"，可避风。茹榔澳出垵过鼻头澳中，有礁一片，直看水桶澳垵出现一鼻外，横看本澳东西二澳俱现。对礁辨再过一鼻头，亦有礁一块，直看水桶澳垵现，横看本身鼻头上一条路塔本鼻头坎门。竹篙屿东北势有一屿，屿下有礁，出看坎门合竹篙屿头，莫贪密，离隙北势过。水桶澳有礁出，暗时寻垵看本身山势，门见底落碇，小心点水。出垵如遇西北风，用甲卯对龙目二块，东西生四一块，清净；东一块对东南，有拖尾。外过须看积谷山尖，砚网仔垵内有礁出水，暗时可防。石塘垵内清净，好抛船。

石塘门口

东势鼻尾有拖尾，不可太倚，直至看吊邦外可过，可倚南边山行。吊邦东势尽有一小屿仔兜，兜有拖尾，名曰"鸡母焄"。吊邦门往鲨壳，离吊邦内山倚汗，倚直看鲨壳头，其贪入大山礁外过。

此礁名曰"弥勒献肚"。礁生在澳底，对鲨壳头倚西势，烂泥，浅而行。暗时寻鲨壳垵之汛，须看有小石屿在此。鲨壳山内驶，到去山离隙挞东势，对北看去，亦有隙，不能见底。寻垵对南势大山，亦无防，只要小心点水，出垵上去是〈马蹄垵〉。

马蹄垵

鲨壳后有半洋，名曰"王名礁"一片，直看小积谷，横看鲨壳隙，开隙收入马蹄垵。对北一港见底，西北一山尖。东势鼻头密，正垵上去是〈金钟港〉。

金　钟

港内亦可避风台[1]。门口两畔大山，对中一横小屿。要入，巡倚马蹄大山。山边横屿一对马蹄大山，入屿仔内，点水抛船。网仔垵有半洋礁一块出水，暗时可防。网仔垵内，北有一屿仔，行船屿南过。网仔垵东势门未上去是〈川招洋〉。

[1] 风台，闽南话读作 hong-thai，即台风。

川招洋

东势有一屿，名曰"半月屿"。离子山尾，倚大山可行，上去是〈泥朱澳〉。

泥朱澳

此迅小心点水。泥朱澳有一垵，名曰"杨柳坈"。要入，倚南势过，至门北势鼻锥。锥南势一圆屿，屿过对此门，有一大礁当中，船倚南屿边。入去二条港，又有两屿，行船要南港，在两屿南打水五、六托，好抛船。上去是〈白带门澳〉。

白带门澳

外澳好抛船，驶到乌礁，打水四托，可避风。内有一条港，至牛头后，船抛不便。行过出埃外，正是〈牛头门〉。

牛头门

澳内好抛船，亦可避风。妈祖宫前有沉礁，不可贪。陇门外是妈祖礁，小屿仔有沉水礁，可防。又门外势有三屿仔，候流水尾可出船，上去是〈茶盘〉。

茶　盘

内外可过。东势有一横屿仔，倚西有礁，可防。对势是赤礁仔，可对平水。潮退入去是肩桃，正好避风。碍门中有沉礁，可防。港中有一小屿，屿边可过，打水十余托。又南势有大礁盘，南北二门不可过。出来是佛头山，山边有礁，可防。双头弄后有礁，沉水甚多，记之。花澳好抛船，流早水返七分挨入。三门屿仔内是乌礁，礁北是大港礁。南是小港，可对乌礁边行，不可倚山边，是泥坪，浅。内东去有三门，出入可过中行船，可防。北边是泥坪，上去是〈石浦〉。

石　浦

水返七、八分出船，其北势屿仔门有礁。若对大门汲水过，门中有港心，直看金牌门开，横看上汲水门开，倚北势山边行。外是牛栏[1]机，东势浅，不必太倚；南势是泥。

---

[1] 栏，原字作"迲"，今据上文改作"栏"。

泥龙澳

澳中有一小屿仔，东南势又有礁，须倚西北行。若西南头可近，俱头山边，行山南势鼻头。头东势有半洋礁，直看潭头，东南鼻外有一小屿仔，不可密；横看佛头，出金赤门，水退可防。

半崩山咬

水退出船，上是土地公屿，东过上蜈蜞澳，可抛。水返出船。又西鼻头上有拖尾，可防。东去是覆鼎，上下俱可过。又屿下下边有礁，上是鸡叫屿，东去是小普陀。东北有半洋礁，直看牛鼻廊第三山上关帝屿，横看北积谷。不可出南静，西北是足溪妈祖宫，好抛。又大沙澳内有礁，可防。上去是〈连招洋〉。

连招洋

上落可倚西势屿边行，东有罗汉礁，下有沉水礁。出门是孝顺洋，北有是中窑门，西势屿仔是青龙港。如避风台，出入可防。港内南势泥边有礁，外即荔枝屿，出去漠头门隙、青屿内外可过。过北势是火烧屿，西是陀屿头。又过去金塘，开是赤礁，切切防西南四屿。西北是龙潭门，俱可过。入去小港，北势鼻外有礁。若是南海过，切不可北边头入门。南势浅，须倚虎仔屿边行。北势有虎仔屎礁，可防。顺风入镇海，顺风得利。

〈针　路〉

辑注者按：

　　针路，即航线。在罗盘指引下，从甲地到乙地的某一航线上有不同地点的航行方向，将这些航向连结成线，就是针路。凡针路大都写明：开船地、航向、航程、水深、到达地。

　　针，即是航向。古代罗盘上共刻有 24 个字，每字一格。24 个字以天干、地支为主，配以八卦名而成。为避免天干中的戊、已与地支中的戌、巳相混淆，不列戊已，以八卦名相补。每格合圆周角 15°。每格正中为整度，如指在子字正中，即为 0° 或 360°。左右两根边线各为 7.5°，如子字左边线为 352.5°，右边线为 7.5°。

　　航向名称有单向的，叫单针；双向的，以相邻两向并称，叫缝针。单针，即指字之正中，如"单丑"即为 30°；缝针，即指边线，如"卯乙"即指卯与乙之间的边线，为 97.5°。

　　航程用更计算。更，可以是里程，也可以是时间。二昼夜分成十更，以里程计算，二更为四十至六十里；以时间计算，一更为 2.4 小时。以此计算，每小时约 4.5～6.75 海里，近似帆船的速度。

　　水深，采用"打水若干托"表述。打水，即以系有重锤的绳子测量水深；托，是计算水深的单位。一托相当成人两臂平伸的长度，平均合 5.5 尺或 1.68 公尺。

　　船到某地，用四种不同称法表达意思：平，并靠，即船身与物标横平；取，经过，即船首指向或欲走的航路；见，望见；收，到达。

　　原书此部分没有标题，此标题为编注者所加。

放上海洋水路正港水辨

用水[1]，半更，打水四托半。又用壬亥，一更，打水四托。又用乾亥，一更半，打水四托。又用单乾，一更，打水六、七托。北见头墩网，西见岸树，入梧桐，驶入上海，平安吉。

[1] 原文如此。

杨山往上海针路

杨山外中门，东南风倚汗帆，用艮寅兼丑未，对蛏外。用癸丁、丑未，见大蛏外。用子午，半更久。水退正南风倚汗帆，打水四、五托，一更久。又用壬丙，半更久。又用巳亥，二更久。又用乾巽，东见茶山，西见岸树，一更久，打水四、五托。又用辰戌，见头墩正路，打水五托，探见。

上海往杨山针路

吴淞港口，用辰戌，一更半见头墩。外过，打水四托。转乾巽，见大蛏。又用子午，一更见小蛏，北边过。又用癸丁、丑未，见杨山。

吴淞回厦针路

用单辰，半更。又用辰巽，半更。又用单巽，一更。取大蛏，转癸丁，取杨山。又用丑未，取鱼山头。又用子午，取板桃屿。又用壬丙，取丁厝澳旗头。用艮坤、丑未，取金榁门头。又用子午，取牛头鼻。又用子午、壬丙，取普陀。又用巳亥、壬丙，取朴鼎。又用巳亥、壬丙，〈取〉半凭山。又用癸丁、丑未，取汲水门，入石浦、花澳。用子午，取牛头门，又用子午，取白带门鼻头外。又用癸丁、丑未，取川招。又用子午、癸丁，取鲨壳、川招。又用子午，取砰流礁。又用丑未，取吊邦门。又用丑未，取石塘。又用艮坤，取大鹿门。又用寅申，取竹篙屿。又用寅申、艮坤，取坎门、大鹿。〈用〉艮坤，取三盘。又用坤艮，取虎仔屿门。又用艮坤、丑未，取琵琶额头。又用癸丁、丑未，取金香。又用癸丁，取北关。又用艮坤、丑未，取烽火门、大窑龙目。用癸丁、丑未，取老湖，又用丑癸，取陈姑屿。又用癸丁，取关塘。又用子午，取白犬。又用艮坤、丑未，取冬瓜屿。又用子午、癸丁，取古屿。又用子午、壬丙，取三碗芋。又用壬丙、巳亥，取拣屿，见宫仔前。又用壬丙，取吉兆。又用癸丁，取墓仔口。又用艮坤，取纺车礁。又用艮坤，取白珍。又用寅申，取小南日、西寨。又用艮寅，取澎海杚［圪］。又用癸丁、丑未，取湄洲杚［圪］。又用艮坤，取大岞。又用卯酉，取崇武。又用申寅，取大坠，收入泉州港大岞。用艮、丑未，取石峻，又用艮坤、寅申，取磁头。又用乙辛，取草屿、石峻。又用艮坤，取北桩。

厦门往盖州针路

大担开驶，用单卯，一更离海翁线［汕］。用甲寅，一更离北桩，半更开。用艮寅，五更取乌龟外过。离，半更。又用单丑，六更取东涌山，〈离〉，一更。开，用丑癸取台山，又用丑癸，三更取南北杞山，离，一更；开，又用单癸，四更取凤尾山。又用单丑，三更取九山、小鱼山。用癸丑，六更取普陀，转单丑，一更取北乌龟，东势过乌龟屎，并北金钱屿，内外俱可过。用单子，二更半取两广屿内。又用壬子，取尽山。或要放大洋，可用单子，十六更，打水十五、六托。又用单子，六更，打水十八托。用原针，十更，打水二十七托，沙泥地。又〈用〉原针，三更，打水四十托。又〈用〉原针，四更，打水二十八托，沙泥地。用壬子，五更，打水四十托；又〈用〉原针，四更，打水二十八托，沙泥地。用壬子，五更，打水二十六托，取马头嘴山外。过用单丑，见关刀岛，转单子，三更取青山头，离，半更。开，用乾戌，十更取铁山。用单子，二更半取虎仔屿。用子癸，三更取长兴岛，过磨盘山。用单丑，二更半取平儿岛。转艮，一更半〈取〉兔儿齐炮台。用艮寅，一更取二炮台。用寅，半更取三炮台，是大候庙，打水四、五托，烂泥地，可抛椗。候水返七、八分，寻招入盖州港内。妙哉！

盖州回厦门针路

盖州出，浅，用酉，半更，又用坤未，五更取长岛。用单未，三更，转单午，二更齐铁山。或放洋，用巽，八更取威海，转乙辰，过青山头。用单午，三更取鱼岛。或放大洋，用单丙过，五更，又用单午，十更，打水二十七托，沙泥地。用单午，六更，打水十八托，沙泥地，带壳仔。又用单午，四更，打水十六托，沙壳仔地。又用丙午，三更，打水十六托，泥地，取尽山鼻东势过。用单午，三更，离大礁，对两广山内过，取北乌龟外过。用单午，一更取普陀山。用单丁，六更取小鱼山，离，半更；开，又用丁午，取南杞山近。用单丁，六更取东涌。离寮罗，寻北椗，取乌嘴尾，须防海翁线［汕］。用单酉，一更入大担，进厦门。妙哉。

青山头放洋往天津针路　放洋东北风用乾巽针。

船在青山头出澳鼻，离乌驴岛，用辛，取威海鼻外过。又用单辛，四更取澄海府中门过，须防长岛鼻外有石线［汕］，生开，开倚蓬之阁。行船过身转辛戌针，收入庙岛按［垵］中抛椗。放洋天津，细心对妈祖宫中门，过螺斗屿，离里岛。又用辛，三更，打水十二托，烂泥地，又浅。用单辛，三更，托水十三托，泥地。用辛戌，一更，打水七、八托，泥地，取崑身沙澳。对岸、对港口沙坡，打水五、六托，泥地，见红水，抛椗。或好天时，就有网鱼船甚多。若不惯，就可倩[1]一小只，引入港内，候潮水五、六分起椗。巡南北炮台，用辛戌，寻招过浅，打水有一丈一、二尺，硬泥地，正港落深，见网北炮台，收入港。

[1] 倩，闽南话音读 tshiànn，意聘雇、雇佣。

天津回青山头针路

　　船在天津港内出，浅，西北风，用乙辛，十二更取高山。转巽巳，收入庙岛。巡澄海府山，用乙辛，四更取子午岛。用甲卯，三更收刘公岛。出门，用甲寅，二更取鸡岛。转乙卯，一更，取驴岛内过。驶船倚大山行，须防门中有一礁沉水礁，流水甚急，须即小心。巡山，青山头入澳。或好风，即放大洋。

青山头往锦州针路

　　青山开船，用乾戌，十更取铁山。用壬子，二更取虎仔屿。用子癸，二更取孔屿沟，开，打水无底。用子午，七更见葫芦。透小笔架山，即坡内好抛船下碇。妙哉！

天津浅口往盖州

　　在浅〈口〉开船，西北风，用乙辰，六更，打水十五托。用□□[1]，六更，打水十六托。用甲寅，四更取孔屿港，开，打水十八托。用癸，一更取长生岛。〈用〉丑癸，一更取磨盘山。用艮寅，二更取平儿岛，打水十四托。用艮寅，二更取头、二炮台。用单寅，半更取三炮台，打水八、九托。见侯庙，打水四托，好抛椗。水涨八分进港。

[1] 原文疑缺二字。

菊花岛往锦州

　　东北势，有大片礁盘，横辨看塔山和宁州；西势，大山相塔身齐就是，直辨菊花岛，嘴尾可防，海门切不可入。菊花岛澳清，南风倚汗帆，用单丑，驶六、七分开礁齐身可也。或是葫芦入，抛椗，防大礁盘，可观塔仔山，有一个半角尖相吞塔仔边，北风，硬缭帆，可两山边抛椗，打水四托，水涨半礁盘尚见。妙哉。

天津港口往宁波针路

船驶离天津，浅，用乙辛，十二更取见桃枝。转针，用巽巳，收入庙岛澳。巡登州府行船，用乙辰，四更取子午岛。用甲卯，三更取刘公岛，内中门有个沉巡塔，大山边过，可防。过青山头，好天时清北，用丙午，七更。用子午，十五更，打水二十一托，沙泥地。用单午，十更，打水十五托，泥地，见尽山，可防大礁盘水浅打涌。用壬丙，取两广，过赤石屿门。过，收入普陀澳，抛椗，候好天时。沈家门可防半门，有莲花礁，收旗头，收入宁波港，可也。

胶州出港离槟榔往宁波

船行，可用辰巽，十更。用子午，八更，打水二十二托，壳仔沙。用子午，四更，打水十三托，沙仔，见花岛山、马蹄、猴仔山，收入镇海关。妙哉！

凰尾，用丑，二更取小鱼山外过（取海照，丙子贰癸壹）。

小鱼山，用癸，四更取北乌龟外过（内用壬，收尽山）。

海照外放洋，用子，七更，打水十八托，乌沙仔。单子午，卄卟卟牐卄，见石岛。

用子，四更，打水，二十二托，乌沙泥。

用壬子，五更，打水四十托，泥，见芦竹仔根。用壬，四更，打水四十托。用壬，五更，打水四十托，泥。用壬亥，三更，打水十六托，泥，蓝色，见马头嘴齿。

春天大担开船放洋

西北风，用乙辰。至大夜，又用单辰兼巽，可以。此是顺风之去。

澎湖往台

虎井出门，用辰巽，四更取鹿门，透洋法。又夜间放洋出虎井头，用辰巽，二更取鹿耳门。

近吉放洋

若是南风并南流尾，可用单辰，取鹿耳门。

南风放洋针

镇海东椗，坤未风，用巽巳、单巽。若是巳丙针，六更，转单巳，取大屿。或是用单巽，及必见花屿，平井尾港口。南椗外放洋，西南风，用巽兼辰，所放洋西南风，辰及乙，取大屿。

台回澎湖

鹿耳门出，早流，南风，单戌或乾戌，取吉山。若见近，用乾亥，出虎井。鹿耳门直取虎井，南风，用单酉；南风，用辰戌，见屿。若是南风，用乾亥，必见生抛屿。

澎湖回长山[1]

八罩上下，东南风，用单乾，三更。转乾戌，收，见太武山，入大担。

花屿，近东南风，用乾戌，取大担。若是北流多，必至东椗。若用辛酉，必定南风。夜间，恐犯椗索。单戌针，又用辛，取椗西屿头。南风放洋，用单亥，取天马山。用乾亥，取峻头。用乾戌，取北太武及大担。

西屿头，东南风放洋，用辛，取东椗南过。若用辛酉，必见南椗，须防椗索。

鹿耳门，南风放洋，水涨八分出港，用辛戌，见吉。转单戌及乾，取虎井，南边花屿边透洋。南风正，用辛戌，取东椗，后转单戌，收大担门，妙也。此乃顺风之片。

[1] 长山，即唐山，指大陆。闽南话"长"与"唐"音似。此篇专指澎湖至厦门的针路。

天津港口水涨退时候　在六、七月

初一、二	巳涨　寅时退
初三、四	子午涨　卯酉退
初五、六	丑未涨　辰戌退
初八、九	寅申涨　巳亥退
初十、十二、十三	卯酉涨　子午退
十五、六	巳亥涨　寅申退
十七、八	子午涨　寅申退
十九、二十、廿一	丑未涨　辰戌退
廿二、三	寅申涨　巳亥退
廿四、五	卯酉涨　子午退
廿六、七	辰戌涨　丑未退
廿八、九	巳亥涨　寅申退

观云法

春夏二季，若天气温热，或雷声霹雳，必有狂风，急避。

三宝大人开传，甲子、癸丑、戊戌、癸未、乙卯，此五日不行船。

〈诸垵水深〉

磁头垵内，三、四托，沙泥地。石峻垵，二、三托，沙泥地。

深后垵内，三托，赤泥地。永宁垵内，二托，沙泥地。

高厝垵内，三、四托，沙泥地。上芝垵内，二、三托，是沙地。

大坠垵内，三、四托，沙泥地。臭泥垵内，二、三托，沙泥地。

日湖垵内，二、三托，沙泥地。塔屈垵内，三、四托，沙泥地。

崇武垵内，四、五托，沙泥地。湄洲蚵壳垵内，三、四托，赤泥地。

贼仔垵内，五托，沙泥地。湄洲浮虚垵内，即莆禧澳。四托，沙泥地。

澎海垵内，四托，沙泥地。南日垵内，四托，沙泥地。

象城垵内，三托，沙泥地。兴化港内，托水一托，外烂泥地。

小万安垵，二、三托，烂泥地。门扇后，二、三托，烂泥地。

墓仔口，三托，赤泥地。枯杜垵，三托，外是乌沙地。

丁厝澳进乍浦

用辛戌，二更半，见四屿头。转辛酉，二更，取乍浦。乍浦放洋，用甲卯，见四屿。二更半，见四屿头，打水四、五托。转针用巽巳，二更半，取鱼山。

金门料罗南风往上海

寮罗鼻开船，用寅，见北碇。水退，用单艮，对磁头外过。用单艮，在〈石〉[1]峻外，半更。开，用单艮，见大岞，半更。开，用单艮，□[2]湄洲矼［圪］。用艮坤，见鹭鸶屎内，过澎海矼［圪］外。用单寅，过南日澳口。用单癸丁，见南日鼻外。水返，用癸丁；水退，用子午。对白珍外过。水返，用单寅；水退，用单艮。对纺车礁外过。用单癸，对墓仔口过。用单艮，对火烧港口眠床礁外；用单壬在金盏、银台两边，舍杉屿离屿。屿西，用单癸，对赤礁内过。用子午，对古屿门中过。用单癸，对冬瓜屿边过，见赤礁。赤礁离身，用单寅，□白犬。用单子，在关塘；〈用〉丑未，见上塘。用子午，见芙蓉山，小西洋中门过。水退，用单癸，出吕山门外；水返，用单癸，出烽火门过。用丑未，见冬瓜屿。水返，用艮坤见北关内。关内出，用单艮，见〈观〉[3]音礁，可防草屿，外过。用丑未，对金香鼻外过。用单丑，见盐田外过。半洋礁内，用丑未，见凤凰，水退，用单艮，外抛山门虎仔屿边。水退，用单丑；水返，用艮。对三盘内过。用单艮，对大鹿门过。水退，用丑艮，见石塘外。用丑癸，对吊邦门过。用单癸，见积谷。用子午，见西机内，阿妈礁西过。用丑癸，见白带澳外丹屿；丑癸，见草鞋。水退，用丑，在半洋礁内过。用单子，对泥龙澳内。用单壬，对牛宰［栏］机外过，占屿仔过。又用单丑，见茶盘。用癸丑，入三门、汲水门，出金牌门。用壬丙巳亥，对半坪山中门过。用子癸，对朴鼎门过。小普陀山，用癸丁，对青山鼻外过。用子午，见牛鼻廊门过。用子午，见孝顺洋中门过。用丑未，见旗头蟳广澳，正南风开汗，对四屿边过。小鱼山外，用子午，对洋山大门过。用癸丁丑未，先见蟳仔，后见大蟳。蟳齐，用子午，一更久，正南风开汗帆，打水四、五托。用巳亥，半更，用乾巽，东见柴山，西见柳树，一更。用辰戌，见头墩正港，打水四、五托，寻入港。

[1] 石，原本无此字，疑缺漏，应为"石峻"，补上。

[2] 原本无字，疑缺漏，当为"见"或"过"。

[3] 观，原本无此字，疑缺漏，应为"观音礁"，补上。

南澳往乍浦针路

南澳开船，用甲庚并寅申，取砗仔礁外。过砗仔礁，用寅申，取虎仔内。过虎仔，用艮坤并丑未，取象屿。象屿，用艮坤并寅申，取古雷头。过古雷尖，用丑未，〈取〉圣筶屿中门。过洲门，用艮并寅申，取虎头山。过虎头山，用艮坤，取将军澳外；用丑未并艮坤，取林进屿中。过林进屿中门，用寅申并艮坤，取镇海门鼻头外。过镇海鼻头外，用甲庚、寅申，取塔仔外。过塔仔外，用甲庚并卯酉，取料罗外。过料罗外，用甲庚、寅申，取磁头；用艮坤，取峻头；用艮并寅申，三更，取湄洲外。过湄洲外，用艮坤取平海屿［圪］外过，外有鹭鸶屎，内有猪母礁，可防。平海屿［圪］，用寅申，取南日尖。南日头，用甲庚、寅申，取纺车礁、猴探水中门。过猴探水中门，用壬丙并子午，取古屿门。过古屿门，用癸丁，取牛角山中门。过牛角山，用癸丁并丑未，取珠澳外。过珠澳外，用艮坤并丑未，取白犬内。白犬，用子午，取金童内。过金童，用癸丁，取上童内。过上童，用癸丁，取小西洋及芙蓉。芙蓉，用癸丁、丑未，取烽火门。过烽火门，用丑未，取北关内。过北关，用艮坤，取草屿外。过草屿，用艮坤，取金乡鼻外。过金乡鼻，用丑未，取盐田外。过盐田外，用丑未，取凤凰外。过凤凰，用艮坤，抛山中门。过抛山中门，用艮坤并丑未，取廊里澳。水涨，用艮坤；水返，用丑未。

三盘门廊里澳，水退涨，丑未、艮坤，收大鹿。大鹿，水涨，用艮坤、寅申，取石塘。石塘，用丑未，取吊邦。吊邦，用子午，取积谷。积谷，用子午，取网仔垵外。网仔垵，用子午，取川蕉。川蕉，用壬丙，取白带港口。白带，用艮坤并丑未，取铁丁屿边。过铁丁屿，用子午并癸丁，取急水鼻头外。过急水鼻头，用子午，取涂龙澳内。过涂龙澳，用壬丙并巳亥，取半畔山中门。过半畔山，用子午并癸丁，取覆鼎外。覆鼎外，用子午，取小普陀山。小普陀山，用癸丁，取清门鼻头外。过清门鼻头，用子午，取金定门。过金定门，用子午，取孝顺洋。过孝顺洋中门，用单丑，〈取〉旗头。过蛇屿，用乾戌，取东西鹤东。过西鹤，用乾巽，取四屿北。过四屿北，用单乾，见点灯山，妙哉。

乍浦回针路

乍浦开船，用单辰，取东西鹤。过西鹤，用乾巽，取琴[岑][1]港澳小清门鼻边。过小清门鼻边，用癸丁并子午，取小普陀山内。过小普陀，用子午，取覆鼎外。过覆鼎，用壬丙并子午，取半畔山中门。过半畔山中门，用丑未，〈取〉淡水门石浦外鼻头。过石浦外鼻头，用丙，取小屿。小屿，用子午，取急水鼻头。急水鼻头，用子午，取铁丁屿。佛头山内，取癸丁并子午，取茶盘山礁东，过茶盘山东。过牛头山，齐身，用子，取川蕉东畔山边过。有沉水礁，可防。川蕉，用壬丙并子午，取积谷；用子午并癸丁，取吊邦。吊邦，用艮坤，取石塘。石塘，水涨退，用单未坤申，取大鹿。大鹿，水涨退，用单未坤取三盘门。三盘门，用艮坤丑未，取抛山中门。抛山中门，水涨退，用未坤，取盐田外。过盐田外，用艮坤并丑未，取金乡鼻并草屿外。过草屿外，用艮坤并丑未，取北关。冬瓜屿，水涨退，用单丁未，取烽火门。烽火门，用癸丁，取大金。大金，用丑未，取螺壳头。螺壳鼻，用艮坤，取小西洋。芙蓉山，用癸丁，取上下塘内。过下塘，用癸丁并子午，取鼻中门，有小屿门沉水礁一片，可防。用艮坤，取东西鹤。牛角山中门，用癸丁，过古屿门内。大练开，港中有一个小礁，用癸丁，取猴探水中门外。过纺车礁，用甲庚并寅申，取南日。南日，用艮坤并寅申，取平海屹[圪]外。过平海屹[圪]，用寅申，取湄洲屹[圪]外；用艮坤并丑未，取大岞外。过大岞，用艮坤，取石峻鼻外。过石峻鼻，用寅申，取磁头外。过磁头，用艮坤，取料罗；用寅申并艮坤，取镇海外。过镇海，用丑未，取将军澳外。过将军澳，用艮坤丑未，取虎头山。虎头山外，用艮坤并寅申，取鸭母礁外。过鸭母礁，用癸丁子午，取圣筶屿中门。过圣筶屿中门，用丑未，取古螺。古螺，用艮坤、寅申，取苏尖屹外。过苏尖屹，用艮坤、丑未，取象屿外。过象屿，用甲庚、卯酉，取虎仔尾。过虎仔尾，用艮坤、寅申，取砵仔礁外。过砵仔礁，用甲庚，见南澳，入江门内，看占屿。船尾坐占屿，用壬丙巳亥，收南澳。妙哉。

[1] 岑，原文作"琴"，改之。

〈普　　陀〉

普陀东势有小屿三个，一直相排西势。一个小些，曰"莲花礁"，中"南金钱"，东名"北金钱"。钱东北，即北乌龟。乌龟时常罩云。过北乌龟往西势，可抛南风，西南风便好抛。北乌龟要取马积门，正南风，用壬子，可观东势，有大山。山西有山四个，连路相排。正北即船头对门一大山，山下有一底山，似苞鞋屿。屿西一山，似锯烈山。从锯烈山陂头过，好乃马积门。马积门正南风，倚汗帆，用壬亥，取大蛏东。过北乌龟，夜间正南风，倚汗帆，东势山看不见，西势山而行至尽山，有一门，中有小屿，屿有大山过水。过水，又有一山。山东势有尖屿，两相接，船从尖屿西过。此乃马积门也。　　此浙江、江南交界洋面。

中是凤

莱芜澳开船，用子午针，取表头外。过表头外，用坤申针，八更。又用单坤，四更，取大鼻尖。大鼻尖，用坤针，七更，〈取〉东姜及弓鞋外。过弓鞋外，用庚酉，可取大钦门并铜盒门。若在弓鞋外，用庚申，取乌猪外。经过乌猪，用单庚，取海龙头；庚申针，取放圭。放圭，用单庚，取限门；放圭，用庚针，取庚[广]州澳[1]港口。若往硇州，用单申，取硇州经过。

[1] 原文作"庚州澳"，闽南话"庚"与"广"音似。

海南澳上洋针

在七星岭开船，用艮寅，一更；用单申，一更，取七州。用单寅，七更，取弓鞋。用甲寅，五更，取大星尖。用单寅，十五更，取南澳坪。

用丑艮，七更，取东椗。用单寅，七更，取乌龟。

用丑艮，三更，取牛屿。用单丑艮，三更，取东涌。

用单艮，四更，取台山。用单丑，四更，取南杞。

用癸丑，四更，取凤尾。用单癸，三更，取鱼山。

用癸子，三更，取小九山。用单子，三更，取海屿门。

又并桃花

上落洋桃花门，并梅屿山。用丙午，三更，取九山。九山内有半洋礁，可小心。

用单午，二更，取鱼山。用丁未，三更，取凤尾山。

用单未，四更，取南杞。用坤未，四更，取大台山。

用单坤，四更，取东涌。用坤申，三更，取牛屿。

用单申，四更，取乌龟。用庚申，七更，取东椗。

用坤申，七更，取南澳外，打水二十四托。

用坤申，十五更，取大鼻尖，尖内打水二十四托。

单申，五更，取东姜。庚申，一更，取弓鞋。

开洋，坤申，四更；单申，四更；单庚，五庚[更]，取七州。内是抱龙，外是七州。见山之时，不管是抱龙、是七州，可用乾巽针。一更，目连入。目连头，单酉，二更至海口。大吉。

限门回莱芜针路

单甲，一更，取放圭。

单甲，二更，取弓鞋及东姜。艮寅，七更，取大鼻尖。单寅。四更，取田凰。单寅，四更半。单寅，五更，取表头。子午，取莱芜门。

在莱芜开船

用子午，取表头。风北，单申；风东，坤申，取东姜；坤申，取弓鞋。风北，庚申；风东，单申，取乌猪；庚申，取海尾头。单庚及庚酉，取放圭。庚酉，取限门港口。庚申，取洲澳。单申，取硇州港。

一缘上海流水正月遇同看

初一日　亥时初，流东；寅时，退西。

初二日　亥时中，流东；寅时中，退西。

初三日　亥时尾，流东；寅时未，退西。

过台湾放北风洋

祥芝尾东埔离网放洋，上半夜，用亥巳；下半夜，用壬丙。见西屿，壬丙兼亥巳。

围头，正北风，用单巽。至半夜，用巽巳针，见澎湖西屿头；东北风，坐辰巽，见西屿头。

料罗正北风放洋，坐戌向辰。至半夜，用乾戌向辰巽，见西屿头。上半夜，用辰戌；下半夜，用乾巽。

过台湾放南风洋

麦坑放洋，南风，用巳亥兼壬丙，见西屿头。

镇海放洋，坐乾亥向巽巳。西南风，坐乾向巽，见西屿头。

井尾港，坐乾向巽；西南风，坐乾戌向辰巽，见西屿头。

将军澳，正正南风，坐戌向辰；西南风，坐辛戌向乙辰，见西屿头。

铜山放南风洋，用乙辛，见大屿。又用单辰，大屿南过澎湖。

放南风洋过厦门

用乙辛针，见大担。

澎湖，南风洋过唐山，坐辰戌，见祥芝尾。

澎湖，北风洋过唐山，坐巳亥兼巽乾。

澎湖三十六礁[1]可湾泊之处

崶里前　风柜尾

南澳可湾泊，是幼沙[2]，有五六尺水。

八罩、将军澳后北山金圭屿中，南北风共可湾泊。是尾沟，有水深七、八托。

八罩北、金圭屿对面、马鞍屿南，南北风可湾泊。是泥港，水深十余托。

网垵东税面，南北风可湾泊。是沙地，有二、三托水。

八罩东、将军澳前，北风可湾泊。是幼沙，浅，有五托就可抛。上下不防。

八罩东网垵口，北风可湾泊，南风即不可。

八罩西北水垵中，南风可寄椗。是幼流沙，水有四、五托。

天台山后埔船垵，南北风缓迟，可寄椗。是泥地，有四、五托水。

择甚之至，东屿平东头，南风流，可寄椗。是泥地，有二十余托水。

[1] 澎湖三十六礁，指台湾省澎湖列岛。澎湖列岛位于台湾岛西部的台湾海峡中，设有澎湖县，由澎湖本岛即马公岛及周围其他岛屿组成。据《海国闻见录》云：澎湖岛三十有六，而目前认定是六十四个岛屿加上八大礁、五十六小礁、七坜，共一百三十五个岛屿礁坜。

[2] 幼，闽南话即"细"的意思。幼沙，即细沙。

跋

[清]李维实[1]

《海疆要略必究》一书，先大父提师鹭岛时所刊。皆诸将校所述，据实直书，不敢润色，使读者易晓。如黄公挺秀[2]、颜公青云[3]，皆一代伟人。而所载沿海岛屿港澳、沙汕礁石，皆诸公亲历其境，知之最详，非耳闻者可同日而语也。先大父笔而记之，久而成书，遂为校刊，意欲使后辈有所遵循。后不戒于火，板遂毁焉。戊戌春，实官于平潭，晤黄君紫标[4]，谈及往事，出《海疆要略必究》相示。实恐年久无传，为之重刊，以备航海者有所准绳。因识数语于后。

　　光绪己亥十月廿有一日，李维实谨识。

[1] 李维实，李廷钰之孙，袭壮烈伯，任金门协。
[2] 黄公挺秀，即黄光华。里居、阅历见《海疆要略序》注。
[3] 颜公青云，即颜青云，字耀登，号梯航，同安县人。咸同间，值国家多故，投笔从戎。历南澳、海坛、福宁等处总兵官。同治六年（1867年），任福建水师提督。
[4] 黄君紫标，即黄紫标，字贤直，黄光华之子，袭云骑尉，任金门右营千总。征小刀会有功，升金门镇标左营游击，调署水中军参将，封武功将军。

厦门港纪事

〔清〕窦振彪　撰

厦门港内

水仙宫口开，有雨伞礁一片，沉水粗。

贞仔西北开，有沉水粗一片，辨看猴屿塔尖山。

草仔垵开，有沉水粗一片。

虎头山开，有沉水粗一片。

火仔垵开，有沉水粗一片。

港仔口开，有沉水粗一片。

剑石尾东北开，有沉水粗大一片。

湖里西南开，有沉水粗一片。

〈厦门往周边水路〉[1]

下门往石码水路七十里。厦门往金门水路六十里。

五通往刘伍店水路三十里。高崎往尽尾水路三十里。

厦门往生屿水路三十里。

[1] 此篇为厦门往周边地区的航程。原文无标题，此标题为辑注者所加。

〈厦门潮汐时刻〉[1]

初一、二、三，十六、七、八等日，辰、戌涨[2]，巳、亥半；

子、午满，丑、未涝[3]；寅、申半，卯、酉礁[4]。

初四、五，十九、二十等日，巳、亥涨，子、午半；丑、未满，寅、申涝；卯、酉半，辰、戌礁。

初六、七、八，廿一、二、三等日，子、午涨，丑、未半；寅、申满，卯、酉涝；辰、戌半，巳、亥礁。

初九、十，廿四、五等日，丑、未涨，寅、申半；卯、酉满，辰、戌涝；巳、亥半，子、午礁。

十一、二、三，廿六、七、八等日，寅、申涨，卯、酉半；辰、戌满，巳、亥涝；子、午半，丑、未礁。

十四、五，廿九、三十等日，卯、酉涨，辰、戌半；巳、亥满，子、午涝；丑、未半，寅、申礁。

初一、二、三，十六、七、八等日，辰、戌涨，巳、亥半，子、午满，丑、未涝，寅、申半，卯、酉礁。

初四、五，十九、廿等日，巳、亥涨，子、午半，丑、未满；寅、申涝，卯、酉半，辰、戌礁。

初六、七、八，廿一、二、三等日，子、午涨，丑、未半；寅、申满，卯、酉涝，辰、戌半，巳、亥礁。

初九、十，廿四、五等日，丑、未涨，寅、申半，卯、酉满，辰、戌涝，巳、亥半，子、午礁。

十一、二、三，廿六、七、八等日，寅、申涨，卯、酉半；辰、戌满，巳、亥涝，子、午半，丑、未礁。

十四、五，廿九、三十等日，卯、酉涨，辰、戌半，巳、亥满，子、午涝，丑、未半，寅、申礁。

[1] 潮汐，是海水在天体引潮力作用下所产生的周期性运动。其每天涨落有两次，白天为"潮"，晚上为"汐"。在地球上的不同地方，潮汐的时刻不一样。此文的潮汐时刻应是厦门地区的时刻。文中原文无题名，此篇

题名为注者所加。

［2］辰、戌涨，分别指当日潮与汐的涨潮时刻，即潮为辰时，汐为戌时。以
　　下标识"半"、"满"、"涝"、"半"、"礁"等现象的两个时刻，亦分别指潮
　　与汐的涨半、涨满、初退、退半、退竭时刻。

［3］涝，水干涸。此指初退潮，闽南话称退潮为"涝流"。

［4］礁，即焦，喻干枯到极点，此指潮水退竭。

抄录诸神风暴日期[1]

（一）

正月初八、十三等日，乃大将下降。大杀午时，有无即防，
妙者。

二月初三、九，十二、十七，乃诸神下降。交会酉时，有无即
防，妙者。

三月初三、十，十七、廿七，乃诸神下降。星神，但午时潢有
风雨。

四月初八、九、十，十六、七，廿三、七，乃诸神下降。会太
白星，午时有风雨。

五月初五、十，十九，廿九，天上朝上界。及天神玉帝，酉时
后有风雨。

六月初九，十二、八，廿七，卯时注有风雨，可防。

七月初七、九，十三，廿七，午时注有风雨，可防。

八月初二、三、八，十五、七，廿七，注有大风雨，可防。

九月十一、五、七，凡注有大风雨，可防。

十月初五，十五、六、九，廿七，乃真人朝上界。卯时有大风
雨，可防。

十一月初一、三，十三、九，廿六，注有大风雨，可防。

十二月初二、五、八、十一，廿二、六、八，注有大风雨，
可防。

（二）

正月初三日，真人暴。　初四日，接神暴。　初九日，天公暴。十三日，关帝暴。　十五日，上元暴。　十八日，捣灯暴。廿四日，小妾暴。　廿五日，六位王暴。　廿八日，洗炊笼暴。廿九日，乌狗暴。

一年风信以此为应，此暴有风，则每期必应；若无，则不应。

二月初二日，土地公暴。　初七日，春期暴。　初八日，张大帝暴。十九日，观音暴。　廿九日，龙神朝天暴，一曰廿九日，陈风信。

三月初一日，真武暴。　初三日，玄天上帝暴。　初八日，阎王暴。十五日，真人暴。　十八日，后土暴。　廿三日，妈祖暴。廿八日，东岳暴，又诸神朝上帝暴。

四月初一日，白龙暴。　初八日，佛仔暴。　十四日，纯阳暴。廿三日，太保暴。　廿五日，龙神太白暴。　十二日，苏王爷暴。

五月初三日，南极暴。　初五日，屈原暴。　初七日，朱太尉暴。十三日，关帝暴。　十六日，天地暴。　十八日，天师暴。廿一日，龙母暴。　廿九日，威显暴。

六月初六日，崔将军暴。　十二日，彭祖暴。　十八日，池王爷暴。十九日，观音暴。　廿三日，小姨暴。　廿四日，雷公暴，极崔。廿六日，二郎暴。　廿八日，大姨暴。　廿九日，文丞相暴。

七月初七日，乞巧暴。　十五日，中元暴。　十八日，王母暴，又曰神煞交会暴。

廿一日，普庵暴。　廿八日，圣猴暴。

九、六、七多有风台，海上人谓六、七、八、九月防之可也。

八月初五日，九星暴。　十五日，中秋暴，又伽蓝暴。二十日，神龙大会暴。

九月初九日，中阳暴。　十六日，张良暴。　十七日，金龙暴。十九日，观音暴。　廿七日，冷风暴。

寒露至立冬为九月节，乍晴乍雨，谓之"九降"，又曰"九月乌"。

十月初五日，风神暴。　初六日，天曹暴。　初十日，水仙王暴。十五日，下元暴。　廿日，东岳朝天暴。廿六日，翁爷暴。

十一月初五日，淡帽佛暴。　十四日，水仙暴。　廿七日，普庵暴。廿九日，南岳朝天暴。

十二月初三日，乌龟暴。　廿四日，送神暴。　廿九日，火盆暴。

以上或先期即至，或逾期始作，总不外前三后三七日之内。至于风大而烈，倏止为飓，尽疾不息，四面旋风。若为飈[2]，航海者不可不知。

[1] 闽南地区的风暴每月有期，凡暴期将至，舟船必泊港湾。闽南渔民多以神的诞生日命名风暴，便以省记，如正月初九日为"玉皇上帝诞"，或称为"天公生日"，此日的风暴即名为"天公暴"。第二篇即以诸神命名风暴。诸神风暴日期，是渔民对风信规律的经验总结，具有预测天气之作用。如相传天公当日若有风暴，则一年之中风调雨顺，否则气候反常。《台湾县志》有"是日有风则一岁暴期皆验，否则飓风难准"之记载，又有"真人多风，妈祖多雨"的俗谚等。道光《厦门志》亦有暴期之记载，可参考。本书有两篇《抄录读者神风暴日期》，可相互参阅。

[2] 飈，简作台，指四面俱至的飓风。乃人们见飓风挟雨四面环至，空中旋舞如筛，称之为"风筛"。而闽南话"筛"与"台"同音，故加"风"成"飈"。

〈针 路〉

辑注者按：原书编排较无序，辑注者将有关"针路"的篇章集中，并加标题。原篇章前后顺序稍有调整。

分别罗经有君臣

罗经有君臣，分别何处所用。但凡放东西南北及山东东关等洋，以罗经为君，水舵为臣。风信流水随处机巧转变，北至上海乍浦，泽中大不相同也。可将水船为君，罗庚为臣，须看本船帆驶开倚，观流水东西顺送，行走细观。

上海乍浦水流西逆行，所用决定不准，针头一起，差之千里，尚不知其误心神。凡针路罗经中开时，遇之则悔莫及矣。

罗经二十四字当能识

凡驶船用针路，亦有兼用单字，当仔细察矣。罗经针路可等流水而驶船，若行开、行倚，须当观天象日月，恶气恐有狂风。

〈闽南往澎台针路〉[1]

南澳放洋，南风洋，用甲庚兼卯酉，九更，取澎湖大屿。

在铜山放洋，南风洋，用乙辛，可见大屿。

欲放南风洋往回，是洋中无风，流水涨顶，可探其水辨深浅，或至三十余托，索可寄椗。即知山辨进港。但是北风大流水，不可放洋。

在六鳌放洋，南风洋，用辰戌可见花屿。

船在井尾港放南风洋，用乾巽，西南风，用乾巽兼辰戌可见花屿。

在镇海放南风洋，用巳亥，西南风，用乾巽兼巳亥可见猫屿。

在麦坑旗尾放南风洋，用壬丙，至下半夜兼巳亥，或水涨无风，可寄椗，有风可见花屿。

在大担口放北风洋，用乙辛，至下半夜兼辰戌，先见西屿头。

在金门塔仔脚放北风洋，用乙辛，至下半夜兼辰戌，先见北山屿，可入澎湖妈宫内。

船在料罗放北风洋，用辰戌，至下半夜兼乾巽见揖仔澳。

船到澎湖，见桔屿身北，用辰戌兼乾巽，取鹿耳门入港。

在磁头放北风洋，用巽乾，七更，见西屿头。

在石俊放洋，用巽巳，七更，见西屿头。

永宁、深沪放洋，用单巳，七更，见西屿头。

在大坠、祥芝放洋，用丙巳，七更。

在崇武往澎湖，东北风，用丙巳，下半夜兼单丙，见西屿头。

在崇武、大岞放洋，用单丙，八更，见西屿头。

在湄洲、平海放洋，用子午，九更，见西屿头。

在鹿耳门，南风往澎湖，用单戌见吉屿，后用乾戌见西屿。

在鹿耳门，南风往厦门，用辛乙，见南太武。

在鹿港往澎湖，用坤艮，取象岭。象岭用申寅，见儿女屿，可入澎湖。

船在鹿耳门出，招正南风，用辛酉针对大屿南过。又用单辛，可见南太武。

冬天，船在鹿耳门出，招好风，西可用乾亥针，见东西吉。

西屿头放北风洋，可用乾亥针，可见北太武。

船在崇武，北风放洋往鹿港，可用乙辰兼辰巽，见大度山，十一更。

鹿港往崇武，北风放洋，可用乾亥针，十一更，见崇武。

---

[1] 原文无标题，此标题为辑注者所加。

广东往南澳、铜山[1]

山虎门[2]取猊屿北势过，南有沙沄。过龙丁洋，取水牛澳门，出去是汲水门。汲水门外是校椅山，有龙澳。走得风目投门出，用艮寅取大帆澳，好抛南北风台。入鼻头有屿仔，内抛椗门外。东势有礁，可北势走大帆，用单寅取恰量澳。内有妈祖宫，澳口有礁出水。身外山是竹屿，有竹牌礁离水，内外可过。

竹牌礁外用艮寅取小星。小星内有半洋礁，行船可防。身上是大星，好抛北风，内势山是线［汕］尾[3]。

大星用甲寅取乌、白鸭外过。白鸭一个，乌鸭二个，内外可过。驶过鸭，不可贪西。澳内有碎礁甚多，澳内屿仔一个，生开是陈三磨。白鸭外用甲卯取龟龙、菜屿。过菜屿门，内有碎礁甚多，夜间不可过。身上有山仔，是拆恔。过拆恔西内去，是白沙湖，走得大风。入金屿内，有礁一块沉水，不可倚。有寨仔，寨仔脚好抛椗，好开船。西风用甲卯取田尾。

田尾鼻头有枋车礁，生开离水内外可过。号有一屿生开，名是桔，上下可过。田尾身上是河东港，上是甲子澳，内深外浅，大船不可入。鼻外有甲子兰，生开行船不可太倚。身上势是神前澳长平山。长平山上有塔仔寨仔。

田尾山用甲寅取赤澳山，上下是礁。是礁斧头澳相似。山外过，看北山赤沙色。内势山高大，连下势山乌土澳山。身上是麦尾浅澳，东势是表澳。

表头山连北势放圭，内有好澳，名"埕壁"，走得大风。内西去大潮阳，吉阳过。港北势乌丁，内潮洲［州］，安埔过。港东势盐浦澳过。过东南澳山，入西内去是大林埔，山仔顶有塔仔。入庵埔，顶处南澳长山尾，鼻头有网山，上有城仔。西北势后宅澳，好抛船，走得风。过身北是圭母澳，走得风。半港有凤屿，抛得椗。圭母澳对港入去是黄光港。

圭母澳或后宅出船，可防七星倒牛礁。倒牛礁生开长山尖、南澳山尖，相贪就是礁，可防。至玄钟山北、大贞山，二山合是半洋礁位，可防。至玄钟沙澳对出出礁。

船在在后宅出，用卯酉取玄钟山，沙澳口过。

南澳城出，用艮寅取宫仔前，内身北去云霄、诏安等处。

宫仔前出船，用甲寅取象屿，外虎屿，有虎尾礁，生开敲船不可太倚，须防之。开势是柑桔，内外门中好过。铜山澳内好泊船。

[1] 此篇为广东虎门至福建东山的针路。铜山，即今东山。

[2] 山虎门，疑指广东东莞的虎门。

[3] 汕，原文作"线"，指沙汕；汕尾，即沙汕之末端。

〈南澳往姿港〉[1]

南澳蜡屿，用甲庚取宫仔前。蜡屿用艮坤取悬钟圣澳，内是诏安港，口有礁，号名"牛母运"。有网柱，船抛汕尾寮妈祖宫前。

圣澳，用乙辛取下额头。恐转流，抛倚可用开一字额。内有澳是九厦澳，内佳备屿，可逃风台。门中有网柱。

九厦尾，用辰戌取宫前澳砵仔礁，用甲庚取鳌壳澳。出，用子午取苏尖，用辰戌见田仔墘澳，用艮坤取古雷头。开船用丑未取洲门，用子午取南门澳，船收入铜山。如在古雷头开船，用丑未取洲门，双帆屿外南有剑礁一片。

洲门，用癸丁、丑未取陆鳌，内有沙汕。沙汕内有一澳，名为山仔尾，避风台。洲门，用艮坤兼寅申取鸟嘴尾；用艮坤取将军澳；用艮坤取镇海。将军澳，用丑未取林进屿。内门井尾港，鼻头有礁一大片，名号"三消礁"。三消礁外直上块名"镇海寮"。

镇海鼻头，用艮坤兼寅申取旗尾麦穗头；用单壬取鹅屿山。旗尾，用艮坤兼寅申取料罗鼻。开抄南流，用艮坤抄兼寅申。此抄北椗，用艮坤取磁头。

磁头，用艮坤兼寅申取石圳。

石圳，用丑未取祥芝头，开有水鸡礁可看。若匏见底，日湖塔出祥芝头即过身。

祥芝头，用丑未取平海杙[圪][2]，澳口有妈祖印一块，扢辽[3]具有礁柁。外有礁，甚[慎]开生[4]。西南平海杙[圪]，用寅申取南日。南风南流，用寅申兼甲庚；涝流，用艮坤妙开。有菜瓜坪，南流用乙辛、卯酉，避鼠尾礁。用寅申、甲庚取白屿仔，用寅申、甲庚取纺车礁。

纺车礁，用艮坤、丑未取墓仔口。

墓仔口外，用艮坤兼丑未取宫仔前草鞋礁。礁身东畔礁母上水礁，可防。港心礁过妙，倚西不可倚东。

宫仔前，用子午取古屿门，南流妙者兼癸丁妙。乌礁开，涝流浅，齐身取三碗羊[芋][5]，取猫屿仔。

古屿门，用癸丁取东西鹤[6]；用子午取自澳，后有礁一片。

自澳，用癸丁兼丑未取南交。

南交，用艮坤取白犬，内有七星礁，可防。乌暗之间，遇风可防。七星礁过身。

白犬，用子午取官塘。

官塘，用壬丙取定海。定海四屿外，用子午取王崎，鼻头有妈祖印。四屿内有礁数块，或可倚四屿脚，或在内可倚大山脚。

王崎，出去是北茭头，用子午取小西洋。内有港心礁，可倚四屿边。但四屿边门可过。

小西洋，用丑未取间山。

间山门，用壬丙取老湖，身西有一澳，可逃风台。

老湖，用子午兼癸丁取大金，内是鸭池，可逃大风，不避风台。

大金，用子午兼壬丙取三沙，或出烽火门过，船可倚西，不可东。山脚有沉礁。

烽火门，用癸丁取八都港，鼻头有礁一块，出水生倚。

八都港，用艮坤取北关，内是南关，可避风台。

北关，用癸丁取金香[7]，扣孟屿鼻头倚，有石三块。

金香，用子午取盐田，开有八亩礁。

盐田，用癸丁取琵琶头。盐田鼻头，用丑未取凤凰山，凤凰山外生在东边，南畔凤髻礁。盐田，用艮坤取浪山，有一门可过，甚深。

南明，用艮坤、丑未取三盘，涝流用丑未，南流用艮坤。

三盘，用丑未取坎门外屿过，用艮坤取大鹿门，大山脚下有礁一块，南流可防，涝流不可防。

大鹿门，用艮坤兼丑未取双门。大鹿门，用艮坤取石塘，涝流用艮坤，南流用寅申。龙目一对，东目身东有礁一片，离龙目礁二箭之地，可防，妙。

石塘，用艮坤取吊邦门。吊邦门，用癸丁取鲎壳澳。外鼻头有礁一块一片，可防。生在下山脚南风坡鼻头，用艮坤兼丑未取积谷山，南流用艮坤，涝流用丑未。

积谷，用乾巽取马蹄澳，网屿抛船。澳内身西有沉礁石一片。积谷山，用壬丙取川礁，网屿鼻头有沉水礁一片，离鼻尾有三箭之地，早晚可防。南畔大山脚过。网屿澳内，北风南流用子午取川蕉山。

川蕉山，用艮坤取涂龙澳。半月山东北有沉礁一片，南看积谷山出去，西看川礁，离门可防。

川蕉，用癸丁取杨梳鼻头。川蕉，用子午兼癸丁取茶盘屿，涝流用癸丁，南流用子午。川蕉，用子午取牛头门，南流用子午，涝流用壬丙。

牛头门，用子午取花澳。牛头门，用艮坤取汲水，涝流急，不可出门；南流平，可出船。在四面流，用艮坤取土地屿。

半明山门，用巳亥取吾骑澳。

吾骑澳，用壬丙去朴弼，下有礁三片，南流甚急，可防过。

朴弼，用子午取小普陀山门。

小普陀，用子午取鸽婆屿[8]。

鸽婆屿，用子午取羊角山。

羊角山，用子午取金定门，有礁一片，离有四箭之地。

金定门，用艮坤兼丑未取旗头，收入姿港。

[1] 此篇为广东南澳岛至姿港的针路。姿港，今名无考，似为崎头北去的港
　　口舟山定海港。原文无标题，此标题为辑注者所加。

[2] 圪，小土丘，多用于地名。原文作"岉"，不妥，改之，下同。

[3] 拕，同"拖"；辶，意"走之"。

[4] 慎，原文作"甚"，慎开，意谨慎开船。下同。生，指新手。

[5] 芊，原文为"羊"，当为笔误，改之。三碗芊，在福清湾外的鼓屿与小练
　　岛之间。

[6] 东西鹤，疑为东西洛之误，即东洛岛与西洛岛。东洛岛，在福州长乐市
　　东南海域；西洛岛，在东洛岛西南面。而东西鹤是指东霍山和西霍山，
　　在宁波镇海区东北洋面上，与古屿门相距甚远。

[7] 金香，抄本笔误为"香金"，现据下文改正。

[8] 婆，原文为"姿"，当为笔误，改之。鸽婆屿，在象山东北面。

番仔澳往厦门[1]

番仔澳，用寅申取花杆屿，南流用庚申，涝流用艮坤。

目门，用寅申取登娘。

登娘，用寅申取小升，又用甲庚并卯酉取龟宁、扫手尾。用乙
辛并卯酉取菜屿外过。

樵郎头，用寅申取田尾。

田尾，〈用〉甲庚取〈甲子〉滩头外过。

甲子滩头，用庚申取赤澳头。

赤澳头，用艮坤并寅申取表头。又赤澳头，用艮坤并丑未取

钱澳。

　　表头，用丑未取长山尾。又表头，用寅申并甲庚取棚屿。

　　棚屿，用寅申取乌屿仔。见乌屿南流，用甲庚防三脚砧过。用寅申并艮坤取宫仔前。

　　南澳蜡屿，用甲庚并寅申取宫仔前。

　　砫仔礁鼻头，用甲庚取澳角鼻头外虎仔。

　　占礁鼻头，用艮坤取苏尖外个鸡心。

　　鸡心，用寅申取古雷头。

　　古雷头，用丑未取圣筶屿门。

　　圣筶屿，用寅申取虎头山鸟嘴尾。

　　鸟嘴尾，用艮坤取将军澳。

　　将军澳，用艮坤并丑未取镇海。

　　镇海用艮坤取旗尾。

　　旗尾麦穗头，用单子取浯屿，收入厦门。

[1] 此篇为澳门至厦门的针路。

厦门往北垵边针路

〈厦门大担往乍浦〉[1]

　　船出大担外开，用乙辰，一更离海翁线［汕］[2]，见鸟嘴尾。用单寅，一更见北椗，外过。用寅，半更，取磁头。离，半更；开，水退用单艮，半更取俊头。半更，开，用艮坤，二更见大岞。用艮坤，南风倚汗帆，一更见湄洲，外过。用艮坤，见平海杧［圪］，外过。用寅，一更见南日澳。用甲寅，取小南日头。用甲寅取纺车礁。用壬丙，见小闽安，墓仔口前过，转取宫仔前过栋屿。用子午对许屿门过，上去牛角山过。用癸丁，一更见慈澳，外过。用艮坤、丑未见白犬。水涝用子午、癸丁，一更取官塘，内过。用子午，一更取北胶头。用子午，一更见小西洋，外过。用癸丑，二更见烽火门。用癸丑，一更见冬瓜屿。用丑未，水退，用艮坤，取北关，内过中门。用艮坤，一更取草屿，外过。用艮坤见金香，用丑未见盐田，外过。下外有八亩礁，见凤凰，外过。用艮寅见抛山门，外过。外是北杞。用艮坤、丑未见三盘。三盘门用艮寅，见大鹿。大鹿用艮坤见石塘，用癸丁、丑未见吊邦中门。又用癸丁、丑未见积谷。用子午见网仔垵，外过。用子午见川招，外是东西机，对〈东西〉机边过。有小礁对过，对中门中有礁，可防。用壬丙见白带门，山外过。用艮坤、丑未见铁丁屿过。用子午、癸丁见汲水门，用壬丙、已亥见半坪山，中门过。用癸丁、子午见牛鼻廊，用癸丁见青门鼻，用子午对金碇门过。用子午见孝顺洋中门。用丑未见旗头，船驶蛇屿过，取蟳广澳，去是登厝澳。用子午取洋山过，用癸丁、丑未见大小楈。用子午，一更久；用壬丙，半更久；用乾巽，一更久，可转辰戌直入。

[1] 此篇为厦门大担岛至乍浦的针路。原文无标题，此标题为辑注者所加。
[2] 汕，原文作"线"，闽南话"线"与"汕"同音。

〈厦门澳头往上海〉[1]

澳头开船，如是漠白[2]，用辰戌针是正港。如风不顺，西山不可上五营，若是贪五营恐碍北势线［汕］。南势亦有线［汕］，可看西到刘五店线［汕］仔头。若是乌沙头汕，可看槟榔屿相交鸡屎礁仔，对门中是正港，不可贪密，恐碍线头。若敲到港心礁，横辨可看乌沙头山顶，有一尖乳合东势第三个乌礁。直辨可看南太武，不可贪。入屿对港心礁，可看金山港，赤山塔坑是正港。若是敲对白碣仔屿，潭口好抛船，小墵不可贪倚，官澳鼻不可太倚，草屿不可太近。对草屿可防网尾礁，可看白碣官澳头。又防蟳仔线［汕］，驶船可看官澳头塔。草屿加刀剪，不可离草屿。草屿东有网尾礁。

驶船到仙山脚头，孟合田普塞［寨］[3]，离蛏仔线［汕］。

要去磁头，可防纸虎礁，可看妈祖宫澳鼻塔烟燉，横辨直看白屿仔塔、赤坪。水洘，半行船可防。网尾礁过去是米碏，北势是门铁礁。过米碏，风若是东北，暗时看有二、三个倚汗篷，不可倚去，是假礁。

上去是石俊，好抛船。入垵有双胜礁，内外可过。

上去是深沪，外有金屿仔，内可过，大船不可过。

去是永宁，抛船打水三、四托，可抛船。内有线［汕］，可防上线［汕］。永宁开船可防曼尾礁，暗时可看永宁大坑见底，即坪［平］身。各山相连，无防。高厝澳风忽［急］[4]，不抛船。

上去佛堂外有却金礁，直辨看金屿仔塔深沪乡里，横看塔合横屿腰舅[5]。佛堂后不可太倚，太倚有礁甚多。

上去是吴宝澳，大礁内可抛流。

上去是祥芝头，即过身。〈有水鸡腿礁可看。若圪见底，日湖塔出祥芝头即过身。〉

上去是小坠。小坠外有东湖礁，水洘尾即打影，直辨看崔鼻出大坠东，横看白屿出坠北势。此礁水大洘打涌。

去是大坠垵，内有礁名"妈祖印"，抛船可防。

上去是搭掘垵，好泊船。垵口有香炉礁，可看城仔角合烟墩。搭掘外有赤屿仔，东南势不可倚。对内去有港心礁，直辨看日湖塔。出大坠南，船在外过。若是合大坠尖，船在内过。搭掘后有礁甚多，无水不便行船。又一块礁，名曰"水车礁"，三块沉水。

上去是崇武，东有假龟，开船水洘半。上去有龟屎礁，西有把觜龟屎礁，可看大岞外有一屿仔尖，开门可头起。又假龟不可太倚，有狗脚赤礁。大岞东有牛屎礁，直辨看南势出牛尾东，船在外过，要对倚过，倚大山边行。去是后沙漪，内好逃台。

上去是午［牛］垵[6]，好抛船，内西势浅。去是小岞，南风好抛船。

去是黄瓜屿，即是双头弄，好抛船。开深无倚，不可泊船。

去是吉鸟，不可倚中，有港心礁，可防。驶船东北风开，倚汗帆，可对上势过。外东有分流礁，水涨七、八分流落吉鸟，好抛船。上去势北有沙线［汕］浅丹屿仔，水音［淹］[7]内外可过。湄洲门有港心礁，直辨看丁屿仔合吉鸟南势鼻头，横辨看浮熙城，密过身。丹屿仔南有铁钉屎礁，看浮熙城出东势鼻，船在南过，直辨看丹屿仔，北势有一红合钉屿仔出现，过西出现亦过身。出湄洲门去北势鼻头，不可倚。

上去是魏港，好抛船。台坡好上去，平海好抛船，出入可防。妈祖印礁，东看扰仔合楼儿乙畔，可头起；北看平海山顶树合宫可对，须着离杭［圪］仔边，具有礁。杭［圪］西势外有大礁，甚［慎］开。

上去是猪母礁，下有沉礁，不可倚。

上去是青山，好抛船。涝流尾驶船牵离，鼻头有礁碎多。东是南日，好抛船。南日后南风坡好抛船，不可太倚。船驶到野马，野马内有红屿仔，下水返七、八分流，落红屿北有马屎礁，须着倚红屿而行，水四、五分流挨过野马门。野马门不可倚北鼻边而行。

上去是小长沙，好逃台。入坡须着倚屿仔而行。去是门扇后，有港心礁，可防。倚北势鼻头好过。门扇后有三株树出现，可头起。去是五间厝，好抛船。西势鼻有沉水礁，不可倚东。五间厝下有一栋屿，外有沉礁，有纺车礁，内外可过。小闽安可逃台，有港心礁，可防。近万安鼻仔有二、三个鼻头，返流好入；水满风不好，不可入。小万安塔后不可太倚。内浅水，退半，港心礁便现。

上去是墓仔口，好抛船。水涝半开船，外是草屿。草屿门有港心礁，北去宫仔前，船过吉柱屿仔、乌鼠礁，暗时可看鼠屿一山澙出现，过身。又金盏、银台礁，直看草屿尾，不可合吉柱屿仔；横看金盏、银台屿内，一个赤堀塔屿仔南出现，即过身。或出北，即过身。宫仔前，好抛船。

去是楝屿，上去有成鱼屎礁，暗时可防，不可倚北。北可近大成鱼，可近猴屿探水。若是水未可［滂］[8]，等石泊洗面可过线［汕］。

去是石碑洋，东一鼻不可倚。西有线［汕］头礁，亦有一条横线［汕］。

去是大练，好泊船。水返七、八分流，行船牵离礁，暗时可看小练，有坑即头起，无防。许屿垵，好泊船，对楝屿西有线［汕］，可看乌鼠屿，不可离。楝屿西无水，不可倚。

去是乌礁，过乌石顶有线［汕］，生开可记得。

去是三碗芋，东南势有竹网，可防。港心礁，直看牛角山顶尖合许屿第三个山尖并路一条，是正港，暗时可看东落，不可离许屿。许屿门下南势鼻头，若是贪密，恐碍港心礁。出许屿门去，有算盘子礁，横辨看牛角山顶南势有一尖乳合炮台，直辨可看北势赤礁，出西落无防。牛角山湾内北势有佛桃礁，可防。

上去是自澳，好抛船。倚西浅水，返八、九分流开船。猫仔屿西北浅，不可倚。风若是北，可寻白犬。东澳不可抛久，有碎礁割断椗索。西是正澳，可抛船。内有七星礁，直辨看上塘占合下鼻，到辨不可贪。内去是定海。定海鼻有沉水礁一块，出垵可防，内外可过。四屿门上下可过，西一门仔不可过，又不可近。

去是赤崎，内有网索，口有雷公礁，水滂三分出水。赤崎鼻有礁，可防。

上去是王崎，垵口有香炉礁，直辨看定海山尖合赤崎垵口横屿东边到辨，横辨可看四屿仔下一个榜合外面官塘北势门鼻到辨。四屿下有沉水礁，上下生开要入王崎，可倚西势而行，不防。王崎出去有港心礁，内外可过。铜古屿有拖尾，有圭母炁出水。

上去是陈姑屿，南风好抛船。去过北交头，内是西落，好抛船。开，深不便，水返七、八分驶船。外是小西洋，有港心礁，东倚大山边可行，西屿仔边亦可行。

去是老湖，好抛船，内外可过。草屿南势鼻下有一礁，或对外过，不可倚。鼻外是吕山。吕山后南风垵，名号状元澳。东涌二垵，好抛船。西南势大山鼻头，船驶倚，倚无防。又中门水满可过，水涝尾不可过。东涌后南风垵，好抛船。西边鼻头后不可倚，有沉水礁，可防。船收，倚是吕山、老湖。

上去大金，内外可过，好抛船。内是鸭池，外是杯扣屿。杯扣屿内有礁，不可倚杯扣屿，可倚大山边行。去是横屿仔，亦可寄碇。屿仔东边有礁，内是八尺门、福建头，入去是福宁府港。出来上势是石壁边，外是竹根屿，竹根屿门可过。门中有小石屿仔，二门可过。

去是三沙澳西，好抛船。东是五澳头，好抛船，谅平流出船。去鼻头顶有沉礁，开，汗可防。去是风火龟镇，垵口有香炉礁，可防。出门是八都，南势鼻头外有沙垵，垵口抵[底][9]有沉礁，驶船不可太倚。去是七都，口有港心礁，入可北势山边行妙。七都内北有屿仔，好抛船。

上去是棕蓑澳，好抛船。垵口有横屿仔，内外可过。

去是小王崎，垵口可寄椗。去是槟风屿，南关鼻头有沉礁，可看北关小门，开船在外过。南关内好抛船。台垵好北关，若要对外，可近北关。门外面一屿仔，内外可过。北关二门可过，三门不可过。外是观音礁。草屿好抛船，碇地不好。草屿门中有沉水礁，驶船可倚外势鼻头内行妙。去是蒨成，又去袍袱屿，内浅，有水过西行，内是揖溪浅坪澳。去金香大小余，水涝二、三分开船。南有鹿耳礁，驶船可倚鹿耳礁敲。暗时谅有三、四托。船离礁仔，要对礁仔内过，可记。西有礁离水一块，北山边亦有礁离水，东北势有沉礁一块。

上去是石邦，又去是盐田，好抛船。垵口有一屿，内外可过。门中不可倚边开，有八亩礁，横辨看盐田沙澳大密，直辨看袍袱屿密，船在内过。

上去是琵琶，门中可过。西北势有一羊屿，可寄碇。水返半，谅有一托水。内是平羊港，出近北山边。外是四屿，四屿门可过，可防流水急。内是瑞安，瑞安门是凤凰髻，觉身开门南势开。凤凰屎礁沉水，直辨看凤凰开门，船在内过。若对外过，可看参将屿出现，又一花屿合虎仔屿。横辨看凤凰髻，有一小员屿合瑞安大山尖。

上去是凤凰，埃口西北势浅，西有三牲礁，可防。内外门可过，青静可过。去参将屿可过，外是虎仔屿门亦可过，对中二门亦可过。

上去是三盘，西是状元澳尾。状元澳西南势开，有龙目礁三块，亦有沉水小礁一块，可看三盘内门出现。船在内外过是棉花屿头，或洘流，着[10]倚状元澳尾敲。西势浅，北边有一八尺门可过。

去是马起齿，外门可过。东有四屿仔，北是鹿栖，西北势是王大澳。王大澳势是龙冤山，横只不可抛椗。开，深流急。

上去是牛角澳，好抛船。内是横只，不可抛船；外是摆澳，好抛船。开，有鲨屿仔，上下可过。摆澳小门，暗时对开。屿仔北是楚门，中有港心礁，暗时可看竹屿边过。坎门，好抛船，内外可过。

上去竹篙屿，对内敲船，内外可过。外门有鹿屎礁，倚一边行船，可倚小鹿边行妙。外东是波［披］[11]山，可抛船。内是昌店澳，好抛船。昌店内北边有八尺门，好抛台。茹节澳有沙澳。沙澳有大礁，内外过。鼻外开有沉礁，可看鲛屿仔出坎门外鼻，无防。

上去是水桶澳，好抛船。外二屿仔，东北边不可倚。

上去是内玉。内玉西势浅，有二屿，有流不可倚，内门亦可过。石塘，好抛船。下门可过，中门出入倚西势。北势一门，若静可过，开是三羡。

上去吊邦门，好抛船。内门可过。东势一埃可抛，外是天津澳。

　　上去是内门，去有力肚礁，可看鲎壳澳。出郎健头，东是积谷门，有大礁，内外可过。西有拖尾。内是鲎壳澳，好抛船。涝流尾出船，外有港心礁，可防。倚西势尖山脚下有屎礁，可防。内是马蹄坂，好抛船。

　　上去有八尺门，对外是网仔坂，好抛船。西势〈浅底〉，有沉礁，可防。〈流水驮，可防。网仔坂北势有沉礁，可防。〉

　　上去西北势是海门，出去是川蕉，山边浅。东势是半明屿，北有龙船礁，可防。直辨看积谷出半明屿西，船在内过。

　　上去是白带门，又去是牛头门，好泊船。外是南谷。上去是杀屿，坂底有沉礁，可防。外四屿边有礁，可防。流水甚急。内是茶盘，内外可过。又内是厶堀。

　　上去是深门，外是佛头，开，一蚊仔屿，内外可过。北有鸟礁屿，北势可过。南有礁，暗时可防。礁南浅。去是三门，入石浦，出没水门，涝流大不可出。出去四面流。去是金碑门。去半屏山，山边有碎礁甚多，须记得。

　　上去是土地屿，去是吴蝦澳，好抛船。西势浅，外门有沉礁至朴弼蓢屿，行船可倚外势鼻头行妙。

　　上去是大麦门屿，可过。大麦上西势沙坂口尖礁，可防。

　　上去是足溪，又去是蛤姿［婆］屿[12]，好抛船。西势有礁，可防。

　　上去是牛鼻龙，去是虎加屿，内外门可过。内倚是青龙港，好抛台。

　　上去是旗头。旗头荔枝屿仔，好抛船。旗纛尾有沉水礁，可防。流水急，可防。入洲山好泊船，去是竹沙门尾，浅，可防。西边有沉水礁，可倚。

　　去是铃仔礁，内外可过。又去是蟳广澳，好抛船。对面是金塘门，可过。流水急，可防。蟳广澳门东势鼻北有沉礁，可防。又对耳人龙流甚急。去是小港虎仔屿，西有沉礁，可防。收入镇海关。

灯厝澳好抛船。

灯厝澳放乍浦洋，用乾巽针，可见四屿。灯厝澳放猴山，用子午针。猴山见大小蛏放上海洋，用子午针，半更久，可转壬丙，半更可转巽乾，半更可转辰戌，直入。

[1]　此篇为厦门澳头至上海的针路。原文无标题，此标题为辑注者所加。

[2]　漠白，闽南话指起雾。

[3]　寨，原文作"塞"，改之。田普寨，在金门岛东部。

[4]　急，原文作"忽"，不通，改之。

[5]　腰臼，即腰白，此指山腰间凹下的地方。

[6]　牛，原文作"午"，改之。牛垵，在福建省惠安县大岞港北面。

[7]　淹，原文作"音"，应为"淹"。闽南话"音"与"淹"同音。

[8]　涝，原文作"可"，改为"涝"。闽南话"可"与"涝"同音。

[9]　底，原文作"抵"，闽南话"抵"与"底"谐音。

[10]　着，闽南话"得、要、必须"的意思。

[11]　披，原文作"波"，当为笔误，改之。披山，在玉环县大鹿岛东面。

[12]　婆，原文为"姿"，改之。蛤婆屿，在韭山列岛的北面。

大羊山往上海针路

五月十八夜，水涨八、九分，东南风用壬子出羊山，水退到大楫北势更余开。打水六托，泥地。南风正转，用壬亥驶半更辽根风，打水六托半。转辛戌酉见柳树，打水五托。转乾戌，取五湘。

五湘港口东畔生，草泥地，浅，连岸流东水，流过西畔岸。尽是杉仔柱，开，亦是泥之浅。入五湘流东水，可倚东入，须防浅，不致有误。入港西岸是挂号文武，水深五、六托，中沙，防浅。

〈五〉湘开，驾入上海，驶倚南岸兜深港。中浅，直去要过澳，有泥防线［汕］，水返半足亦有丈二水。此处流水急，船重有水，即过为妙。

蟳广澳往乍浦

勼仔港鼻头，用乾巽取东鹤，用辰戌取四屿。看点灯山明，不用针路入岞浦。

岞浦回针

岞浦山脚，涝流尾开船，西南风，用乾亥取石螺鼻头，内可寄椗，打水四托。螺山鼻，用壬丙取弄山，开是七姐妹内过，开有东鹤。

岞浦开船，正北风，用单辰取东鹤北过。用单巽取岑港澳。

灯厝澳往上海针路

出外门用壬亥取小横鱼山，用壬子取大鱼山，用单子取喜山，用单丑取候山屿仔头边过。用丑癸取大摿，打水六七托。用壬子驶半更船，打水四托半。用单壬一更半，打水四托。转壬亥一更，打水四托。是头墩内，打水十一托。用乾亥戌三字取五相，或在鱼仔山外鼻头兜过，用单子取洋山中门过。

尽山往上海针路

尽山，东南风，水退用庚酉，或水涨用辛酉，驶见岸。或东北风，用单辛，或水返平用单戌；或东风，用辛酉，或水退用单辛，见岸。

柴门往上海针路

东风，用坤申驶见岸后，转用乾戌取五湘。或北风，用庚申及酉取岸。

鸡过屿往上海针路

南风，水涨用庚酉，水退用庚申；或东北风，水涨用辛酉，水退用庚酉，驶见岸。见岸，或南风用乾戌，或北风用乾亥，取五湘港。

花鸟往上海针路

花鸟，南风水涨用庚酉，或水退用单寅，驶至大楫齐身离三分。船开，用乾戌，水涨用壬亥。或遇流水急及洿寄椗，候水略平可驶，水涨用单子取岸。洋中水涨三分，尽是东流，初退之时是单酉流。

大楫往上海针路

南风，用壬亥，打水六、七托，驶见岸后，转用乾戌取五湘。

在大楫，东北风，用壬子驶见老岸，转乾亥取入五湘。

上海回丁厝澳针路

五湘出港，用辰巽驶出头墩外，打水四托半。用单巳，二更；用单丙，一更，取大楫。

五湘出港，或北风用乙卯，或南风用乙辰，取大楫；或西风用乙辰，三更返东；南风用甲卯，二更半见尽山边兜。

五湘出港外，西北风用乙辰，二更至老墩原。用乙驶一更，用乙卯驶二更，过鸡髻屿，北势过。

或在柴山兜北势过，看风面，用庚坤申三字转变，驶三更，一路打水三托过。崇明汕尾，打水六托，泥地。可用辛戌取老墩进五湘。

船在海照兜过，东南风用庚辛，二更取花鸟；用庚酉，三更取大楫。船尾坐大楫，用乾戌，三更；用单戌，一更进五湘。

船在崇明山腰，看山顶平平，有大株柳树一个做辨。用坤字过浅后，转用甲卯，见南岸三柳树为妙。

往崇明，看南边三株柳树头东北而来，北看崇明山腰大柳树一株，在艮字候水满即过浅。此处东西沙线［汕］甚高，中深，小船过的［得］，大船必候有水。其崇明山东西生长一百三十里，倚山兜处处好抛，打水五六托，泥地。下格涂硬，泊船须着来去椗，不致［误］椗并齿。

洲山往海南针路

　　洲山出桃花门，用子午取九山。九山，用午及丁午，三更取鱼山，用丁未，内用午子，三更取凤尾。凤尾山离有一更，船开可用坤未，四更取南杞。南杞，用未，三更取台山。台山，用坤艮，四更取东涌。东涌，用坤申，三更取牛屿。牛屿，用坤未，七更取南□，三更取乌龟。乌龟，用庚申，七更取东椗。东椗，用坤未，七更取南澳澎。南澳澎，用单申，三更；转针用庚申，十二更取大星尖。又用单申，五更取东姜。东姜，用庚申，一更取弓鞋。弓鞋用坤申，四更；转针又用庚申，四更取放圭洋。又用单庚，五更取七洲。七洲内是抱虎。抱虎外是七洲，见山不管抱虎，七洲即可用乾巽，一更取木连头[1]。木连头，用单酉，一更到海口，候流进港。

[1] 木连头，原文为"不连头"，为谐音，改之。木连头，即目莲头，在文昌市铺前镇木兰港北。

海南往上海针路

　　七星岭[1]，用艮寅，一更。又用甲，一更取七洲。用单寅，十五更取弓鞋。用甲寅，五更取大星尖。用寅，十五更取南澳澎。用丑艮，七更取东椗。又用寅，七更取乌龟。用丑艮，三更取牛屿。用丑，四更取东涌。用艮，四更取台山。用丑，四更取南杞。用癸丑，四更取凤尾。凤尾用癸，四更取鱼山。用子癸，三更取九山。用子午，三更取桃花，收入洲山。

[1] 七星岭，原文作"七星领"，为谐音，改之。七星岭，位于海南文昌市铺前镇东北。

洲山回南垵边针路

旗头，用单申取龙澳。龙澳，用单丁取牛鼻廊。

关帝屿、鸽婆屿，用丁未取大麦屿。大麦屿，用单丁取浯蜞澳。

浯蜞澳，用单午取土地公屿。土地公屿，用单坤取四面流。

四面流，入汲水门，入石浦。花澳，用单庚取牛月。

牛月，用丙午取牛头门。牛头门，用坤未取白带澳。

白带澳，用单午取川蕉。川蕉，用丁午取网仔垵。

网仔垵，用单午取鲎壳澳。鲎壳澳，用单未取吊邦门。

吊邦门，用坤未取石塘。石塘，用庚申取水桶澳。

水桶澳，用庚申取薯榔澳。薯榔澳，用坤未取坎门。

坎门，用单申取三盘。三盘，用坤未取参将屿。

参将屿，用单坤取凤屿。凤屿，用坤未取琵琶。

琵琶，用坤未取盐田。盐田，用坤未取草屿。

草屿，用单未取北关。北关，用单坤取烽火门。

烽火门，用坤未取闾山。闾山，用单未取西洋。

西洋，用单未取北交头。北交头，用丁午取官塘。

官塘，用单午取白犬。白犬，用坤未取东西鹤。

东西鹤，用未取古屿。古屿，用单午取新宫前。

新宫前，用单坤取纺车礁。纺车礁，用单坤取鼠尾过。

鼠尾过，用辰戌取白屿仔。白屿仔，用坤申取小南日头。

小南日头，用坤申取平海矼 [圪]。平海矼 [圪] 边，用丁午取湄洲矼 [圪]。

湄洲矼 [圪]，用单坤取崇武。崇武，用坤申取祥芝头。

祥芝头，用坤未取深沪岐。深沪岐，用坤未取磁头。

磁头，用单未取北椗。北椗，用单申取寮罗。

寮罗，用庚甲取海翁汕外过。海翁汕尾外，用单乾取大担。

寮罗，用单申取镇海。镇海，用坤未取将军澳。

将军澳，用坤未取鸟嘴尾。鸟嘴尾，用单坤取洲门。

洲门，用单未取古雷头。古雷头，用坤申取苏尖矻〔圪〕外。

苏尖矻〔圪〕，用坤未取象屿。象屿，用庚酉取虎仔尾过。

虎仔尾，用庚申取南澳腊屿，可防刘牛、七星。南澳腊屿，用庚申取瓮屿外过。

瓮屿外，用庚申取凤山澳，流妙，南流用癸丁。凤山，用未丑取表头，并子午三分，共之七分。

南澳外官屿，用申寅取表头外过，收入表头并庚甲妙。表头外，用坤艮取赤澳。

表头澳内，用坤艮并未丑取赤澳。收蟳海用坤艮，收浅澳用申寅。赤澳，用中寅并庚甲取甲子兰头。

甲子兰头，用庚甲取碣石外过。甲子澳内，用中寅并坤艮取碣石。

取碣石外过，外冬礁内过，外是碣石。碣石冬礁门，用申寅取樜嘟头。

樜嘟头，用辛乙对菜屿内过，并卯酉妙。日时可过，夜时不可。龟宁外有红礁一片，可防。菜屿内有礁三四片，可防。

樜嘟头对外过，用坤艮并申寅取菜屿外过。菜屿外，用酉卯取大星外、白鸭内过。

白鸭，用乙辛取小星内过。白鸭外有乌鸭，可防。内有东西虎。小星内，用申寅取登娘竹篙屿内过。

小星内，用申寅并坤艮取竹篙屿外过。登娘门，用申寅取福建头。

福建头，用庚甲取目门。目门不用更。横山，用辛戌取汲水门过。

汲水门，用辛乙并酉卯取叠石过。汲水门内花矸屿，用申寅取九洲头。南流用坤艮，洘流用庚甲。

九洲头，用坤艮取番仔澳。番仔澳杀牛房，用庚申取积谷山并卯酉妙。

积谷山，用庚甲取蛇屿头。南流用申寅，洘流用卯酉。蛇屿头，用申寅取大金。南流用坤艮，洘流用申寅。

大金门，用庚甲取上下春。内是阿公澳。洘流用庚甲，南流用申寅。上下春头，用庚甲并申寅取蚊屿内过。

蚊屿内用卯酉取阿娘澳。阿娘澳，用卯酉取阳江大澳。澳内甲寅针路妈祖印一大片，收入下澳到鼻头，用坤艮并申寅妙，神福。

〈阳江〉大澳，用申寅取四弼澳下妈祖印，可并坤艮。内是海宁头，外是羊肚礁，到四弼可防。

四弼，用申寅并庚申取铜钱澳。四弼双桃。铜钱澳，用甲寅取双鱼。鼻头不可倚，沉水双鱼蛋礁一大片，可防。

双鱼，用申寅并庚甲取青屿。南畔有礁一大片，早晚可防。青屿，用庚甲取黄枝屿。

黄枝屿外，用卯酉取龙头。收入澳内有龙目礁，可防，不可过。龙头澳内，用坤艮取放鸡山。内是水东港，下是半柳山。

放鸡山，用申寅并坤艮取东山。收入赤墩港，用辛乙并卯酉正港妙。

南流用坤艮，洘流用申寅，见东海山在帆下，用庚甲、卯酉妙！正港，又见东海山坐在船头。船身太倚，可收缭。见漏洲流不直，见东海山船身开倚可以载，取船身。用坤艮申寅，见东海山坐在辛酉字，太开可过帆。

放鸡，用单庚取限门过。

如在放鸡往广洲澳，用庚甲并单申取广洲澳。放鸡往硇洲，用单申并坤申取硇洲中门入海面。船在南山尾，船尾坐炮台，行船用子午针路，可取锦囊头入。中行用丙午针，取竹牌礁外过，朝离角用癸丁兼丑未过海口，甚妙。

海口往江坪针路

牛屎港开船，正东风、流西水，驶船一更久见三墩，南是圣人墩，可从中过。用单西及单庚，流西水，可防。关角尾离，开可〈从〉关角尾，用单子取东场，行船正东风，用壬子取鼎盖下。倘北风，收入鼎盖下澳肚中，打水四五托，寄桩效天门。驶出铜斗角，角头生有石汕，甚［慎］开。驶船行亚，此可谨防。打水七托是正港。如水浅不可行。铜斗角下势行船驶至海康港口，用乾戌，半更久；用单乾，三更，正东风取常洲，内是沙汕。汕面上水涨，打水三托，为风大收入常洲。上面东畔船尾坐余洋，用单亥直入。外有屿一个，屿下好泊船。山头有妈祖宫、王爷庙。在常洲开船，用单壬，一更久；用单亥，一更见周墩。可用单西取白龙尾，顺流进港，见珍珠墩，水涨船尾坐珍珠墩。用辛直入就是。

菜屿往硇洲

菜屿开船，用子午针取表外过。北用坤申，八更。又用单申，四更取大星尖。北用坤申，七更取东姜及弓鞋外过。北用庚酉针，取大金门并铜鼓角门外过。若在弓鞋外，用庚申取乌猪外过。北用单庚针取海龙头。放鸡开船，用单申针取广洲澳，又用坤申取硇洲。

厦门往锦洲及山东辽岛并天津针路

金门乌嘴尾开驾，用乙卯驶离北桩外过。用甲寅及单寅，七更取乌龟外过。用单艮，四更取牛屿外过。用丑艮及单丑，三更取东涌外过。用单癸，三更取台〈山〉外过。用丑艮及单丑，七更取凤尾山外过兜过。用子癸，三更取鱼山外过。用单癸及子癸，三更取九山外过。原用子癸，七更取两广外过。

顺风放洋

船在两广兜，用单癸，四更；用单子，十四更；用壬子，四更。又用单壬，六更见马头嘴。

船在洋山，放南风正，用丑艮，五更。又用丑癸，五更。又用单子，十更。又用壬子，五更。又用壬亥，三更见马头嘴。

船在马头嘴外，用单癸，四更见青山头。

在青山头近兜，用乾亥，十更见铁山，皇城外过。

青山头往辽东，用乾戌，十更见铁山，皇城当头。如是墓[漠]白[1]及夜间，须仔细观为妙。

青山头取白屿，用辛酉，九更取庙岛。庙岛东鼻头有石线[汕]，可防。可近西畔入澳为妙。

庙岛往天津针路

船出庙岛门外过，用辛戌，十三更，打水五、六托，见讨鱼船驶至天津港口。如无讨鱼船，但是泥地，不防。如船行对港路，泥地，亦有引港路，立起蜈蚣旗[2]为号，用庚酉针直进，可防。南势有浅，又防。王巴界一脉，俱是铁坂沙，浅行，船可贪北势。虽是有浅，但是泥地，不妨[3]。如行船，对港路有泥地，亦有铁坂沙，正是正港。路多深，有二尺水，但船出入须看风面流水，直驶至庙岛。但放天津洋仔，打水十四托为辨，打十五〈托〉北势，打十二三〈托〉南势。

[1] 漠，原文作"墓"，谐音字，改为"漠"。漠白，闽南话指起雾。
[2] 旗，原文作"期"，谐音字，改为"旗"。
[3] 妨，原文作"方"，谐音字，改为"妨"。

天津浅口往庙岛

但船出浅〈口〉，有四、五托水，用乙辰，十三更取庙岛。又用单辰，驶入庙岛登洲门中，打水二十托。庙岛有圣母庙，圣母庙前浅，大船不可抛。

猴山北，打水十五托。

庙岛开驾出门，西北风，用单乙取子午岛。又用单卯取威海。威海澳在西畔，东是刘公岛，用乙辰，三更取青山头。

胶洲老山开船，用甲卯，三更见小关岛。又三更，见大兴所。略近原用甲卯，三更见清[靖]海衙[1]及马头嘴相连，内外俱有礁，行船可防。用子癸，四更取青山头。

四年十月廿一日，天津浅口，西北风，用乙辰，打水十四托，泥地。后打水十五托，见猴山。

山东大关涌放洋，倚杆正北风，用子午驶到晚，四更过。过开杆，用子午到光，七更。十一月初四日

原是开杆，用子午。午后，打水二十二托，沙地。到晚五更，打水廿一托，赤沙地。夜半后，打水十七托，乌沙泥。天明作五更，打水十四五托，原帆针。初五日

初六日午，打水十五托，至晚作五更，东北风。开杆，用壬丙，一更后，打水八、九托，硬皮沙泥。有系是柴山北势，一更余，开，见柴山妙也。

[1] 靖，原文作"清"，当为笔误。靖海衙，即指靖海卫，在今山东省荣成市西南端。

上北垵边针路

出磁头，用丑癸取崇武。出磁头，用丑艮取大岞。

大岞，用单艮取湄洲挖[圪]。湄洲挖[圪]，用艮坤并丑未取平海挖[圪]。

平海圪，用寅申取南日。南日，用单艮取小南日。

小南日，南流用单艮、洘流用单癸，取白珍。白珍，南流入用单寅，洘流出用丑未取红屿仔。

红屿仔，用艮坤并丑未取吉兆。吉兆，用单子取宫仔前。

宫仔前，用壬子取乌礁。乌礁，用子午取三碗羊［芋］。

猫屿仔，用癸丁取许屿门。出许屿门，用丑未取白犬。

白犬，用子午取官塘。官塘，用子午取陈姑屿。

陈姑屿，用子午取西洋。西洋，用子癸取驴山头。

驴山头，用子午取龙目。龙目，用壬丙并巳亥取棕蓑澳。

棕蓑澳回针

棕蓑澳，用丙壬并巳亥取龙目。龙目，用午子取驴山头。

驴山头，用丁午取西洋。西洋，用午子取陈姑屿。

陈姑屿，用午子取观塘。观塘，用午子取白犬。

白犬，用未丑取许屿门。许屿门，用丁癸取猫屿。

猫屿，用丙壬取三碗羊［芋］。三碗羊［芋］，用午子取乌礁。

乌礁，用丙午取宫仔前。宫仔前，用丁午取吉兆。

吉兆，用丑未并坤艮取红屿仔。红屿仔，洘流用庚甲取白珍。

红屿仔，南流用坤艮取白珍。　白珍，洘流用单坤取小南日。

白珍，南流用单丁取小南日。小南日，用单坤取大南日。

大南日，用申寅取平海杧［圪］。平海杧［圪］，用未丑取并坤艮取湄洲杧［圪］。

湄洲杧［圪］，用单坤取大岞。大岞，用坤未取磁头。

崇武，用丁未取磁头。

上北垵边逃台垵澳

日湖内可逃风台。　　蚶江内可逃风台。

泉洲港内可逃台。　　白鹅港内可逃台。

獭掘［窟］后垵内可逃风台。　　崇武后沙心内可逃风台。

吉鸟后垵内可逃风台。　魏港内可逃台。

兴化港内可逃台。　三江口内可逃台。

光〔观〕音内可逃风台。　小长纱〔沙〕内可逃台。

门扇后后垵内可逃风台。　小万安内可逃台。

大丘内好逃风台。　东县内可逃风台。

大谆内可逃风台。　龙尾内好逃风台。

下桥内可逃风台。　火烧港内可逃台。

望屿内可逃风台。　海山内可逃风台。

苏澳内可逃风台。　烂泥澳内可逃台。

上下路竹港内可逃风台。　福州港内可逃台。

布袋港内逃台。　小埕后垵内好逃风台。

罗边港内北坪林澳可逃台。　罗边港内西南坪下宫可逃〈台〉。

监公内可逃风台。　老湖后内可逃风台。

大金鸭池内可逃台。　福宁府港内可逃台。

者头山可逃台。　龟镇仔内可逃风台。

小窑澳内可逃台。　七都内可逃风台。

八都内可逃风台。　风火内可逃风台。

南闽三生内好逃台。

[1]逃，躲避的意思。逃台，即躲避台风。

〈厦门往三沙〉

厦门，四更船取崇武。崇武，四更船取宫仔前。

宫仔前，四更船取福州。　福州，二更船取三沙。

[1]此篇为厦门至三沙的航程。原文无标题，此标题为辑注者所加。

〈各垵风信流水〉[1]

新前，敲[2]东北〈风〉，水涝[3]四分流可行。赤澳，敲北风，水涝可半可行。

靖海，敲北风，水涝半可行。海门，敲北风，水平[4]流可行。

钱澳，敲北风水半涝可行。表头，敲北风，水涝半可行。

凤泉，敲北风，水涝半可行。南澳，敲北风，水涝二分流可行。

山头，敲北风，水平流可行。云界寺，敲北风，水涝半可行。

樵篮，敲北风，水平流可行。鸡母澳，敲北〈风〉，水涝半可行。

诏安港，敲北风，水平流可行。悬钟港口，敲北风，水涝七分流可行。

石丁澳，敲北北风，水涝四分流可行。宫仔前，敲北风，水涝半可行。

鲎壳澳，敲北风，水涝七分流可行。田仔垵，敲北风，水涝七分流可行。

虎空仔，敲北风，水涝七分流可行。南门，敲北风，水涝平可行。

铜山港内，敲北风，水平流可行。洲门，敲北风，水涝六分流可行。

虎头山，敲北风，水涝半可行。绿鳌港内，敲北风，水平流可行。

将军澳，敲北风，水涝半行。丁火澳，敲北风，水涝半可行。

井尾港内，敲北风，水平流可行。三霄礁脚，敲北风，水涝半可行。

林进屿脚，敲北风，水涝半可行。小镇海，敲北风，水涝半可行。

镇海，敲北风，水涝半可行。浯屿，敲北风，水涝半可行。

大担，敲北风，水涝半可行。虎仔屿脚，敲北风，水涝可行。

城仔角，敲北风，水正涨可行。乌沙头，敲北风，水涨三分流可行。

大嶝，敲北风，水正洘可行。潭口，敲北风，水正洘可行。

角屿脚，敲北风，正洘流可行。磁头，敲北风，水洘半可行。

浚里，敲北风，水洘八分流可行。深沪，敲北风，水正洘可行。

永宁，敲北风，水洘半可行。祥芝，敲北风，水正洘可行。

日湖，敲北风，水正洘可行。獭堀，敲北风，水正洘可行。

崇武，敲北风，水洘半可行。牛坂，敲北风，水洘七分流可行。

双头弄，敲北风，水涨三分流可行。贼仔澳，敲北风，水洘尾可行。

吉鸟，敲北风，水正洘可行。湄洲，敲北风，水正洘可行。

魏港，敲北风，水正洘可行。平海，敲北风，水洘半可行。

象城，敲北风，水□□□□[5]。兴化港内，敲北风，水正洘可行。

壁头，敲北风，水平流可行。三江口，敲北风，水平流可行。

光［观］音，敲北风，水□□□□。大南日，敲北风，水正涨可行。

野马门，敲北风，水正洘可行。南盘，敲北风，水正洘可行。

小头沙，敲北风，水正洘可行。高山布，敲北风，水正洘可行。

门扇后坂，敲北风，水正洘可行。门扇后，敲北风，水正洘可行。

五宫厝，敲北风，水正洘可行。小万安，敲北风，水正洘可行。

墓口，敲北风，水洘四分流可行。双头弄，敲北风，水洘半可行。

饷尾，敲北风，水正涨可行。吉柱，敲北风，水洘尾可行。

大丘，敲北风，水平流可行。东县，敲北风，水正洘可行。

大谆，敲北风，水正洘可行。龙尾，敲北风，水正洘可行。

下桥，敲北风，水正洘可行。宫仔前，敲北风，水正涨可行。

竹屿，敲北风，水涨八分流可行。苏澳，敲北风，水正洘可行。

大练，敲北风，水正洘可行。许屿，敲北风，水正洘可行。

上下，敲北风，水正洘可行。牛角山垸[6]，敲北风，水正洘可行。

自澳，敲北风，水正洘可行。五虎门，敲北风，水正洘可行。

目屿仔，敲北风，水正洘可行。布袋澳，敲北风，水洘可行。

小埕，敲北风，水正洘可行。定海，敲北风，水正洘可行。

小埕后垵，敲北风，水正洘可行。赤崎，敲北风，水正洘可行。

白犬，敲北风，水洘半可行。观塘，敲北风，水洘半可行。

王崎，敲北风，水洘正可行。北茭头，敲北风，水正涨可行。

西洋，敲北风，水正洘可行。身妇娘澳[7]，敲北风，水正洘可行。

下府，敲北风，水正洘可行。田英澳，敲北风，水正洘可行。

暹田，敲北风，水正洘可行。驴山田头澳，敲北风，水涨七分流可行。

驴山五帝庙，敲北风，水正洘可行。老湖，敲北风，水正洘可行。

大金，敲北风，水正洘可行。福建〈头〉，敲北风，水正涨可行。

三沙，敲北风，水正洘可行。大窑，敲北风，水正洘可行。

七都，敲北风，水正洘可行。八都，敲北风，水正洘可行。

埔屿，敲北风，水正洘可行。棕蓑澳，北风敲船，水正洘可行。

小王崎，敲北风，水正涝可行。南镇，敲北风，水正涝可行。

沙埕，敲北风，水正涝可行。南关，敲北风，水正涝可行。

北关，敲北风，水正涝可行。

北关，敲南风，水正涨可行。镇下内，敲南风，水正涝可行。

南关，敲南风，水正涨可行。沙埕，敲南风，水正涝可行。

南镇，敲南风，水正涝可行。小王崎，敲南风，涝流尾可行。

埔屿外，敲南风，水涝半可行。八都外，敲南风，水正涨可行。

七都外，敲南风，水正涨可行。龟镇仔，敲南风，水正涨可行。

大窑，敲南风，水正涨可行。三沙[8]，敲南风，水涨正可行。

福宁府外，敲南风，水正涝可行。福建头，敲南风，水涨八分可行。

鸭池，敲南风，水涝尾可行。蝶凹，敲南风，水正涨可行。

老湖，敲南风，水正涨可行。暹田，敲南风，水涨半可行。

田英澳，敲南风，水涨可行。下府，敲南风，水正涝可行。

身妇娘澳，敲南风，涨流尾可行。东青，敲南风，水正涝可行。

东西鹤，敲南风，水正涝可行。驴山五帝庙，敲南风，涨流头可行。

驴山后状元澳，敲南风，□□□□。西洋白马澳，敲南风，水正涨可行。

西洋，敲南风，水涨七分流可行。北荽头澳内，敲南风，水涝半可行。

北荽头澳外，敲南风，涝流尾可行。陈姑屿，敲南风，水涝尾可行。

王崎后体棋垵，敲南风，涝流尾可行。王琦，敲南风，水涝尾可行。

赤崎，敲南风，水涝半可行。小埕后垵，敲南风，水正涨可行。

定海，敲南风，水涝尾可行。布袋澳，敲南风，水涝半可行。

目屿仔，敲南风，涝流尾可行。豹招，敲南风，水正涝可行。

观塘后垵，敲南风，水涨七分流可行。观塘妈祖澳，敲南风，涨流尾可行。

白犬，敲南风，水正涝可行。自澳后垵，敲南风，水正涨可行。

牛角山垸，敲南风，水正涨可行。上下，敲南风，水涝半可行。

小练后体棋垵，敲南风，水正涨可行。许屿，敲南风，水正涨可行。

苏澳内，敲南风水，正涨可行。竹屿，敲南风，水正涝可行。

猴探水，敲南风，水正涝可行。宫仔前，敲南风，水涝三分流可行。

吉柱，敲南风，水涝半可行。饷尾，敲南风，水涝尾可行。

糖屿，敲南风，水正涨可行。双头弄，敲南风，水正涨可行。

墓仔口，敲南风，水正涨可行。小万安，敲南风，水正涨可行。

五宫厝，敲南风，水正涨可行。野马门，敲南风，水正涝可行。

壁头，敲南风，水涨八分流可行。小南日，敲南风，□□□□。

南日狮寨，敲南风，水正涝可行。象城，敲南风，□□□□。

平海，敲南风，水涝七分流可行。魏港口，敲南风，水涝六分流可行。

湄洲，敲南风，水涝涨六分流可行。吉鸟外，敲南风，水平流可行。

小岞后，敲南风，水涨七分流可行。后沙沁，敲南风，水涨七分流可行。

崇武，敲南风，水涨九分流可行。獭堀后垵，敲南风，水涨半可行。

獭堀，敲南风，水涨半可行。大坠，敲南风，水涨八分流可行。

日湖，敲南风，水涨七分流可行。祥芝头，敲南风，水涨七分流可行。

永宁，敲南风，水涨七分流可行。深沪，敲南风，水涨七分流可行。

浚里，敲南风，水涨七分流可行。磁头，敲南风，水正洘可行。

后屿仔，敲南风，水正涨可行。潭口，敲南风，水涨半可行。

大嶝，敲南风，水涨七分流可行。乌沙头，敲南风，水正洘可行。

金门中港，敲南风，水正洘可行。前休，敲南风，水涨八分流可行。

烈屿城仔角，敲南风，水正洘可行。浯屿，敲南风，水正洘可行。

麦坑，敲南风，水涨八分流可行。镇海，敲南风，水涨八分流可行。

林进屿，敲南风，水涨八分流可行。井尾港口，敲南风，水涨八分流可行。

丁火澳，敲南风，水涨八分流可行。将军澳，敲南风，水涨八分流可行。

虎头山鸟嘴尾，敲南风，水涨八分流可行。虎头山，敲南风，水涨八分流可行。

绿鳌港内，敲南风，水涨八分流可行。杏仔，敲南风，水涨八分流可行。

铜山港内，敲南风，水涨八分流可行。虎空仔，敲南风，水涨八分流可行。

田仔垱，敲南风，水涨八分流可行。澳角，敲南风，水涨八分流可行。

宫仔前，敲南风，水涨八分流可行。石丁澳，敲南风，水涨八分流可行。

布袋澳，敲南风，水涨分流可行。悬钟港口，敲南风，水涨八分流可行。

樵篮港内，敲南风，水涨八分流可行。鸡母澳内，敲南风，水涨八分流可行。

南澳内，敲南风，水涨八分流可行。

[1] 原文无标题，此标题为辑注者所加。
[2] 敲，亦作"戢"、"劐"，闽南话读作 khau，此处意为刮风。
[3] 涝，原文作"考"，闽南话谐音，改为"涝"。下同。
[4] 平，原文作"坪"，闽南话谐音，改为"平"。下同。
[5] 原文此处无文字，疑为缺漏，下同。
[6] 垱，挡水的堤圩。原文作"完"，不通，改之。
[7] 身妇，为"新妇"谐音，即媳妇。闽南话称媳妇为"新妇"。身妇娘澳，在福建连江北茭。

下势山屿对坐

铜山、柑桔与澎湖大南屿为甲庚、寅申对坐。澎湖东桔、西桔与打狗山为乾巽对坐。

屿平与大屿为艮坤对坐。八罩与大屿为丑未对坐。

大屿与猫屿为乾巽对生。猫屿与花屿为子午对坐。

柑桔与胜胱为子午对坐。猫屿与西屿头癸丁对坐。

花屿与西屿头丑未对生。查〈母〉屿与猪母落水甲寅对坐。
花屿与屿坪并铁钉屿乾巽对坐。西屿头与墨屿癸丁对坐。
西屿头与缭罗乾巽对坐。

厦门往北山屿对坐针路[1]

大担门，与东椗对坐丙巳，至东椗二更。大担，与鸟嘴尾卯酉
对坐，至鸟嘴尾一更。

东椗，与鸟嘴尾子午贪壬丙对坐，至东椗一更。太武，与气东
头子午对坐，至气东头二更。

太武，与气西头丁壬对坐，至气西头十七更。鸟嘴尾与东赤屿
甲寅、卯酉对坐，至赤屿一更。

金门，与东椗丙巳对坐，至东椗二更。北椗，与鸟嘴尾寅甲
对坐。

[1] 本篇与下一同名篇互有矛盾，疑为抄录有误。特保留原貌，以资参考。

厦门往北山屿对坐针路

大担，与东椗丙巳、壬亥对坐，至东椗二更。大担，与鸟嘴尾
子午对坐，至鸟嘴尾一更。

东椗，与鸟嘴尾子午贪壬丙对坐，至东椗脚一更。太武，与气
东头子午对坐，至气东头二十更。

鸟嘴尾与赤屿甲庚、卯酉对坐，至气西头十七更。金门与东椗
丙巳对坐，至东椗二更。

北椗与鸟嘴尾庚甲对坐，至鸟嘴尾一更。北椗与福全所假磁艮
坤对坐，至福全一更。

北椗与鸟嘴乌龟寅申对坐，至乌龟五更。乌丘与北太武甲庚对
坐，至北太武五更。

乌丘与大岞寅申对坐，至大岞三更。乌丘与小岞甲庚贪卯酉对

坐，至小岞三更。

　　乌龟与湄洲矴〔圪〕卯酉对坐，至湄洲矴〔圪〕三更。乌龟与鹭鹚巳亥对坐，至鹭鹚二更。

　　乌龟与牛屿子午对坐，至牛屿三更。牛屿与海坛大山尖巳亥对坐，至海坛一更。

　　乌龟与东涌丁未、癸丑对坐，至东涌七更。东涌与黄屿甲卯、庚酉对坐，至东涌黄屿四更。

　　黄屿与大金巽乾对坐，至大金四更。东涌与北胶头卯酉对坐，至北胶三更。

　　东涌与大西洋乙卯、辛酉对坐，至大西洋四更。东涌与大金辛戌、乙辰对坐，至大金三更。

　　东涌与台山癸丁、子午对坐，至台山三更。东涌与牛屿丑未对坐，至牛屿三更。

　　台山与窑山丑未对坐，至窑山二更。东涌与相山壬丙对坐，至相山一更半。

　　台山与南势屿丁未、丑癸对坐，至〈南〉势屿二更。台山与南杞癸丁、子午对坐，至南杞三更。

　　南杞与凤尾癸丁对坐，至凤尾四更。凤尾与鱼山癸丁对坐，至鱼山四更。

　　凤尾与积谷甲庚对坐，至积谷一更。积谷与吊邦丙午、壬子对坐，至吊邦一更。

　　东箕与鱼山甲庚对坐，至鱼山二更。东箕与佛头山壬丙对坐，至佛头山一更。

　　佛头山与鱼山辰巽、乾戌对坐，至鱼山四更。鱼山与龙门乾巽对坐，至龙门三更。

　　鱼山与西箕甲庚、卯酉对坐，至西箕二更。鱼山与东箕甲卯对坐，至东西箕二更。

　　鱼山与九山癸丁对坐，至九山三更。九山与普陀癸丁对坐，至普陀三更。

　　普陀与北乌龟乙辰、辛戌对坐，至北乌龟一更。北乌龟与尽山子午对坐，至尽山三更。

　　〈北〉乌龟与海照寅申对坐，至海照四更。〈北〉乌龟与两广坤未、丑艮对坐，至两广二更半。

　　两广与大海照癸丁、丑未对坐，至大海照二更。两广与尽山西势澳巳亥对坐，至尽山一更半。

　　两广与大礁盘丙巳、壬亥对坐，至大礁盘一更。尽山与海照乙辛对坐，至海照三更。

　　尽山与两广边大盘礁丙巳、壬亥对坐，至大礁盘多半。尽山与鸡髻礁辰戌对坐，至鸡髻礁四更。

　　鸡髻礁与洋山丑未对坐，至洋山三更。洋山与小榽癸丁对坐，至小榽半更。

　　小榽与大榽癸丁对坐，至大榽半更。大榽与花鸟卯酉对坐，至花鸟二更。

　　茶山与尽山乾戌对坐，至尽山三更。马头嘴与老山寅申对坐，至老山七更。

　　马头嘴与千里岛甲庚对坐，至千里岛四更。马头嘴与关刀岛丑未对坐，至关刀岛一更半。

　　马头嘴与青山头子午对坐，至青山头四更。小关刀岛与青山头子午对坐，至青山头三更。

　　皇城与铁山丑未对坐，至铁山二更。皇城与虎屿子癸对坐，至虎屿三更。

　　皇城与东竹壬丙对坐，至东竹一更。皇城与子午岛丙午对坐，至子午岛三更半。

　　皇城与威海单巳对坐，至威海三更。皇城与庙岛丁未对坐，至庙岛三更半。

　　庙岛与登州府辰戌对坐，至登州府半更。

南往北敲[1]东各澳深浅目录[2]

琼州海口，流东水到白沙港，上可〈观〉府城塔与[3]船齐。犁头汕内亦可行船。

铺前山，山上有塔，澳内好抛船，打水三、四托，沙泥地。南有沙坛，有港名为铺前港，鼻头有礁母。开，又有礁，不可太近。

目连头，澳内好抛船，打水三、四托，沙泥地。恐畏流水急，不可太近。白[鼻]头[4]上势有急水门，倘若行外洋，南是抱虎、目连头、沙坛一列生至水门外。西是硇州、浅[钱]汕[5]，可防。东是见七洲山。

海北山，船在铺前，欲从硇州内行，可候水流东，用壬亥及壬子，见蕉汕[6]。蕉汕内打水四、五托。内是海北山，召离角入内是石碑。东是钱山头，出水好抛船，打水三、四托，沙泥地。船行正路，可从打水六托而行。内是锦囊港，水涨，打水三托。港口外有汕生，与中汕相对。其路甚狭，就深正路，用心探水，仔细而行，恐畏拜舵，其水打平可过。浅狭就正路，打水六托。看东有山，就是硇州观村尾，外是浅汕，出水打涌。西是猪母汕一列，可从打涌下而行。

烟台城仔下好泊船，打水三、四托，沙泥地。在此间开船，可从后宫前而行，可谓顺行矣。妈祖宫前至宫上势，可防抛礁。对中见蟾蜍汕，可从硇州边而行。

北村山澳，山上有烟台，澳内好抛船，打水三、四托，沙泥地。上鼻头老古石，生开可防。此处开船西见鹿尾沙，打涌甚，开可防。上内是东海山，其形圆。沙上有一港甚深，打水十六托深，名叫为广洲澳。

广洲澳，内好抛船，打水五、六托，沙泥地。此处开船出港，西是赤澳、白鸽蜜滘[7]。

限门港白沙墩，名为"白象"。远内有一山，名曰"虫嘴山"。而入此港，即将此二山观看为准。内有东西炮台，妈祖宫前好抛船，候水涨入赤墩。

五鬼山，山内是浯洲[8]东门，不可开。

半停山[9]，好寄椗，打水三、四托，沙泥地。内是赤水港。港口上有礁，敲船不可太近。内有汕，系是电白港，有汕，可近放鸡山行。

龙头澳，外有礁一列，其内外通可过。放鸡山，可泊船，打水三、四托，沙泥地。北是电白上，但有沙汕。港上有龙头山，山外有礁打涌，船从礁内过。外有黄枝屿，屿外有礁，可从从内敲过。

青屿仔，好抛船，打水四托。内是二洞港[10]。东是赤墩山，澳内好泊船，打水三、四托，沙泥地。此处开船可防鼻头，有礁，不可太近。双鱼鼻头不可太近。

铜钱澳[11]，北山上有炮台，中有一位屿仔，内好泊船，好逃[12]台。打水二托，沙泥地。此内有即郎港[13]，甚浅。下有沙汕，可防。

海宁澳[14]，澳内好抛船，打水三、四托。澳中有礁，敲船可防。

洋江大澳[15]，好泊船，打水三、四托。澳前有礁打涌，名为"王爷印"。行船可防。网屿[16]外是下村尾，南外是洋江矼［圪］，内是大澳鼻头，鼻头是斗门。

下村尾太平澳，好泊船，打水五、六托，烂泥地。北［此］澳是上村、下村隔界交处，内是阿公山，山边甚浅，烂泥地，敲船不可太近。

上村山番仔墓澳，好抛船，打水三、四托，泥地。墓澳南好抛船、逃台及南涌。此内是广海港，港外是东鼓角[17]，好抛船，打水四、五托，泥地。上村鼻头有礁打涌，可防。

大金山[18]，好抛船，打水十余托。此处风落甚大，时常走椗。

外是交鳞山。下外见观音屿礁，入大金门。但是内海内是铜鼓山。

黄旗[19]，内透三灶门澳，内好泊船，打水三、四托，泥地。澳内上有礁，礁尾有一港仔，好逃台风，水退则挂[20]。港口上有一门，往虾蛄屿。虾蛄屿外是深路，北内是江门。

虾蛄屿，内甚浅，烂泥地，恐防拜舵，候水涨坛可过。屿尾有沙汕一条，名叫"虾蛄汕"，可防。

琵琶屿，外是大井门，内是香山门。香山门中有竹找[扫][21]礁。入内是香山县，龙[能][22]透广州河下等处。

刣半[牛]房[23]，此处好泊船、逃台，打水三托，泥地。此澳上门北有石汕礁，可防。内身是外十二门，内是番子城。番子城有炮台，炮台下好抛船，打水三、四托。鼻头外上门妈祖宫前，好〈抛船〉，打水三托，沙泥地。中有大礁，名叫"槟榔礁"。二边尽可过。

十二门，可抛船，打水四、五托，泥地。山与番子城相对，其门中槟榔礁，可防。此处开船，上外是鲁万身尾，此内是九洲山，直至旗蠹澳。

大甘山[24]，山外弓鞋屿洲、墙珠池，好抛船，泥地，可防贼艇。此山尾好泊船，打水四托，泥地，有炮台。欲往外杯屿门经过，可从此山外而行。东是粪浮蹄澳，好抛船。山上有炮台，打水七、八托，泥地。此北是红香炉，上北如由成杯屿，可透目门而急水门外过，可从此山外金校椅而行。

红香炉，出可从大甘山，内是急水门。再内去是赤安庙。

新安港，东叠山口，内是碎屿仔员澳山，好抛船，打水三托，沙泥地。南是厚刀屿，北是叠山，东畔是急水门。

急水门，流水甚急，驶船可从门虿而行。东内亦一门可行，但东屿尾有礁六、七个，如行此门，可从大山边而行。若出门，南势有礁沉水，可防。东南是金校椅屿，北是红香炉，山尾是走马埔，内是九龙潭。

　　九龙潭内，好逃台，打水三、四托。其门有白屿三墩，名叫做[25]"鸟屎石礁"。外有山仔，一直遮盖。好天时，可从山仔外过。南是红香炉、走马埔。横山车缯尾有沉水礁，可防。不可太近红香炉。

　　妈祖宫前，好泊船，打水三、四托，沙泥地。此处开船，可从九龙停而行，不可太近。南有鸟鼠礁，可防。

　　小急水，号为鲤鱼门，鸡母屿鼻头打涌，不可太近。

　　目门妈祖宫前，好抛船，打水三、四托，沙泥地。可北候风出门。门外下有礁打涌，可防。水拖下宫对面停，是花围山，山尾是炮台。出北门外荔枝屿，内是鸡罩山山仔。其形尖占，名叫为之"牛角山"。

　　福建头，此处开船甚难，流水尽是拖落，可从龙船澳而入，由钊门而出。此是山内行。钊门此甚狭，可以仔细出入。有屿二个，其形是尖占。南下是福建头，山上是透心屿。出此门上内是炮台，名叫"一小灶"。再内北势甚阔，内是大埔海，有二个大礁出水。东势有山，是吴江衢山。

　　吴江衢山，内有一澳，名叫"旧南澳"，好泊船，打水三、四托，沙泥地。此山〈与〉大鹏山相连。鼻头有礁打涌，可防。西是贤山，有屿仔，其形尖员，就是西贡澳，小船好泊。上身外势是登娘山澳，内好抛船，打水六、七托。外是竹篙屿，亦可过。再外是月眉屿，亦可过。登娘停是猴屿门，门下有猴屎礁，可防。内是大鹏山。大鹏山内是大鹏所，大鹏所内可逃台，打水四、五托，沙泥地。

　　冬瓜屿仔，好抛船，打水三、四托。南开有礁，名叫"半洋礁"，有猴屿，直上可防。西下是有三管笔兆，是三角洲。再内是舜寮，好逃台，打水二、三托，沙泥地。再内是稔山港墩头等处。

　　三角洲，内好抛船，打水四托，沙泥地。南势开是半洋礁斗鼻头，有刺礁一列。船可从鸽婆屿[26]、冬瓜屿而出。出此门外，南

是柴山，内是台山小港，再内是大星尖山，大澳好抛船，打水三
托，沙泥地。下是草屿，内是栏杆礁，不可太近。内是有一门可
行。恐防炮台有沙汕尾，若从草屿过，下是星山仔，可防。

乌礁过有乌鸭，南是柴山、大星表头，外上白鸭。白鸭外过有
乌鸭沉水，内是马交池，不可太近。

盐洲山港口，有二个屿仔，名叫东西虎。船可从海外过，外是
东西二碇。东西二碇内上身有一列红礁，名叫"破灶吹"，驶船不
可近。鸡罩山叠着杠某屿，可防。

网仔屿，好泊船，打水三、四托，沙泥地。屿内有一列沉水
礁，可防。内边是小墓港，外是东桩。在此间开船，可防。

后门，好抛船，打水三、四托，沙泥地。有屿仔在南外，名叫
"陈三帽样屿"。屿外有大礁打涌，可防。

潮沙港，妈祖宫前好抛船，打水三、四托，泥地。内有一山，
尖圆又高，名为"鸡罩山"。鸡罩山后好逃台，南涌，烂泥地，水
退则罜，无妨。东上有礁母打涌，可防。宫前开船，可从鼻头而
出，外有一屿仔，其形平平，名叫"杠某屿"。船从屿内过，有一
沉水礁，船行不可太近，可以仔细。

沙尾港，好抛船，入可从蜈蚣山边而敲，不可贪东。东有阿公
汕，敲至半洋礁下身，可一帆而至。下势猫仔澳边而入，有蕉礁至
港边，汕尾港在此间开船，直出可防。身上阿公礁，探水而出。西
公边存港水礁一围，出退即出现，可防。

牛脚胳山上有炮台，好泊船，打水五、六托，沙泥地。

龟龙山，好抛船，打水三、四托，沙泥地。内下势是鸟屎石，
好抛船，打水三托，沙泥地。有小路，小船好过。内山鼻头外名叫
"扫手尾"。龟龙鼻头有沉水礁，行船不可太近。上外是菜屿。菜屿
有菜根礁，大水打涌。船从礁内过。再内有碎礁甚多，驶船可以
仔细。

竹仔澳，好泊船，打水三托，沙泥地。此处礁甚多，非帽熟切

不可入。

樵郎澳，山有炮台，船可倚[27]大山边收入。宫前好风可防。抛船打水三托，沙泥地。船尾有大礁打涌。在此开船出表头，上有屿一列，名为"金屿"，金屿内好驶船。

金屿，小澳边好寄椗，打水五、六托，沙泥地。内可过得船。内是广针鼻，有礁打涌。西内是白沙湖，可从广针鼻身上而入。北是大德山，南面是炮台，对开有礁，出入可防。

石狮头，好抛船，打水三托，沙泥地。上身外路是浅礁，可防。行船不可太近眼金湖，甚浅。

大德山尾是大德港，上是乌墩，港东是小澳，好泊船，打水四托，沙泥地。内是乌墩港，出鼻头东山势是十二楎脚，即鸟屎石。外是观音山、田尾山，有城仔，下好泊船，打水三托，沙泥地。内是碣石港。在此开船，鼻头外有东西吉，名叫"内屿礁"。船从礁外过。

三洲澳，此处礁甚多，小船方寄椗。

乌东港，山有烟台。棺材礁下好抛船，打水三托，沙泥地。上有碎礁，打涌。

海甲山头，南是羊枯屿，屿内小船好过。山鼻下有礁打涌。山鼻尾上河澳开，有双虎礁，驶船可防。

甲子柑澳，山有城，内好抛船，打水三托，沙泥地。下是斜礁。南甲子澳口，有槟榔礁出水，表头有刺礁一块。白礁至开内，中有一门可过，名叫米墩礁。沉水时，常常坏人船只。如好过此门，可从虎尾屿而行。不然，草屿边而过一僻门，甚狭。从草屿下外过一名礁尾双仁礁，上鹿耳门石，而船在柑澳外门至墓前，切记。粪苞头粗茅生门，夜间可防。

香员澳，好抛船，打水三托，沙泥地。其澳有香员礁三墩，可防。内是神泉港[28]，甚浅。东港山上有城仔，下有庙，庙下好抛船，打水三托，沙泥地。此处开船可防。上势有鸟屎石。

赤澳，山上有城仔，好抛船。澳外鹅龙礁，上收入正澳，打水三托，沙泥地。内有沉水礁甚多，在此开船可防。鼻外上身有礁，打涌。澳内是石碑澳，礁甚浅，不可太近。上势有珠礁，出水大大，好寄椗，打水三托，沙泥地。船尾唑〔坐〕大礁，甚摇拐，可以仔细心，谨防。内是靖海港。斗鼻头水涨甚急，过此鼻头上是排角，好泊南风。内是大山青龙山。

钱澳，有观音山礁，船灶崔而入澳。内好抛船，打水三托，沙泥地。不然，可以从下畔莲花而入，亦可行。内是海门港。

广澳，好抛船，打水三、四托。内是达濠港埔，即河渡门过。表头内好逃台，烂泥地。水退则蜜莱屿澳，山上有城仔，好抛船，打水三、四托，沙泥地。恐防拜舵，茅屿内开身，有莱坊礁一片，烈瓮仔礁、三角礁，在此开船可防。鼻头沙汕内是海澄港。

凤屿，有网竹，内势上身是牛澳、心屿，内下有海尫礁打涌，可防。内是东陇港，港外有半洋礁出水，潮退拜舵。娘宫澳内开，有沙汕生在桥墩下，可探水而出。下是五屿山，在内浮浔，好逃台。黄庞港，亦好逃台。桥墩下有鸟屎石，南是硼屿。屿外是后宅，出盐。

白牛，好抛船，打水三托，烂泥地。此处风落甚大，时常走椗。内是羊屿，好逃台。内是鸡牟山、走马埔。南澳山有城仔，此处抛船，只怕西风台，打水三托。东是腊屿，西是白沙交鸟严头，驶船可候，而水退时方可敲船。

鸡母澳，好抛船，打水三、四托，沙泥地。下是青屿，鼻头上是虎仔屿。

---

［1］敲，亦作"鷇"、"勪"，闽南话读作 khau，意为刮风，如敲风。引申为顺风行船之意，如敲船、敲帆等。

［2］此篇为海南海口至广东汕头南澳岛各澳抛船与行船的水辨、礁辨。其中，自第一段"琼州海口"至第二十五段"大甘山"的内容表述，与李廷钰《海疆要略必究》中《抛船行船各埝礁辨水辨》（以下简称《抛船》篇）

的第一条"琼州海口"至第三十条"大鱼山"的内容表述几乎相同，故可与《抛船》篇对照阅读。

[3] 与，原文为"屿"，不通，据《抛船》篇改正。

[4] 鼻头，原文为"白头"，不通，据《抛船》篇改正。

[5] 钱汕，原文为"浅汕"，据《抛船》篇改正。

[6] 蕉汕，《抛船》篇作"东礁汕"。

[7] 滘，广东方言，指分支的河道。白鸽蜜滘，《抛船》篇作"白鸽寨澳"。

[8] 浯洲，《抛船》篇作"吴川"。

[9] 半停山，《抛船》篇作"半畔山"。

[10] 二洞港，《抛船》篇作"如动港"。

[11] 铜钱澳，《抛船》篇作"钱屿"。

[12] 逃，躲避的意思。

[13] 即郎港，《抛船》篇作"织浓港"。

[14] 海宁澳，《抛船》篇作"海龙澳"，即海陵湾。闽南话"宁"与"龙"读音同。

[15] 洋江大澳，《抛船》篇作"阳江大澳"。

[16] 网屿，《抛船》篇作"蚊屿"。闽南话"网"与"蚊"读间相近。

[17] 东鼓角，《抛船》篇作"铜鼓角"。闽南话"东"与"铜"读音相近。

[18] 大金山，《抛船》篇作"大钦山"。

[19] 黄旗，《抛船》篇作"黄岑山"。

[20] 挂，钩住、拴住，此处意为搁浅。

[21] 扫，原文作"找"，闽南话谐音，据《抛船》篇改正。

[22] 能，原文作"龙"，闽南话谐音，据《抛船》篇改正。

[23] 刣牛房，原文为"刣半房"，笔误，据《抛船》篇改正。

[24] 大甘山，《抛船》篇作"大鱼山"。

[25] 做，原文作"佐"，闽南话谐音，改为"做"。

[26] 婆，原文作"姿"，改之。鸽婆屿，在广东惠州大亚湾内。

[27] 倚，靠，靠近。

[28] 神泉港，原文作"泉神港"，当为笔误，改之。

各处深浅水辨

厦门港内，打水十六托。南太武，坐，打水三十托。

青屿门内，打水十九托。东椗，坐，打水十三托。

东椗内，打水十二托。塔仔脚，打水四、五托。

寮罗，打水四、五托。北椗，开，打水三十三托。

乌丘山，打水二十六托，用坤未及申，七更取厦门。湄洲山，打水十五托，外打水二十五托。

牛屿山，打水二十四托，洋中有礁，用丁未取乌丘。东沙山，打水八、九托。

五虎门，打水四、五托，过浅。定海门，打水四、五托。

官塘山内，打水十二、三托。呼应山，开，打水八、九托。

北胶头门，打水十三托。芙蓉山外，打水八、九托。

台山，打水二十四托，内不俱可过船，内是北关等处，用丁午取东涌。金郎山，打水八、九托，洋中有礁。

南杞山，打水二十二托，外过。东洛山，打水七、八托，外过，用丁未取南杞。

黄裙山，打水十七托，用单丁取东涌洛。披山，打水十二托，用坤取大鹿山。

石塘，打水十二托，用丁未取披山、黄裙山。吊邦门，打水十三托。

积谷，打水十二托，是大陈山用丁未取吊邦、石塘。大陈山，打水十二托。

凤尾山，打水十二托。东西箕，打水十二托。

佛头山，打水十三托，用丁未见陈山。探头屿内，打水八、九托。

九山，南边屿打水十七托，西边有礁打涌，行船只用丙午取探头山。乱礁洋，打水十二托。

孝顺洋，打水十二托。双屿港，水深流甚急，用单午取孝
顺洋。

升罗屿，用丁未取双屿港口。波头司港，打水十托。

庙州门，水深流急，夜间无风不可过，转过歧头。第山，用乙
辰取双庙洲门。

碗山，打水廿五托，澳内好泊船，打水十二托。西俊山，流水
急，打水九托。

趁山，打水八、九托。霍山，打水八、九托。

五屿，打水八、九托。三姑山，打水廿四托，八、九托，六、
七托。

羊山，打水八、九托，十四托。大小膝，打水八、九托。

茶山，打水五、六托。南湖港，打水三托，浅水。

宝山，打水六、七托。吴湘港，打水十二、三托。

太仓刘家澳[1]，打水六、七托。圭鬐礁，打水八、九托。

花鸟，打水十二托。尽山，打水廿二、三托。

北乌丘，打水十八、九托；门中打水廿五托。海照，打水廿
七、八托。

两广，打水廿一托。青山头，倚，打水四十余托，一更卅，打
水廿四、五托。

乌驴岛，打水四十五托。鸡鸣岛门中，打水十七托。

刘公岛，半更开，打水十七托。子午岛，半更开，打水十
七托。

宁海洲澳，打水十二托。北家口，打水十九托。

长岛，打水四、五托。登州府坪，打水十四托。

庙岛澳，打水四、五托。桃枝门，打水三十托。

皇城门，打水十六托。铁山门，打水四十二托。

蛇屿外，打水三十八托，内泷大山有三分开，沉礁一块。虎仔

屿，打水四十托。

平兔岛，打水十四托。兔儿岛，打水十一托。

盖洲口，打水八、九托。牛庄澳，打水四、五托。

头炮台，打水八、九托。三炮台，打水八、九托。

锦州港，打水十二三托。登河洋，打水八、九托。

海神庙，打水三、四托。三海关，打水三、四托。

草埔填，打水十五六托。天津龟浅，上大水时，浅口有一丈二尺。初一、十五水汲。

[1] 刘，原文作"对"，似为笔误。改之。刘家澳，在今江苏太仓市东浏家港镇。

上海往南埃边各澳深浅目录

上海港内，打水四、五托，乌沙泥地。港口，打水五、六托，沙泥。

淏商港口，打水十二托，泥地。洋山澳内，打水四、五托，沙仔地。

猴山澳内，打水四托，泥地。鱼山澳内，打水八、九托，泥地。

乍浦澳，二托半；水满，打水五托，铁坂泥地。登厝澳，打水□□[1]。

岑港澳内，打水十一托，烂泥地。外澳，打水十七、八托，烂泥地。

大普陀澳内，打水七、八托，乌沙泥地。小门，打水四、五托，乌沙泥地。

沈家门，打水三托，泥地。定海关内，打水四、五托，沙泥地。

宁波澳内，打水五、六托，泥地。双港口，打水六、七托，泥地。

旗头正澳，打水七、八托。可澳，船外打水五、四十托，乌泥地。

舟山大澳内，打水五托，烂泥地。中窑门北面屿仔边，打水八、九托，泥地。

莲蕉洋澳内，打水二十托半。节析所澳内，打水三托，泥地。

覆鼎澳内，打水二托，烂泥地。半坪山澳内，打水三托，泥地。

四面流澳内，打水四托，乌泥地。泥龙澳内，打水三托，烂泥地。

北汲水小澳门北面，打水四、五托，烂泥地。中汲水门澳，在北边，打水五、六托，泥地。

外汲水澳内，打水三、四托，泥地。石浦所澳，打水七、八托，壳仔泥地。

大佛头澳，别字龙门港，打水四、五托，泥地；港口，打水二、三托，泥地。西汲澳，在北边，打水十三、四托，泥地。

港内南风澳，打水六、七托，泥地。龙潭澳，在小佛头下，打水四托，烂泥地。

杨柳坊澳内，打水二托平，烂泥地。牛头门内，打水四、五托，烂泥地。

小鱼山澳，在山中赤沙圆下，打水三、四托，沙泥地。白带圆〔门〕内，打水二托半，烂泥地。

川蕉澳内，打水三托，泥地。黄岩澳内，打水三、四托，泥地。

台州港内澳，港外一片甚浅，打水二、三托，泥地。屿仔北过，打水三、四托。

　　网仔埪内，打水二、三托，烂泥地。金钟港新门港口，打水六、七托，泥地。

　　港内，打水二、三托，半泥地。鲎壳澳内，打水三、四托，泥地。

　　双门所澳，在港内大澳，打水三、四托，烂泥地。吊邦门澳，在吊邦门，打水三、四托，沙泥地。

　　石唐澳内，打水四托，泥地。小鹿澳，在山边，打水四、五托，沙泥地。

　　竹筊屿澳，在北边大山下，打水三、四托，烂〈泥〉地。南风澳，打水四、五托，沙泥地。

　　珠琅澳内，打水三、四托，烂泥地。乌洋港山边是澳，打水四、五托，烂泥地。

　　开势，打水十七八托，烂泥地。玉盘澳内，打水三托半，烂泥地。

　　三盘澳内，打水八、九托，烂泥地。温州港，打水三托。

　　凤凰内，打水四、五托，泥地。平阳港内，打水三托、四托，烂泥地。

　　琵琶港，在门内，水考〔浇〕二托半，烂泥地。盐田澳内，打水三四托，赤沙泥地。

　　金乡内，好，打水四、五托，泥地。草屿内，好，打水三托，泥地。

　　北关正澳，打水四、五托，沙泥地。镇厦门内，打水四、五托，乌泥地。

　　南关澳内，打水七、八托，泥地。沙埕港澳，在港内，打水五、六托，烂泥地。

　　南镇澳，打水五、六托，泥地。小王崎，打水□□。

　　棕蓑澳内，打水二、三托，泥地。大窑山澳，打水四托，烂泥地。

乌〔龟〕镇外风火门内，打水四托，壳仔泥地。乌〔龟〕镇内风火门内，打水四、五托，壳仔泥地。

靖屿内，打水□□。八都港外澳，打水四托，泥地。

七都港澳，在虎仔屿内，打水三、四托，沙泥地。龟镇仔内，打水□□。

三沙澳西内，打水□□。三沙五澳内，打水三托，泥地。

福宁港内大山边，打水三托，沙泥地。福建头，打水□□。

福宁港口，打水二托，沙泥地。大金鸭池，打水三托，壳仔泥地。

大金外澳，打水二、三托，壳仔泥地。老湖后南风坡，打水三、四托，沙泥地。

老湖澳内，打水三、四托，泥地。东涌后南风坡，打水□□。

东涌山，打水□□。驴山后南风坡，是状元澳，打水□□。

吕山头，打水□□。大西洋后南风坡，打水□□。

大西洋内，打水四、五托，沙泥地。小西洋内，打水三托，沙泥地。

螺凹南风坡，打水□□。宁德港，澳在鼻头内马弦澳，打水十三托，泥地。

网仔澳，在过边的可澳，打水四、五托，烂泥地。开势，打水三十余托。

水澳，打水□□。田英澳，打水□□。

身妇娘澳，打水□□。　监公，打水□□。

罗还港内西南枰下宫，打水□□。罗还港内北桦林澳，打水□□。

西鹤，打水□□。东鹤，打水□□。

北家头内，打水三、四托，乌沙泥地。洋屿西北，打水八、九托。

洋屿东头，打水十七、八托，泥地。陈姑屿南风坡倚山脚，打水十八托，烂泥地。

王倚[崎]后体棋埯南风坂，打水□□。王崎澳内，打水三、四托，沙地。

赤崎澳内，打水□□。小埕后南风坂，打水□□。

定海澳内，打水四、五托，亦泥地。小埕澳内，打水□□。

布袋澳内，□□□□。目屿仔内南风坂，打水□□。

上观塘内，打水五、六托，泥地。下观塘后南风坂内，打水□□。

妈祖澳内，打水三、四托，烂泥地。白犬澳内，打水四、五托，沙泥地。

福州港口五虎，打水三、四托，赤沙泥地。澳口有门澜石礁，打水二托。福州港内万坂，打水□□。

福州港内藤头，打水□□。福州港内管头，打水□□。

福州港内金牌门，打水□□。福州港内郁斗，打水五托，乌沙泥地。

福州港口豹招，打水□□。自澳后南风坂内，打水□□。

自澳当北风，打水□□。牛角山完[垸]南风坂，打水□□。

上下澳内，打水□□。上下路竹港内，打水□□。

小线[练][2]后南风坂内，打水□□。许屿内，打水四、五托，沙泥地。

大练澳内，打水□□。烂泥澳内，打水四托。

苏澳内，打水□□。石牌洋内，打水三托，乌沙泥地。

莲花屿，打水□□。竹屿内，打水□□。

海山港内，打水□□。望屿南风坂内，打水□□。

猴探水内南风坂，打水□□。宫仔前内，打水五、六托，赤沙泥地。

火烧港内，打水□□。下桥内，打水□□。

龙尾内，打水□□。大讳内，打水□□。

东县内，打水□□。大坵内，打水□□。

吉柱内，打水三托，乌泥地。饷尾内，打水□□。

双头弄内，打水□□。墓仔口内，打水三托，赤沙泥地。

小万垵内，打水三托，烂泥地。草屿内，打水□□。

糖屿澳内，打水□□。五宫厝内，打水□□。

门扇后内，打水四托，泥地。门扇后垵内，打水□□。

高山布内，打水□□。小头沙内，打水□□。

南盘澳内，打水□□。野马门南风垵，打水□□。

野马山南鼻头北风垵，打水□□。　　小南日内，打水四、五托，烂泥地。

南日狮察内，打水□□。大南日内，打水四托，赤沙泥地。

光［观］音澳[3]内，打水□□。壁头屿仔南桦，打水□□。

壁头浮其城内，打水□□。三江口内，打水□□。

兴化港内，打水三托，烂泥地。兴化港口，打水□□。

象城竹高屿内，打水□□。象城澳内，打水□□。

平海澳内，打水四托，赤沙泥地。魏港下里内，打水□□。

魏港内，打水□□。湄洲妈祖澳前，打水二托，赤沙地。

各［黄］瓜屿[4]内，打水□□。狮山内，打水□□。

湄洲新宫前内，打水二、三托，沙泥地。湄洲贼仔澳内，打水四、五托，沙泥地。

吉鸟澳内，打水□□。吉鸟后垵内，打水□□。

双头弄内，打水□□。小岞南风垵内，打水□□。

牛垵澳内，打水□□。后沙氻澳内，打水□□。

崇武澳内，打水四、五托，沙泥地。崇武西澳内，打水□□。

獭堀［窟］后垵内，打水□□。獭堀［窟］澳内，打水三、四托，沙泥地。

大坠北桦[5]内，打水□□。大坠澳内，打水四托，沙泥地。

白鹅港内，打水□□。泉州港内，打水□□。

泉州港口，打水□□。蚶江澳内，打水□□。

日湖澳内，打水二托，泥地。日湖后垵，打水□□。

祥芝澳内，打水二、三托，沙泥地。吴宝澳内，打水□□。

高厝澳内，打水□□。佛堂澳内，打水□□。

姑嫂塔下菜屿礁澳内，打水三托，沙泥地。永凝澳内，打水二托，沙泥地。

深沪澳内，打水在屿边，三托，赤沙泥地。后里澳内，打水二、三托，沙泥地。

磁头澳内，打水三、四托，沙泥地。园［围］头澳内，打水大水时三托，平沙泥地。

垵海港内，打水□□。垵海水头内，打水□□。

东石澳内，打水□□。石井澳内，打水□□。

内河澳内，打水□□。小嶝澳内，打水□□。

洋头澳内，打水□□。大嶝澳内，打水□□。

蔡厝港内，打水□□。澳头澳内，打水在大礁南坪倚礁边，二托半。

青崎澳内，打水三、四托，沙泥地。墓仔口澳内，打水三、四托，泥地。

金门后屿仔南风垵内，打水□□。观澳内，打水□□。

角屿澳内，打水□□。金山港潭口内，打水□□。

鸡过澳内，打水□□。加尔头后南风垵内，打水□□。

乌沙头内，打水四、五托，壳仔沙泥地。湖下澳内，打水四、五托，沙泥地。

金门中港，打水□□。前体澳内，打水□□。

塔仔脚澳内，打水□□。西湖下澳内，打水□□。

城仔角澳内，打水□□。搏浅脚烟同尾澳内，打水□□。

虎仔脚内，打水□□。大担后南风垵内，打水□□。

浯屿后内，打水□□。麦稳［穗］[6]澳内，打水六、七托，沙泥地。

镇海澳内，打水四、五托，红沙泥地。林进屿内，打水□□。

井尾港内，打水二、三托，沙泥地。丁火澳内，打水□□。

将军澳内，打水三、四托，沙泥地。虎头山乌嘴尾南风坡内，打水□□。

虎头山澳内，打水□□。绿鳌港口沙线〔汕〕南桦内，打水□□。

绿鳌港内，打水□□。洲门后南风坡内，打水□□。

菜屿澳内，打水□□□。洲门澳内，打水四、五托，沙泥地。

莃仔南风坡内，打水□□。高螺头内坡仔，打水□□。

九车孙内，打水□□。温烧港内，打水□□。

石蛇尾内，打水□□。鳌屿内，打水□□。

礁尾港内，打水□□。许港内，打水□□。

铜山大澳内，打水□□。铜山南门内，打水□□。

虎空仔澳内，打水□□。苏占后南风坡内，打水□□。

田仔墘澳内，打水□□。澳角南风坡内，打水□□。

鲎壳澳内，打水三托，赤沙泥地。宫仔前澳内，打水四托，沙泥地。

九下澳内，打水三托，沙泥地。石丁澳内，打水□□。

布袋澳内，打水□□。　沙洲澳内，打水□□。

诏安港内，打水□□。悬钟港内，打水三、四托，沙泥地。

悬钟港内，打水□□□。

鸡母澳内，打水四、五托，沙泥地。

者篮港内，打水□□。黄庞港内，打水□□。

南澳内，打水□□。洋屿，好逃台，内打水□□。

后宅盐白牛内，打水三托，烂泥地。娘宫澳内，打水□□。

东龙港内，打水□□。牛澳内，好，打水□□。

瓮埔山，打水□□。凤屿山，打水□□。

山头仔港内，打水□□。黄枝石港内，打水□□。

澄海港，打水□□。菜屿澳内，打水三、四托，沙泥地。

表头澳内，打水□□。海门港广澳内，打水三、四托。

莲花山，打水□□。青龙山钱澳观音礁澳内，打水三托，沙泥地。

靖海港排角，打水□□。石碑澳，上势有珠礁出水，好寄椗，打水三托，沙泥地。

赤澳正澳，打水三托，沙泥地。赤澳，好泊船。山顶有城仔，澳内打水□□。

神泉[7]东港，山上有城仔，城仔下有庙。打水三托，沙泥地。香员澳内，打水三托，沙泥地。

柑澳，打水□□。鹿耳门，打水□□。

甲子耳澳，山有城，打水三托，沙泥地。海甲山头，打水□□。

乌东港山，打水三托，沙泥地。三洲澳，打水□□。

碣石港，打水□□。　田尾山，打水三托，沙泥地。

观音山，打水□□。乌墩东势小澳，打水四托，沙泥地。

大德山港，打水□□。眼金湖，打水□□。

石狮头，打水□□。白沙湖，打水□□。

表头金屿小澳边，打水、六托，沙泥地。榆郎澳宫前，打水三托，沙泥地。

竹仔澳内，打水三托，沙地。鸟屎石，打水三托，沙泥地。

龟龙山，打水三、四托，沙地。牛脚胫山，打水五、六托，沙泥地。

汕尾港，打水□□。猫仔港澳，打水□□。

沙尾港，打水□□。鸡罩山山后，好逃台，内打水□□。

潮沙港妈祖宫前，打水三、四托，沙泥地。小墓港后门，打水三、四托，沙泥地。

网仔屿，打水三、四托，沙泥地。盐洲山，打水□□。

大星表头，打水□□。　大星尖山大澳内，打水三托，沙泥地。

柴山内是台山小港，打水□□。三角洲内，打水四托，沙泥地。

三角洲舜寮，好逃台，内打水二、三托，沙泥地。冬瓜屿仔，打水三、四托。

大鹏所内，打水四、五托，沙泥地，好逃台。登娘山澳内，打水六、七托。员澳小船好泊，内打水□□。

吴江，山内有一澳，名叫"旧南澳"。打水三、四托，沙泥地。龙船澳，打水□□。

福建头，打水□□。牛角山，打水□□。

鸡罩山，打水□□。荔枝屿，打水□□。

花围山，打水□□。目门妈祖宫前，打水三、四托，沙泥地。

鸡母屿，打水□□。小急水，打水□□。

九龙停，打水□□。红香炉妈祖宫前，打水三、四托，沙泥地。

九龙潭内，好逃风，打水三、四托。员澳山，打水三托，沙泥地。

新安港，打水□□。大甘山，内是急水门，打水□□。

金校椅，打水□□。成杯屿，打水□□。

粪浮蹄澳，打水七、八托，泥地。大甘山，山外弓鞋屿洲、墙珠地［池］，好泊船，打水□□。

汕尾，好泊船，打水四托，泥地。九洲山旗毒澳，打水□□。

鲁万，打水□□。十二门，打水四、五托，泥地。

番仔城，打水三、四托。妈祖宫前，打水三托，沙泥地。

刣牛房内，打水三托，泥地。香山县，打水□□。

琵琶屿外是大井门，打水□□。　内海铜古山，黄旗内透三灶门，澳内打水三、四托，泥地。

澳内有礁，礁尾有一港仔，好逃台，打水□□。大金山，打水十余托。

外是交鳞山下，外见观音屿礁，打水□□。广海港，港外是东鼓角，打水四、五托，泥地。

番仔墓澳，打水三、四托，泥地。番仔墓南好逃台，打水□□。

阿公山，打水□□。下村尾太平澳，打水五、六托，烂泥地。

下村尾南外是洋江矼［圪］，内是大澳鼻头，是斗门。洋江大澳，打水三、四托。

海宁澳内，打水三、四托。铜钱澳，中有一位屿仔，内好逃台。打水二托，沙泥地。

赤墩山澳内，打水三、四托，沙泥地。青屿仔，打水四托。

黄枝屿，打水□□。放鸡山，打水三、四托，沙泥地。

龙头澳，打水□□。电白港，打水□□。

半停山，好寄椗，打水三、四托，沙泥地。内是赤水港，打水□□。

五鬼山，内是浯洲，打水□□。限门港内有东西炮台。妈祖宫前，打水□□。

广州澳内，打水六托，沙泥地。西是赤澳，打水□□。

东海山，有一港甚深，打水十六托。村山澳内，打水三、四托，沙泥地。

烟台城仔下，打水三、四托，沙泥地。锦囊港，水涨打水三托。

钱山头，出水好泊船，打水三、四托，沙泥地。海北山，打水□□。

蕉山内，打水四、五托。七洲山，打水□□。

碙洲内，打水□□。急水门，打水□□。

目连头澳内，打水三、四托，沙泥地。铺前山上有塔，澳内打水三、四托，沙泥地。

琼洲海口，打水□□。

[1] 原文此处无文字，致使句子不完整，应是缺漏。本文中有多处此种现象，疑为作者未完稿。
[2] 练，原文作"线"，改之。小练，在福建平潭岛西北。
[3] 观，原文作"光"，闽南话谐音，即观音澳。
[4] 黄，原文作"各"，当为笔误。福建莆田湄洲湾内有黄瓜屿，或即此。
[5] 桦，古同"盘"。
[6] 穗，原文作"稳"，改之。麦穗澳，即麦坑澳，在今福建省龙海市隆教乡一带。
[7] 神泉，原文作"泉神"，改之。神泉，即广东省惠来县的神泉镇。

澎湖各处深浅水辨

澎湖东北坪，打水十六托。澎湖西北开，打水廿二托。

花屿脚，打水十八托。大屿南坪，打水三十托。

金瓜仔内，打水□□。洋条仔澳内，打水□□。洋条仔西畔有沙线［汕］生，对西南。

虎井澳内，打水□□。西屿头内，打水□□。西屿头后若是无风，倚山边可泊。

内澳内，打水□□。西屿头后若是敲南风，水涨半可行。妈宫内，打水□□。

时尔澳内，打水□□。猪母落水澳内，打水□□。

东西吉，西北开有半洋礁一大片。澎湖水考［㴜］，半是东北流。

台湾四草内，打水三托半。台湾子午流。

敬　神

大担妈祖　三盘六使爷　石岛妈祖　顺风相送神福。

金门城利王爷　白带门妈祖　青山头王爷

磁头妈祖　精枝所妈祖　威海妈祖

圳里王爷　旗头佛祖土地　菜碗　庙[1]岛妈祖

湄洲妈祖　洋山老爷　到浅海神爷

平海妈祖　上海洋老大　菜碗。东佑妈祖　或往盖州。

宫仔前妈祖　吾商妈祖

许屿内妈祖　诸位神福

慈澳妈祖　大洋开针好事　神福菜碗或往胶洲。

北家头九使爷　青岛妈祖　或往天津。

北关妈祖　码头水土地

[1] 庙，原文作"妙"，谐音字，改之。

跋

［清］姚　衡[1]

怡悦亭[2]尚书于道光二十二年十二月初□日，奉命至台湾密访总兵达洪阿、道〈员〉姚莹[3]戮夷冒功一案，于次年正月十九日放洋金门镇，弁兵护至崇武海口而还。水师军门窦振彪派千总蓝雄威带缭手与舵兵二名护行，携书二册，言沿山海诸山之状及沙线［汕］、风暴，南起琼州，北尽金州，无不备载。归，乞窦将军录其副本，因乞武陵周敬五兄照录，而自绘图焉。校正既竟，为识其后。

癸卯六月二十四日，吴兴姚衡雪逸。

[1] 姚衡，号雪逸，归安（今浙江吴兴）人。藏书家。

[2] 怡悦亭，即怡良（1791—1867），姓瓜尔佳氏，字悦亭，满洲正红旗人。由刑部笔帖式提升员外郎，道光八年（1828年）任广东高州知府，历盐运使、按察使、布政使等职。道光十八年（1838年）任广东巡抚，曾与两广总督邓廷桢严禁鸦片走私。二十一年（1841年），接琦善署两广总督。南京条约签订后，筹办福州、厦门二口通商，兼署福州将军。道光二十三年（1843年），被派渡台查办台湾道姚莹和台湾总兵达洪阿抗击英军案，屈从于耆英等投降派的压力，将姚、达押解赴京。终为时论所讥。

[3] 达洪阿（？—1854），姓富察氏，字厚庵，满洲镶黄旗人。历任游击、同安营参将、绍兴协副将、漳州镇总兵等职。清道光十五年（1835年），调任台湾镇总兵。姚莹（1785—1853），字石甫，号明叔，晚号展和，安徽桐城人。嘉庆十二年（1807年）中举，次年为进士。历任福建平和、龙溪、台湾县知县和噶玛兰厅通判。道光十八年（1838年），出任台湾兵备道。鸦片战争爆发，达洪阿与姚莹协力保卫国土。南京条约签订后，英国侵略军璞鼎查借机讹诈，捏称战争期间侵台英军俘虏系遭风"难民"，要求清政府赔偿并惩办姚莹、达洪阿。清政府屈从璞鼎查压力，将达洪阿革职下刑部狱，后加恩免罪。姚莹以知州分发四川。

外海纪要

[清]李增阶　撰

序

[清]蔡　勋[1]

古之名将，天分特优，其意想所及，往往出奇用间，决胜千里外，世称淮阴，而后惟岳武穆一人，用兵不仿古法。尝以野战制敌，其余则恪守纪律。盖阵图营伍之式、坐仰击刺之方、虚实客主之形，非平昔讲求，则将士不用命，孙武子之书所以流传至今也。我朝揆文奋武，每岁有军政之设，特派阅兵大臣，在内则有满汉绿营，在外则分水陆二路，而水师惟江、浙、闽、粤四省。海面辽阔，风云变幻，潮汐起伏，尤难臆揣，古未有按海志里者。

将军自少随其从叔忠毅伯[2]建功海上，三十余年拔队歼渠，立功报国，身经大小百余战，未尝少挫，故能邀九重特达之知。予接谈之顷，犹幸聆其英姿迈往，使人肃然生敬。因出是书见示，知其留心经世，随时随事纪载于篇。凡目所未睹，又参访员弁，以求其确。大略专主水战，而言至四省洋面，以至外洋自某处起至某处止，分晰标题，程途远近，尤能综览大要。予纵惠将军付之剞劂，以诏来者。将军不自信谓："闽俗土音，他省不解。"余谓："旁注音义释文，可使阅者了然，则是书大有造于世。"因序数语，俾附以传焉，是为序。

诰授奉直大夫、刑部贵州司主事兼督捕司事军机处行走、内廷方略馆协修、愚弟蔡勋顿首拜序。

[1] 蔡勋，字槐卿，广东东莞人，清嘉庆二十四年（1819 年）举人。清道光二年（1822 年）由刑部主事入直，官至吉安府知府。

[2] 忠毅伯，即李长庚，李增阶之叔父。李长庚，字超人，号西岩，清乾隆三十六年（1771 年）武进士，授蓝翎侍卫。历福建海坛镇总兵、铜山参将、澎湖协副将、定海镇总兵、浙江水师提督，官至闽浙水师提督。嘉庆十二年（1807 年）征剿蔡牵海上武装，于黑水洋中不幸中炮身亡。赐祭葬，谥"忠毅"，追封伯爵，

跋

［清］李景沆[1]

公是书以训水师将士，顾寄示余。余读而思之，不言舟式者，有定制也；不言器用者，有成法也；不言操练与巡缉者，有军令也；不言权谋术数者，古人已言之。至神明变化存乎一心，言之亦不可尽也。然则，何以言火攻一策，是则公行之而人知之者也。

公少侍从父忠毅公。忠毅公总师闽浙，选兵八百人，厚其廪给，以公帅之，战则为前锋。忠毅公追盗首蔡牵于黑水洋，中炮而殁。公方奉命登陆制军用，闻难，赴已不及。八百人见公至，伏恸不能仰。公大呼："复仇报国！"皆收泪跃起，眦裂发指，矢以死。或曰："不得盗首，目不瞑！顾盗首所驾似外夷舟，高大且固，远攻不相中，近与战败则扬去，将若何？"公曰："是无虑。"煅铁为二签，长丈有咫，缚于鹢首[2]。迎盗首舟而上，风力猛，签入盗舟，合为一，不可解。兵相接，适飞炮洞两舟，火药震，烟焰蔽天。盗舟焚而公舟亦焚，志与盗俱烬也。蔡牵毙于海，公亦沉且重

伤。后舟救之起。兵获救者二十九人。战酣时，恍惚见忠毅公额流血，以红帕束首，手执红旗，立于舟尾，是非忠孝之所感乎？

　　余官琼山，公方奉命镇雷琼。公持己廉，抚士卒有恩，违令者不少贷，以故兵民咸服。与余议事意合，数相过从，闻公谈海洋事。公操闽音，余初不解，再三问公，不以为嫌。喜与余谈，杯酒盘殽即留客，漏残灯跋，娓娓不倦，眉飞色舞。余询剿蔡牵始末，言及忠毅公，泪随声堕。公为余言水师事宜甚夥，不能尽记。记公尝以酒甄蒸海水，水淡可饮。公笑曰："有是，不患出洋无取水处矣。"今读是书，所言多不之及，将以其事琐屑，不必言耶？抑兵家言不可以尽也？

　　知罗定州事、寿光景沆跋。

[1] 李景沆，字端甫，山东寿光县人，清乾隆五十四年（1789 年）拔贡，出知罗定州，升任潮州知府，诰授奉政大夫。

[2] 鹢首，船头。古代画鹢鸟于船头，故称。

识

　　俞大猷云：沿海之中，上等安舣可避四面飓风者，凡二十三处，曰马迹、曰两头洞、曰长涂、曰高丁港、曰沈家门、曰舟山前港、曰浔江、曰烈港、曰定海港、曰黄岐港、曰梅港、曰湖头渡、曰石浦港、曰猪头舣、曰海门港、曰松门港、曰苍山舣、曰玉环山、梁舣等舣、曰楚门港、曰黄华水寨、曰江口水寨、曰大舣、曰女儿舣。中等安舣可避两面飓风者，凡一十八处，曰马木港、曰长白港、曰蒲门、曰观门、曰竹齐港、曰石牛港、曰乌沙门、曰桃花门、曰海闸门、曰九山、曰爵溪澳、曰牛栏矶、曰旦门、曰大陈山、曰大床头、曰凤凰山、曰南麂山、曰霓舣。其余下等安舣，只可避一面飓风，如三孤山、衢山之类，不可胜数。必不得已，寄泊一宵。若停久，恐风反别迅，不能支矣。又潭岸山、滩山、许山之类，皆围土无呑，一面之风，亦所难避，可不慎乎。此乃浙东岛澳形势也。

特授奉政大夫、知广东罗定州事、嘉甫李景沆述识。

凡水师须谙水务明战法

一兵船之宜坚固也。首先拣料，桅、舵、椗三者最重。桅须番木，椗、舵须呀𣲖𪉈，或盐番木亦可。龙骨、桅夹、横檀[1]、舵牙、桅托，件件须捡。船内横梁须直长透者，曲手弯须长成大弯[2]，交船底板最妙，如有直无弯不可用。曲手多多甚妙，譬如人腰胸骨多大者，力必多大。樟木佳，或菩奈木亦可，番木恐钉打下裂开不可用。水底板长阔者佳，如窄短则船不坚固。厚薄照船大小配，钉宜密，不可用竹钉。钻孔与钉大小配，若钉大孔小，打下板必裂；若孔大钉小，打入不得力。此船匠省工之弊也。灰须细白，桐油舂灰交练熟透者佳。若省工，捣练草率，船多漏凿。灰要用网纱丝者妙，粗者不固，易于损漏。若用竹丝者，则更易于渗漏，断断不可。厦门全用网纱，篷索妆扮得宜，麻要长白，青短者不堪用。藤白小者妙。棕索须梳净，不可杂有片碎。兵船御敌，古有用牛皮、竹栅、网纱者。而御火炮则莫如网纱，愈厚愈妙，且用水湿不易燥。此以柔制刚之法。四面遮盖，彼铳箭皆不能入，则军心固矣。燂洗亦是紧要，久不燂洗，船底板生虫结住，驾驶不快，而船板易烂。又须时时整顿，或船有渗漏，或杠具不坚，则急于修补。否则一遇敌船，即追驶外洋，觖使[3]迟缓，且惊虞风浪，焉能专心打仗？水师第一紧要是战船，员弁兵丁等切记！切记！

一舵工之宜选择也。船只坚固，选配官兵、军械、火具配足矣，舵工不识水性、不明战法，必不敢向前。即向前，亦不得力。而舵工为最难得，是以选兵必先选舵工。

一器械之宜具足也。舵工得人矣，军械、火具之未备，则兵胆不壮，船多何益？大约船配兵一百名，其器械须配足四百件，以备左右临时执用。

一遇敌之宜知所用也。敌远者，用大炮；略近者，用鸟枪、火器、喷筒[4]、钻箭；再近者，用火罐、火斗[5]、石块；最近者，火具一齐开发。探有敌船，则将各项齐备。船自何方来，则各执器械面向何方。其无敌之面，亦少留兵守望。敌船撞拢，各弁兵各用所长，钩镰、挡叉、挑刀、藤牌，执以向敌。最要在密用火罐，一齐掷烧。敌船被烧，敌人必逃避，我弁兵即乘其烟焰，执挡叉、钩镰、挑刀，用藤牌遮盖过船。必须我船撘拢得稳，方可过船。谨记！谨记！

一火攻之宜讲究也。洋面水战，全仗火炮、大铳、鸟铳、火箭、喷箭[6]。远近攻打之法，诸将皆素习之。昔人烧船，则用火箭，而其发火之法，皆不得力，是莫如今所用之火礶。更有一法，以少胜多，以小克大，则莫如用火攻船。而风涛上下，难于拢近，即拢近而火不能延，或火发而彼可以御止逃避，皆无益也。须用米艇数只，将船头二门桩紧紧缚住我船头桅，用铁杆二枝，尖似钻子，长一丈有余，一半紧缚桩身，一半伸出似蜈蚣须样，船后把舵之所用篷弓、网纱，水灌厚厚遮盖。兵二三十名，执有藤牌、挡叉、钩镰、挑刀等械，在内船头并舱上面，先用松香，又用火药，一桶一桶照排散开。上面用松毛覆，多多益善。或干草火恐不烈，又用长竹一条打空心，内火药作引，由船内通至舵尾后伸出。舵工与兵二三十名能浮水、有胆量者，在篷弓、网纱内驾驶保护。其驶船要撞进贼船，或前撞，或横撞，二枝铁杆插入敌船木板内斩，斩不断；拆，拆不开；推，推不去；牵，牵不动；戗，戗不起，恰似中箭模样。我兵又用网纱盖住，有器械护身，贼无奈我何。看可发火，我兵在舵门后下落杉板船，将竹引心发火，贼船可焚。我杉板船即在水面拿贼矣。或先令我众兵船向贼船，相机势择其要处攻打，贼心必乱，乘机用火攻船破之。如不济事，或再用火攻。船一只撞去，以济前火攻船之势，是又在领兵者之随机应之。临阵之时，须占上风，或左或右、忽前忽后，其变不可胜言也。

一风云沙礁之宜详慎也。天时变幻难测，而故老占验有记载，参以身所阅历，亦可十得八九。纵有时不验，而要不可不防也。砂礁潜隐难窥，而舟师经过有水线，是必熟于海道者方能知之。海上行舟，水程里数易知，而不知风潮流水逆顺，砂礁湾曲各处不同。是以到处，另请舵工驶船。如遇追捕，必延搁贻误。将兵者不可不选访舵工，而亦不能尽委之舵工也。

忠毅公数十年总师洋面，鲜有失事，是诚有心领神会，而不能以告人者。愚阅历闽、浙、粤三省，就其所身亲阅历者，附记于后，俾人讲求而知所趋避，未必不为指迷之一助云尔。

尝思水战较陆战难，外洋较江河更难。海涛汪洋，飓台[7]靡定，水师一出，则士卒之身命托于统兵。而统兵之权，首在得人。夫将如腹心，兵如指臂，同心报国，协力战贼，此必胜之师也。然使水程不知远近险易，流潮不知消长顺逆，舟船驾驶不灵，炮械运用不准，即幸济一时，而难于屡试，是不可以不预矣。余束发从叔父忠毅公，涉历四省，亲蒙指授，剿灭洋匪无算。迄今三十余年，所历习略得一二，亦可以备采择焉。

道光岁次戊子季春中浣，古闽同安李增阶谦堂氏书于粤东虎门提署

[1] 横檀，又称含檀，即船之大桅梁及桅面梁。
[2] 横梁，设置在甲板板或平台板之下各肋位上的横向骨材；曲手，亦称肋骨、曲手板，是船体内的横向构件。它承受横向水压力，保持船体的几何形状。弯，原文作"湾"，古同。
[3] 钗，逆；钗使，即"逆使"，逆风行驶，行船之人俱以为"行船驾驶"之俗语。
[4] 喷筒，古代的喷射类火器。将火药装入竹筒内，燃放后喷射火焰、毒烟及砂砾等，以致敌军中毒昏迷，或受烟幕遮障，或飞砂伤及双目而失去判向力等。
[5] 火罐、火斗，旧式火器。置火药于罐状与斗状容器中，掷之使爆以杀敌。
[6] 喷筲，即喷筒。
[7] 台，即台风，参见《厦门港纪事》之《抄录诸神风暴日期》注。

广东外海洋面水程记

海口往崖州水程

一流至东水，风台可泊，水大可进。

一流至马裒，可寄椗，风潮可泊。

一流至红排，小风台可泊。

一流至将军，寄椗、停潮。

一流至洋甫，内新英港，风台可泊，水小亦可进。

一流至田头，可泊，水大即可进。

一流至海头，可寄泊。

一流至昌化，可寄泊，水大时进内停风台，有四更沙须避。

一流至北黎，可寄椗，水五尺，风台可进泊。

一流至岭头，东北风可寄椗。

一流至望〈楼〉，风台可泊，水满七尺可进。

一流至保〈港〉，可寄椗，内崖州港，水涨大即可进，要小心。

由白龙尾落[1]安南水程

白沙龙尾入内珍珠洲，最好避风。

一流到竹山，可避风台，但水浅大船难泊。

一流至青梅头，外即老鼠山。

一流至虎堤门，可泊避风。

一流至鸡吊门，亦可避风，对东南即夹洲吗洲。

一流至双门，对东南外即青兰山。

一流至焚赖门，又名炮火门，可避风。

一流至昆栏门，对出外洋即狗头山。

一流至外黄。

一流至乌囊。

一流至桃山。

一流至嘛呖港，入内东京口。

一流至鹅公港，此港亦可入东京口。

[1] 落，闽南话"下"的意思。

安南江平（又名竹山）往东上广东水程

一流至白龙尾，广东安南交界。

一流至牛头澳。

一流至乌雷，进内龙门协营，内可泊风台。

一流至冠头岭，外开南方有涠洲、斜阳，前屯贼之所。今封禁，不许人居。

一流至南面澳，可寄北边。

一流至草潭，内避风台，可泊。

一流至江红，落文亦可泊船。

一流至海塘。

一流至乌石，澳内可停风台。

一流至东场澳，内流沙，亦可泊船。

一流至三墩，数船可泊风台。

一流至海北，即海安所，对琼州山。

一流至三狗垃，或洪坎亦可泊。

一流至锦囊滩，外琼州山七星岭过浅水。七星岭浦前可泊风台，山狗垃亦可寄椗。

一流至硇洲，内外砂礁甚多，进□斜，可泊风台。内则赤坎一带。

一流至过洋，三更船至电白港，可停小风台。

一流至连头，进内电白港，可泊风台。

一流至青州。

一流至双鱼。

一流至马尾港，可泊风台。

一流至三点头。

一流至海灵头。

一流至阳江大澳。

一流至公山。

一流至三洲塘，可泊小风台。

一流至鱼塘。

一流至铜鼓角，外上下川，有猺人住。

一流至大金，内进江门港。

一流至浪白滘，有荷包湾，风台可泊。

一流至挂桵角。

一流至澳门，可泊风台，外即万山。

一流至九州，内虎门，可进省城。

一流至伶仃山。

一流至屯门琵琶洲，风台可泊。

一流至青龙头。

一流至浅澳，即浅湾。

一流至仰船洲，可泊风台。

一流至九龙，小台可泊。

一流至佛堂门，小台可泊。

一流至娘船澳。

一流至鹅公澳。

一流至陀宁三水门。

一流至大星角，进内大星港，可泊风台。

一流至盐洲港。

一流至后门港，可泊风台。

一流至汕尾港，可泊风台。

一流至龟灵。

一流至草鞋洲。

一流至遮浪角。

一流至金星石。

一流至碣石港，外即田尾㴪浅澳。

一流至湖东港。

一流至甲子港。

一流至神泉港。

一流至赤澳。

一流至靖海。

一流至海门、钱湾。

一流至广澳表头。

一流至凤山，即澄海。

一流至南澳，可泊风台，外三澎云盖山。

一流至还钟。

一流至宫口仔前。

一流至苏占，外柑桔。

一流至铜山古螺头，可进铜山营，福建营辖。

一流至沙洲，即菜屿。

一流至虎头山。

一流至将军澳。

一流至灯火安［垵］。

一流至镇海。

一流至梧屿、斗米。

一流至厦门，外大担、小担、金门山，有沙线［汕］，小心。

福建厦门开往浙江江南上海天津
各处洋面逐流寄泊澳屿开列

　　厦门放洋十三更到台湾。

　　台湾四、五日夜到吕宋国。

　　厦门开往大担、小担。

　　一流至金门垵仔脚至瞭罗。

　　一流至围头，内大小珍、刘五店、北椗。

　　一流至俊仔。

　　一流至永宁，进内深扈，可停小风台。

　　一流至上诗头，内獭屈，可泊风台。

　　一流至崇武，内蚶江，即泉州府港口，可停风台。

　　一流至贼仔澳，即湄洲。天后出身化〈凡〉，〈妈祖〉庙极灵。
内吉寮，〈风〉台可泊。

　　一流至平海澳。

　　一流至南口，即海坛镇营，辖洋汛外乌龟山。

　　一流至门扇后，即五间历〔厝〕[1]，过草鞋礁，可停小风台。

　　一流至小万安，外扈尾亦可泊船。

　　一流至宫仔前。

　　一流至竹屿，内海坛港口，外观音澳 。

　　一流至石牌、大炼，此处海坛内洋礁甚多，驶船小心，可停
风台。

　　一流至松霞。

　　一流至草屿。

　　一流至滋澳。

一流至白犬。

一流至南干塘，往内进福州省城，内五虎门入港口，即闽安。

一流至黄崎，内赤崎，亦可避大风，过北茭头。

一流至马鼻，内进宁德港，可泊风台。

一流至鬼澳、老瑚，内盐田，亦可泊船。

一流至大金，可停风台，外东涌四霜。

一流至福宁港口，可停风台。上则三沙澳泊船，即福宁镇左营[2]之所。

一流至大瑶，即大俞山，或小烽火，亦可泊船避风台。

一流至棕蓑澳，即烽火营，港口内停风台。

一流至南关，内沙程，即福鼎县港口，可停风台。

一流至北关，闽浙交界洋面，浙江平阳县管外台山。

一流至金乡，恐流不到草屿，可寄椗内赤溪。沙波亦可泊停风台。

一流至盐田，外百亩礁，小心。

一流至琵琶。

一流至平阳港口，内可停风台。

一流至凤凰，即瑞安港口，内可停风台。

一流至参将屿，外南麂、北麂。

一流至三盘澳，内可避风台，即三盘内外斧头山，内温州港口。

一流至鹿西，或状元澳，亦可泊船。

一流至犬门，即坎门。

一流至长屿。

一流至水桶澳，内楚门停风台。外大鹿、小鹿，即玉环山。

一流至石塘澳，内太平县。又内玉〈环〉，可停风台。

一流至调班，内数船可停风台。

一流至龙王堂，可停风台。或鲎壳澳，亦可泊船。有积谷山。

一流至马蹄，内可停风台。外有凤尾大陈山，亦可泊船。

一流至川礁，即黄岩港口内，海门港进台州，外珠垚、东西机山。

一流至白带门。

一流至牛头门，内有茶盘半月山，风台可泊。

一流至三门，可停风台。外金七门，亦可泊船；往金七门外，亦可行船。

一流至石浦，天后宫，黄岩、定海二镇交界，内雷公山，风台亦可泊。

一流至急水门，外南鱼山、牛栏机。

一流至土地公，亦见半边山。

一流至大麦屿，外南又一流，韭山到鸽婆。

一流至关帝屿。

一流至牛鼻，过孝顺洋。

一流至青龙港，外南田，东瑶有海闸门。

一流至崎头，由内进蛟门、镇海闸入宁波府。

外行至舟山，即定海镇之所竹沙门，可停风台。

往北上至蟳公澳。

一流至小洋山，自大洋山七姊妹放洋□日到乍浦，由内河一日夜到上海往苏州，一日夜到苏州。

舟山往外行至沈家门，内可停风台，外乌沙门、桃花门。

一流至普陀，南风船泊月澳。普陀山有前寺、后寺、佛顶山、紫竹岭、化身洞、白华庵、隐秀庵、淮音洞、铁佛寺、千步沙，有数十处小寺院，各省烧香者云集。

一流至长涂，风台甚好泊。

一流至妈祖澳，由铁垫三省捕黄鱼之所。该处每年四五月，浙江提督奉旨护洋。

一流至徐公。

一流至马迹，此系浙江、江南交界。山有野水牛甚多，内可停风台。

一流至黄陇。

一流至尽山，内数船可停风台。对面花鸟澳。

以上按流水系逆风行舟。安泊岛澳处所尚有小澳、小岛，亦可寄泊。此外不能逆风戗驶。。

尽山放洋。往日本国，或往山东、往锦州、盖州、天津在尽山放洋。一望无际，往上不能戗驶。但尽山禁山，不准搭寮厂。江南省管辖未能尽悉，或南下往各国，亦是尽山放洋为准。

[1] 五间厝，原文作"五间历"，改之。

[2] 福宁镇总兵，属福建陆路提督节制，下统辖镇标三营。其中，左营系水师提督节制，兼辖海坛、闽安二协，烽火门四营。

福建厦门行舟外海番国顺风更期水程

外国水程论更数，驶船每更约一时辰之久。

厦门

至鲁万三十六更	至外罗三十六更。
至安南三十六更	至叮咬炉一百四十八更。
至吗辰三百六十零更	至鹿赖一百一十八更。
至笨台一百四十八更	至旧港一百零更。
至蜂仔余兰四百八十零更	至柔佛一百七十零更。
至问来一百四十零更	至苏鹿一百四十零更。
至暹罗一百八十零更	至龙芽一百七十零更。
至吉袁丹一百四十八更	至嘛呐甲二百更。
至通栽一百五十零更	至占择问一百六十零更。
至加磂吧二百四十零更	至蚊加虱三百二十零更。

至安汶三百七十更，出丁香老孝

至知汶三百八十更。

至万难四百二十零更

至槟榔屿，过西出椒二百二十更。

至此吉礁，过西出锡二百十零更。

至此把东，过西出金三百五十更。

至此吧实三百三十四更　　　　至红毛番国。

至望竭仔，过西北，所出洋布、铁器及乌烟等货。

具约水途六百四十零更。

广东琼州海口行舟外海番国顺风水程日期

海口

至安南四日夜。

至叮咬炉八、九日夜　　　　　　至吗辰二十八日夜。

至鹿赖四、五日夜　　　　　　　至笨台六、七日夜。

至旧港十二、三日夜　　　　　　　至蜂仔余兰三十余日夜。

至柔佛八、九日夜　　　　　　　至问来八、九日夜。

至苏鹿八、九日夜　　　　　　　至龙芽八、九日夜。

至咕衰八、九日夜　　　　　　　至暹罗八、九日夜。

至嘛呐呷十二、三日夜　　　　　　至通栽七、八日夜。

至占择问七、八日夜　　　　　　至加礠吧三十余日夜。

至蚊加虱三四十日夜　　　　　　至安汶三十余日夜。

至知汶三十余日夜　　　　　　　至万难四十余日夜。

至柄榔屿十余日夜　　　　　　　至此吉礁十余日夜。

至把东二十余日夜　　　　　　　至吧实二十余日夜。

至望竭仔四十余日夜。

崖州至外罗一日夜。

风云天气

　　夏至过有东北风，有热气者，风雨必大；无热气者，风雨必小。如放雨白者，或日出有雨，或云白者下小雨，天气交蒸三两日，必有大风台。

　　霜降过有南风，或有西南风，无论大小，必有报[1]。雨有无未准。

白露过有大南风，必有雨或小风雨。

立春过必有春雨，风不甚大，然须看天气。遇报期，风必大。

四月有南风水动，五月有龙船风雨，七月有秋淋风雨。

四、五、六、七之月不宜行船，看其天气行之。天气全变红云者，速备大风雨。天气见一条红云者，或三色，或五色，长并下小雨，无大风。如若短并无雨，不出三日必有大风雨。有青蜓乱飞，或大蝼蚁等虫多乱飞并大热，风台速来。

日下山时云变大红色，另日必有大风或雨。

日有围圈，或有云足，此二者三日内天必变，非风即雨。或星有动，另日必有大风。看何星何方，可定风大小。

报　　期[2]

正月　初一日　初四日　初六日　初九日　十五日

二月　初二日　初七日　十九日　二十七日

三月　初三日　十五日　十六日　二十日　廿二日　廿三日
廿五日　廿六日

四月　初一日　初八日

五月　初五日　十三日

六月　初六日　十九日　二十二日　二十三日

七月　十四日　十五日

八月　十五日

九月　初九日

十月　十五日　二十七日

十一月　初三日　初五日

十二月　初八日

海气变，备风雨

无风而海浪甚大，多风雨，或风台甚大而速，海水变臭气，海水变红，海水变黑，海上有鱼大浮，海上有飞鸟鱼成群，海上鱼有浮水相赶逐。备之，天必变，有大风雨。

[1] 报，即暴，风暴。
[2] 报期，即暴期，风暴日期。闽南地区的风暴每月有期，称暴期。参见《海疆》之《抄录诸神风暴日期》篇。

沙线［汕］礁石

浙江有礁石无沙线［汕］。
福建礁石多，沙线［汕］微少。
广东沙线［汕］多，礁石略小。
惟琼南沙礁最多。

时辰流水

广东与安南交界流水初起新流

正、七月初七、二十一日
二、八月初五、十八日
三、九月初一、十五、二十九日
四、十月十三日、二十七日
五、十一月十一、二十五日
六、十二月初九、二十三日

琼州海南流水逐月时日

正月初一、二、三日，亥时初刻、中、尾流水［东］，寅时头、中、尾流西。

初四、初五、初六日，伏流后系新流水，以下仿此。

初七、八、九日，戌时初刻、中、尾流东，丑时头、中、尾流西。

初十、十一日，戌时中、尾流东，寅时头、中流西。

十二、三、四日，亥时头、中、尾流东，寅时尾流西，卯时头、中流西。

十五、六日，子时头、尾流东，卯时尾、寅时头流西。

十七、八、九、二十〈日〉，伏流。

二十一、二、三日，酉时头、中、尾流东，子时头、中、尾流西。

二十四、五、六日，戌时头、中、尾流东，丑时头、中、尾流西。

二十七、八、九日，亥时头、中、尾流东，寅时头、中、尾流西。

三十日，子时头流东，卯时头流西。

二月初一、初二、初三、初四日，伏流。

初五日，申时尾流东，亥时尾流西。

初六、七、八日，酉时头、中、尾流东，子时头、中、尾流西。

初九、十、十一日，戌时头、中、尾流东，丑时头、中、尾流西。

十二、三、四日，亥时头、中、尾流东，寅时头、中、尾流西。

十五、六日，子时头、中流东，卯时头、中流西。

十七日，伏流。

十八、九、二十日，申时头、中、尾流东，亥时头、中、尾流西。

二十一、二、三日，酉时头、中、尾流东，子时头、中、尾流西。

二十四、五、六日，戌时头、中、尾流东，丑时头、中、尾流西。

二十七、八、九日，亥时头、中、尾流东，寅时头、中、尾流西。

三十〈日〉，子时头流东，卯时头流西。

三月初一、初二日，伏流。

初三日，未时尾新流东，戌时尾流西。

初四、五、六日，申时头、中、尾流东，子时头、中、尾流西。

初七、八、九日，酉时头、中、尾流东，丑、子时头、中、尾流西。

初十、十一、十二日，戌时头、中、尾流东，丑时头、中、尾流西。

十三、十四〈日〉，俱伏流。

十五、六、七日，午、未时中、尾、头流东，酉时头、中、尾流西。

十八、九日，未时中、尾流东，戌时头、中流西。

二十、廿一、二日，申时头、中、尾流东，戌、亥时尾、头、中流西。

二十三、四、五日，酉时头、中、尾流东，亥、子时尾、中、头流西。

二十六、七，二十八、九日，俱伏流。

三十日，午时头新流东；酉时流西。

四月初一、二日，午时中、尾流东，酉时中、尾流西。

初三、四、五日，未时头、中、尾流东，戌时头、中、尾流西。

初六、七、八日，申时头、中、尾流东，亥时头、中、尾流西。

初九、十日，酉时头、中流东，子时头、中流西。

十一、十二、十三、十四日，俱伏流。

十五日，巳时尾流东，申时中流西。

十六、七、八日，午时头、中、尾流东，申、酉时尾、头、中流西。

十九日，未时头流东，酉时尾流西。

二十、廿一、二日，未、申时中、尾、头流东，戌时头、中、尾流西。

二十三、四日，申时中、尾流东，亥时头、中流西。

二十五、二十六日，俱伏流。

二十七、八日，巳时中、尾流东，申时头、中流西。

廿九、三十日，午时头流东，申时尾流西。

五月初一、二日，午时中、尾流东，酉时头、中流西。

初三、四、五日，未时头、中、尾流东，亥时头、中、尾流西。

初六、七、八日，申时头、中、尾流东，亥时头、中、尾流西。

初九、初十、十一日，俱伏流。潮水小，难行舟。

十二、三日，午时头、中流东，申时尾流西。

十四、五日，午时头、中流东，酉时头、中流西。

十六、七、八日，未时头、中、尾流东，戌时头、中流西。

十九日，申时头流东，戌时尾流西。

二十日，申时流东，亥时头流西。

二十一、二、三，二十四、五、六日，水俱伏流。

二十七日，午时尾流东，酉时头流西。

二十八、九、三十日，未时头、中、尾流东，酉时中、尾流西。

六月初一日，未时尾流东，戌时中、尾流西。

初二、三、四日，申时头、中、尾流东，戌时中、尾流西。

初五、六日，酉时头、中流东，亥时头、尾流西。

初七、八、初九、十日，俱伏流。潮小，难行舟。

十一、二、三日，午时头、中、尾流东，申时头、中、尾流西。

十四、五、六日，未时头、中、尾流东，酉时头、中、尾流西。

二十、廿一日，酉时头、中流东，亥时中、尾流西。

二十二，二十三、四日，俱伏流。

二十五日，巳时头流东，申时头流西。

二十六、七日，午时头、中、尾流东，申、酉时中、头流西。

二十九、三十日，巳、未时头、中流东，酉时头、中流西。

七月初一日，未时尾流东，戌时头流西。

初二、三日，申时头、中流东，戌时中、尾流西。

初四、五日，申时尾流东，亥时头流西。

初六、七，初八、九日，俱伏流。

初十〈日〉，巳时头新流东，未时尾流西。

十一、二日，巳时中、尾流东，申时头、中流西。

十三日，午时头流东，申时尾流西。

十四、五日，午时中、尾流东，酉时头、中流西。

十六、七、八日，未时头、中、尾流东，酉、戌时尾、头、中流西。

十九日，申时头流东，戌时尾流西。

二十，二十一、二日，伏流。

二十三、四、五日，巳时头、中、尾流东，未、申时中、尾、头流西。

二十六、七、八日，午、巳时头、中、尾流东，酉、申时中、尾、头流西。

二十九、三十日，未时头、中流东，酉时中、尾流西。

八月初一日，未时中流东，酉时尾流西。

初二日，未时尾流东，戌时头流西。

初三、四日，申时头、中流东，戌时中、尾流西。

初五日，申时尾流东，亥时头流西。

初六、初七日，俱伏流。

初八、九日，巳时头、中流东，未时中、尾流西。

初十日，巳时尾流东；申时头流西。

十一、二、三日，午时头、中、尾流东，申、酉时中、尾、头流西。

十四、五、六日，未时头、中、尾流东，酉、戌时中、尾、头流西。

十七、八日，申时头、中流东，戌时中、尾流西。

十九、二十、二十一日，俱伏流。

二十二、三日，巳时中、尾流东，未时中、尾流西。

二十四、五、六日，午时头、中、尾流东，申时头、中、尾流西。

二十七、八、九日，未时头、中、尾流东，酉时头、中、尾流西。

三十日，申时头流东，戌时头流西。

九月初一、二日，申时头、中流东，戌时头流西。

初三、初四日，俱伏流。

初五、六、七日，辰时头、中、尾流东，午时头、中、尾流西。

初八、九、十日，巳时头、中、尾流东，未申时中、尾、头流西。

十一、二日，午时头、中流东，申时中、尾流西。

十三日，午时尾流东，酉时头流西。

十四、五日，未时头、中流东，酉时中、尾流西。

十六、十七、十八日，俱伏流。

十九、二十日，卯时中、尾流东，午时中、尾流西。

二十一、二、三日，辰时头、中、尾流东，未时头、中、尾流西。

二十四、五、六日，巳时头、中、尾流东，申时头、中、尾流西。

二十七、八日，午时头、中流东，酉时头、中流西。

二十九、三十日，俱伏流。

十月初一、二、三日，卯时头、中、尾流东，巳时头、中、尾流西。

初四、五、六日，辰时头、中、尾流东，午时头、中、尾流西。

初七、八日，巳时头、中流东，未时头、中流西。

初九日，巳时尾流东，未时尾流西。

初十日，午时头流东，申时头流西。

十一日，午时中流东，申时中流西。

十二、十三、十四日，俱伏流。

十五、六、七日，寅、卯时中、头、尾流东，辰、巳时中、尾、头流西。

十八、九，二十日，卯时头、中、尾流东，巳时头、中、尾流西。

二十一、二、三日，辰时头、中、尾流东，午时头、中、尾流西。

二十四、五日，巳时头、中流东，未时头、中流西。

二十六日，伏流。

二十七、八、九日，寅时头、中、尾流东，巳时头、中、尾流西。

三十日，卯时头流东，午时头流西。

十一月初一、二日，卯时中、尾流东，午时尾、中流西。

初三、四、五日，辰时头、中、尾流东，未时头、中、尾流西。

初六、七、八日，巳时头、中、尾流东，申时头、中、尾流西。

初九、十，十一日，俱伏流。

十二、三、四日，子时头、中、尾流东，卯时头、中、尾流西。

十五、六、七日，丑时头、中、尾流东，辰时头、中、尾流西。

十八、九，二十日，寅时头、中、尾流东，巳时头、中、尾流西。

二十一、二日，卯时头、中流东，午时头、中流西。

二十三，二十四、五日，俱伏流。

二十六、七、八日，亥时头、中、尾流东，丑时头、中、尾流西。

二十九、三十日，子时头流东，寅时头、中流西。

十二月初一日，子时中流东。

初二、三、四日，□时头、中、尾流东，卯时头、中、尾流西。

初五、六、七日，寅时头、中、尾流东，辰时头、中、尾流西。

初八日，卯时头流东，巳时头流西。

初九、初十日，伏流。

十一、二、三日，戌时头、中、尾流东，丑时头、中、尾流西。

十四、五、六日，亥时头、中、尾流东，寅时头、中、尾流西。

十七、八、九日，子时头、中、尾流东，卯时头、中、尾流西。

二十、二十一日，丑时头、中流东，辰时头、中流西。

二十二、二十三日，俱伏流。

二十四、五、六日，酉时头、中、尾流东，子时头、中、尾流西。

二十七、八、九日，戌时头、中、尾流东，丑时头、中、尾流西。

三十日，亥时初流东，寅时头流西。

海南见铺前山，水多流东，若在海口一面不同。海安水涨大流西，若在半洋中或见流水中响，便是流东。

广东新安潮水[1]

初一日，寅卯辰、申酉戌长[2]，巳午未、亥子丑退。

初二、三日，卯辰巳、酉戌亥长，子丑寅、午未申退。

初四、五、六日，辰巳午、戌亥子长，丑寅卯、未申酉退。

初七、八日，巳午未、亥子丑长，寅卯辰、申酉戌退。

初九、十，十一日，子丑寅、午未申长，卯辰巳、酉戌亥退。

十二、三日，丑寅卯、未申酉长，辰巳午、戌亥子退。

十四、五日，寅卯、申寅戌长，巳午未、亥子丑退。

十六日，从逢初一日起。

[1] 本篇乃深圳宝安的潮水时刻。新安，即今之深圳宝安。

[2] 长，升高。后作"涨"。以下同。

广东□□潮水

初一、二、三日，辰、戌长，丑、未退。
初四、五、六日，巳、亥长，寅、申退。
初七、八日，子、午长，卯、酉退。
初九、十，十一日，丑、未长，辰、戌退。
十二、三日，寅、申长，巳、亥退。
十四、五日，卯、酉长，子、午退。
十六、七、八日，辰、戌长，丑、未退。
十九、二十、二十一日，巳、亥长，寅、申退。
二十二、三日，子、午长，卯、酉退。
二十四、五、六日，丑、未长，辰、戌退。
二十七、八日，寅、申长，巳、亥退。
二十九、三十日，卯、酉长，子、午退。
以上全省大略相同，惟琼州不同。

蒸海水法

扬帆海上，固必关心，设使有危，尤须应变。即如舟驶沧波，倘遇风台，漂出外洋，樯倾楫折，尺寸莫移，柜水已既断绝，而海水又咸不可咽，将如之何？可汲海水置锅内，上架酒甑，如造酒法，炽火煮之，则水气升腾，甑内侧孔流出，即成淡水，可食矣。

靖　海　论

［清］李廷钰撰

序

同安　李廷钰

窃谓海疆用兵之道，较于陆地尤难。夫陆战，生一，死亦一；水战，生亦一，而死则二矣。何则？盖大海茫茫，俯仰无际，脚无实地，心无定向，每每功届垂成之际，卒然风涛汹涌，鼓荡筛簸，兵卒颠仆。当是时也，勇不及相机，智不及施巧，不幸而又有失柁弃桅之变，是望生惟恐不得，又安能冀其剿贼哉？此海疆之难而生死之不同于陆地也。

水战之要有五：一曰将得人，一曰兵用命，三曰船坚实，四曰军食足，五曰器械备。然人须达于水务，明于逆顺，不以身贵而贱人，不以独见而违众。知人艰难，悉人饥饱，功者赏之，罪者罪之，偶有小过，姑赦令其立功而自赎之。故马或奔踶，而致千里；士或有负俗之累，而立功名。庶几恩威并济，将士感奋设遇，征敌不假驱迫，如身之使臂、臂之使指，莫不制从。诚如是，又何患海疆之不靖乎？

若曰杜济接、给军食、缮器械、备要害，当事者之事也，吾不得与闻焉。至于谙达水战、明白海道，尤为罕得其人。即间有一二谙练之将，不过仅熟本处，而闽、粤、江、浙诸海则未能尽晰。乡者多藉柁工[1]，而柁工非人，常致失律，殊堪慨叹。然则谙达水战、明白海道而又精于操舟者，固难得其人也。予少失学，知识浅陋，时值海洋多事，小丑跳梁，自少时及壮，皆得奉侍先忠毅公[2]之侧，躬历四省，破浪冲风。窃幸指示方略一二，藉有率循以至今日。爰是不敢自私，是以叙而论之，唯高明谅察焉。

[1] 柁，同"舵"。柁工，舵船上掌舵的人。

[2] 忠毅公，即李长庚（1751—1808），字超人，号西岩，马巷厅后莲保后滨人，清乾隆三十六年（1771年）武进士，授蓝翎侍卫。历福建海坛镇总兵、铜山参将、澎湖协副将、定海镇总兵、嘉庆五年（1800年）擢浙江水师提督。十二年（1808年），征剿蔡牵海上武装，至黑水洋，中炮身亡。赐祭葬，谥"忠毅"。

靖海论一

　　甚矣！得将之难，而知人尤为难。夫人之性最难察焉，美恶既殊，情貌不一，有温良而为诈者，有外恭而内欺者，有若勇而实怯者。虽父子兄弟之亲，犹未知其果，必况卒然相遇，情意未通，言词粉饰，乃欲以偶然之交接，而遂许其终身之事业，不亦谬哉？然知人之道有七焉，问之以是非而观其志，穷之以辞辩而观其变，咨之以计谋而观其识，告之以祸难而观其勇，醉之以酒而观其性，临之以利而观其廉，期之以事而观其信，[1] 夫然后可以为将。将也者，人命之所悬也，成败之所系也，祸福之所倚也。但当假之以权，使之得行其志，俾智者为之虑，勇者为之斗，则四海英雄靡不乐为之用矣。若军统于将而遥制于当事者，赏罚不由，人情不服，何有斗志？是犹束猿猱之手而责其不升木，胶离娄[2]之目而使之辨青黄，虽伊吕之谋、韩白之功[3]，犹不能自卫，又安能置其斗心乎？故孙武子曰："将之出也，君命有所不受。"亚夫营[4]曰："军中只闻将军令，不闻天子诏。"[5]君命犹有所不受，况遥制于当事者乎？此成功之所以难也。

　　战胜之术，贵能知己知彼，计出万全。至于合变之利，在于机也，非智者其孰能于此乎？见机之道，莫大于不意，譬如猇虎失险，童子曳戟而追赶之；蜂虿入袖，壮夫回惶而失色。出其不意，攻其无备。备者，三军之所恃也。所以锋锐甲坚则人轻战，故甲不坚密与肉袒同，弩不及远与短兵同，射不能中与无矢同，中不能入与无镞同，探候不谨与无目同，将帅不勇与无将同，诸如此类，皆谓之备。若夫水师之备，则又有加焉。远则施威远、劈山[6]以击其船，近则用喷筒[7]、火箭以烧其篷，又近则掷火斗[8]、火罐以燃其贼，盖船无篷则伎尽，人触火则心慌，水师之备无以过此。《书》曰：乃其事事有备，有备无患[9]。

　　概而论之，用人之道，尊之以爵，赡之以财，则士兵无不奋矣；励之以信，则士无不用命矣。畜恩不倦，法若画[10]一，则士无不服矣；先之以身，后之以人，则士无不勇矣；小善必录，小功必赏，则士无不劝矣。若使吏卒相猜，士戎不附，忠谋不纳，群小谤议，谗慝互生，设有汤武之智，犹不能决胜于匹夫，况众人乎？《传》曰："兵犹火也，不戢则将自焚。"[11]故曰："得将之难，而知人不易。"

[1]"问之以……"句，出自诸葛亮的《知人》，乃其识人七法。

[2]离娄，传说中视力特强的人。典出《孟子·离娄上》："孟子曰：'离娄之明，公输子之巧，不以规矩，不能成方圆。'"焦循正义："离娄，古之明目者，黄帝时人也。"

[3]伊吕，即伊尹与吕尚。伊尹，名挚，原为陪嫁奴隶，后汤王擢用他灭夏。吕尚，姓姜，名尚，字子牙，辅武王灭商。韩白，时即古代名将汉韩信和秦白起的并称，以善用兵著称。

[4]亚夫营，西汉名将周亚夫驻军细柳（今陕西省咸阳市西南渭河北），防御匈奴，营中戒备森严。文帝亲来劳军，亦不得入。有"军中只闻将军令，不闻天子诏"语。见《史记·绛侯周勃世家》。

[5]"是犹束猿猱之手……"段，引自三国诸葛亮的《心书·假权》。

[6]威远、劈山，古代炮名。威远炮，明代兵器家根据大将军炮改装而成，去掉大将军炮原用铁箍铁箍，并将装药部位增厚，前加准星，后设照门，用车装载，每门炮配炮手3人。劈山炮，多为三百斤以下的前装滑膛炮，咸丰四年（1854年）左宗堂在长沙设火药局，命黄冕主持改良创制而成。后经甘肃制造局改制用合膛开花弹，炮架也改为鸡爪式，原需13人拖放，改造后只需5人。

[7]喷筒，古代的喷射类火器。详见《外海纪要》之《凡水师须谙水务明战法》注。

[8]火斗、火罐，旧式火器。详见《外海纪要》之《凡水师须谙水务明战法》注。

[9]"乃其"句，见《尚书·说命中》："惟事事，乃其有备，有备无患。"

[10] 画，划分。

[11] "兵犹"句，见《左传·隐公四年》；戢，停止。

靖海论二

人情莫不好生而恶死，虽至愚不肖无不皆然。暂时作别，酸鼻犹形，况驱之沙场而处之以危地乎？且死者，人之所大恐也。历览史册，身为卿相、禄享万钟之辈，恩荣殊遇，无与伦比。揣其人，皆信命世之才，为当时所仰慕。及乎社稷倾覆，捐廉耻罔顾大义，摇尾乞怜，曾狗彘之不若，而又惜于一死，何况无知之卒伍，乃欲责以用命，不亦难哉？然则何以致之？余窃有术焉，术之如何得人心而已矣。

盖勇本义生，忠由感发，义则勇而愈奋，感则忠而尽命。故煮粥均分、城才数板[1]，命女出拜、哭遍三军[2]，是以古之善将者视其士如己子，有难则以身先之，伤者悯而养之，死者泣而葬之，饥者食而食之，寒者衣而衣之，不傲才以骄人，不固宠以作威。书曰："狎侮小人，罔以尽人力。"[3]此之谓也。

夫战，岂能必胜哉？顾所恃何如耳。士之所恃者，无他，教之以练习之而已矣。孔子曰："不教而战，是谓弃之。"又曰："善人教民，七年亦可以即戎矣。"[4]故士不可不教。然教之之道，当知所先务焉。训之以礼义，诲之以忠信，诚之以典型，明之以赏罚，于是各因其材而练习之。或阵而分之，或行而止之，前而却之，别而合之，散而聚之。一人以教十人，十人以教百人，百人以教千万人。万人一心，静若潜鱼，动若奔獭。先计而后动，量敌而后进。得其玉帛不自宝，得其财物不自取，重赏之下必有勇夫。如此，士有所恃，感而愈奋，令出而人乐战，兵合刃接而人用命矣。

[1] 煮粥均分、城才数板，典出《资治通鉴·梁纪八》。梁大通二年（528

年），梁朝将军曹义宗围北魏荆州，堰水灌城，不没者惟数板之距。时魏方多难，不能出兵营救，城中粮尽，刺史王罴煮粥，与将士均分，食之。经过一番苦战，王罴终大破曹义宗。

[2] 命女出拜、哭遍三军，典出《新唐书·列传》。唐建中二年（781年），魏博节度使田悦叛乱，兵围临洺城。城中守将张伾固守城中累月，士死粮尽，救兵不至。张伾悉召部将立军门，命女出，遍拜，因曰："诸君战良苦，吾无赀为赏，愿以是女卖直，为众士一日费。"士皆哭曰："请死战！"后援兵至，张伾乘胜出战，无一当百。

[3] "书曰"句，引自三国诸葛亮的《心书·试将》。意思为蔑视小人物，无法使他们竭尽全力为自己服务。

[4] "孔子曰"两句皆出自《论语·子路》。

靖海论三

水战之最要者，莫如船。船也者，军命之所寄也。船之最善者，莫如"同安梭"[1]。同安梭也者，先忠毅公之所创也。其法备，其用宜。苟为不得，则有覆舟之虞，然则船之所系也，大矣哉！可不慎诸。

方其初创时也，必先计其尺寸，择其材木。木之类有华、夷焉。华之木也，曰樟，用之含檀，用之曲手，用之横梁，用之鹿耳，用之八字[2]。含檀则愈大愈妙，曲手则越曲越佳，横梁欲直而长，不可续，续则弱。鹿耳、八字适可，则称矣。曰油松，其于用也，为龙骨；曰杉，为隐，为立壁，为水底，为舭艒。隐、立壁，皆剖分而用之。水底、舭艒，则宽厚且长，其余他物称是。夷之木也，曰打马，曰蜂子不食饭，曰钞，曰咖囒呢，曰盐。桅，宜于钞、打马、蜂子不食饭，钞贵虚，中实则媃[3]，打马须有脂，枯则不宜；柁[4]、椗，唯咖囒呢为最，而盐次之。如不可得，则用黄丝赤皮以代之。此树木之大要也。

木既备矣，既营矣，钉、灰二事宜加察焉。钉为船之筋，灰为般之皮筋，松则弱，皮腐则渗。钉必多炼，钻必称钉。钻小钉大则裂，钉小钻大则松。用不厌密，率以三寸。灰欲洁而白，油欲清而真。舂必须工，限以千杵，然后择数罟而凿之，塞油灰而抹之。凡有钉头钻眼，亦从而涂之。此钉、灰之作用也。

于是梳楼[5]楄以为缆，椗之用是也；拣白麻以为绳，大勒与缭[6]杂具之用是也；绞水藤以为索，勒肚之用[7]是也。其他委琐及显而易晓者，人知之，审矣，予不多言。及乎船工完杠具备，令先运盐，勿为急用。盖木因渍而润，生钉被腌而锈。长润而不裂，锈则愈固。而又须每三、两月间一燂洗，方无苔蟧[8]粘结，辄至驾驶不前之患。夫然后可以破浪冲风，搜巢捣穴，俾我将士无胶舟之虑，得以一心戮力王事，扫净幺氛。故曰水战之最要者此也。

[1] 同安梭，清代福建同安民间的一种海船，船体呈梭形，航速较快。乾隆六十年（1795年），福建水师弃赶缯船不用，仿同安商船样式，改造水师外海战船。至嘉庆四年（1799年），外海战船悉数改造为同安梭船式，名为大横洋同安梭。本文称为李长庚所创。

[2] 含檀，即船之大桅梁及桅面梁；曲手，亦称肋骨、曲手板，是船体内的横向构件。它承受横向水压力，保持船体的几何形状。横梁，设置在甲板板或平台板之下各肋位上的横向骨材。八字，船身板的尾封，其形如倒八字，在海澄当地称此部位为八字。这是福建帆船的特色之一。

[3] 㜷，古同"嫩"。

[4] 柁，同"舵"。详见《海国闻见录》之《天下》篇注。

[5] 楼，同"棕"。

[6] 缭，用以固定船帆的绳索。

[7] 勒肚，即勒肚索，缚在舵尾，自船底至船头，行船收紧，以保舵力。

[8] 蟧，蜉蟧的省称。也称蜉蝣，幼虫生活在水中，成虫褐绿色，有四肢，生存期极短。

靖海论四

　　夫善用兵者，役不再藉，粮不三载，取用于国。因粮于敌，而军食可足。故晁错论安边之策，要在积谷；赵充国建破羌之议，务先屯田[1]。兵之所藉，食最为急。若无积蓄，是弃封疆。自昔败乱之因，皆由不足。《军争篇》曰："军无辎重则亡，无粮食则亡，无委积则亡。"又《军志》[2]曰："虽有石城十仞，汤池百步，带甲百万人，无粟不能守也。"由此观之，士载大积，鄮候不绝[3]，诚为战守之大要也。然而金谷之司，实难其选，而当事之受委任者，尤更难其人矣。

　　昔我先忠毅公之剿蔡、朱二逆[4]也，制于大府。大府某性妒功愤事，事多掣肘，舍大体，构蜚语，而不知以国事为重，辄军食不时应。舟师所至，亦不得檄，檄亦不与，往往于可相机剿灭之时，军无见粮，师不宿饱。而各处海口偷漏接济，不为杜绝，俾逆贼反得以逸待劳。卒以奏限月日，孤军绝岛，艰苦备尝，又□谤书时闻。赖圣主鉴其荩诚，始终倚任而相继抚两浙者，皆雅量虚冲，乃心王室，方得悉剪爪牙。

　　又尝读先忠毅公遗稿《致书陈参军》，大略谓兵船在洋，既患口粮不给，又虑檄调频仍，且有兵单之苦，所以徒劳无功。但当事者惧事权不专，或在洋镇将自为尔我，薄有声名，亟宜乘此奋励，仰酬国恩。惟事不遂意，权力不能有为是可叹耳。呜呼！此当时军食不足之证明也。若欲因粮于敌，则陆军为。然陆军之于粮也，前敌有前敌之粮，殿后有殿后之粮，师行而景从之。又有弃家避贼者，物为贼有，及乎挫于王师，则为军有，取之无禁，用之不竭，不惟足用，又徒而焚之。此因粮于敌也。海寇则不然，剽于商舟，接于口岸。口岸奸民贪其利普，而源源济之。船各有粮，□来有自。偶遇官军，且拒且走。及不得免，则纵火而自焚，或引水而自没。官无所获，兵无所利，而一粥一饭必仰给于官。此水师之无可因于敌粮也，审矣。后之□□者，若不稍为变通，则何异千里馈粮、樵苏后爨[5]？

[1] 晁错（前200—前154年），河南颍川（今禹县）人。西汉文帝的智囊人物，历官内史、御史大夫等。为经济发展，提出"募民徙塞屯田"的主张。赵充国（前137—前52年），字翁孙，陇西上邽（今甘肃省天水市）人。后移居湟中（今青海西宁地区）。西汉著名将领，在当时屯田政策上做出了卓越贡献。

[2]《军争篇》，《孙子》十三篇之一。《军志》，先秦时一部著名兵书，著者不详。是中国最早的兵书。

[3] 士载大积，指三国时魏大将邓艾为灭贼资，屯田戍边、积军粮、通运漕之事。邓艾，字士载。鄝候不绝，指秦末汉与楚相守荥阳数年，军无见粮，萧何转漕关中，给食不乏之事。后刘邦即皇帝位，以萧何功最盛，封为鄝侯。

[4] 蔡、朱二逆，即蔡牵与朱一贵。蔡牵（1761—1809），福建同安西浦人。家境贫寒，乾隆五十九年（1794年）因饥荒而参加海上武装集团，后成了首领。嘉庆十年（1805年），攻占台湾淡水、凤山（今高雄）等地，自立为镇海王。清廷先后命浙江水师提督李长庚、福建提督王得禄、浙江提督邱良功征剿，皆未成功。嘉庆十四年（1809年）八月，于浙江渔山外洋被清军闽浙水师包围，寡不敌众，发炮裂船，自沉而死。朱一贵（1690—1722），原名朱祖，台湾府凤山县人，祖籍福建长泰县。康熙六十年（1721年），不满清廷横征暴敛，发动武装起义。攻下台湾府城，承袭明朝制度，国号大明，自称"中兴王"。后清廷调南澳总兵蓝廷珍出师讨伐。双方激战，朱一贵被俘。

[5] 千里馈粮、樵苏后爨，典出《史记·淮阴侯列传》："臣闻千里馈粮，士人有饥色；樵苏后爨，师不宿饱。"意思为：缺粮时从千里之外送来，难免士兵挨饿。做饭前还要砍柴割草，军队得不到休息，吃不上饭。

靖海论五

　　兵，凶器也；战，危事也。空拳[1]难以图敌也，故《军志》曰："战不择将，以其国与敌也；士不练习，以其将与敌也；器械不备，以其卒与敌也。"由此观之，器、械二事不可不备也。今夫水战之于器也，必先备以自卫□。盖城□有女墙，江船有楼橹，海舶虚而无之，所以设牛栏[2]加于立壁之上，可蔽半体，然不足以挡矢石。是以叠渔网而施之，悬牛皮而附之，网虽疏而实密，叠之谓是也；悬则柔而势缓，悬之用是也。重叠致厚，柔顺制刚，表里相衬，其善无比。若于铳炮，则不能当铳炮之卫，又别的制焉。湿绵包于牛栏之内，堆米包于绵包之后，以护之，若城之有护城。然盖弹则缠绵，则□裹热□水则然，衰弹裹则缓然。衰则弱，弱而且衰，与掷石等有何患焉。此水战自卫之器也。卫无虞矣，然后可以图敌。

　　图敌之具，则莫若善于大炮。大炮之用，又莫若□□冲阵。冲阵之际，左右施放，势如破竹，比远则占上，□□击之。然大炮重笨，人力难施，不如劈山可上可下，无不如意。而又限于接续为难，如欲接续，则莫如若明人子母炮。其为炮也，一母十子；其为法也，人皆知之。一人施放，二人实弹，循环终日，不能间断。

　　泊乎船近而将并，则火器为宜，曰箭、曰铳、曰剑、曰□，曰斗、曰西瓜炮、曰喷筒、曰乌统、曰穿腿。其力猛，其势□，其于用也，宜烧篷、宜焚缭、宜伤贼。触之则洞，被之则烂，火器之妙，无以过此。先忠毅公常用之，故余家有本焉。至于既拢且并，篷灰贼乱，此可相机兜擒之时矣。然不可泰[太][3]迫，迫则反害。又不可犹豫，犹豫则机失。机关之间，不待呼吸，于斯时□器械之属无逾□楯，令敢死士鱼贯奋呼而登之船，用命而击杀之，复继□镰短兵以副之。如此，我整彼乱，我壮彼衰。以整击乱，以壮击衰，顷刻之间而贼船为我有矣。此短兵之利也。若夫器械不备，虽有负育之勇，亦无所用其技。是犹渡江河忘维楫，中流而遇风波，船必覆矣。

[1] 眷，弩弓。

[2] 牛栏，船体的两边栏。

[3] 太，原文为"泰"，今改之。

舟师绳墨

［清］林君升　撰

教习弁言

弁，音便，冠也，即今所谓帽也。弁言者，书之序文，所以言著书之原委，因列于书首，如人头上有帽，故序文谓之弁言。今称营中千、把等官，亦谓之弁者，以千、把居兵丁之上，亦如人头上之帽，同一意也。是书本为教习水师而设，而此一篇，统官兵而告戒之，令其一体学习。其意侧重在官，为全篇之主脑，提通部之大纲，如演戏副末所唱之开场白也，故曰《教习弁言》。以后才分舵、缭、斗、碇[1]四项，末及众兵云。

《司马法》[2]曰："士不先教，不可用也。"然束伍之法、号令之宜、鼓舞之机、赏罚之信，不但无古今，亦并无水陆，万世同道，不容旁赞一说。惟是水师首重战舰，若遇风恬浪静，操驾巡防，有何难处？所患海气溟蒙，风涛瞬息，兼以乱礁逆流，掀簸震荡，戍守之险难于陆路者，此也。苟非教之有素，自顾不暇所望其捍御者安在哉？（《司马法》、《武经》篇名。战舰，即战船也。恬，音田，安也。溟，音明，水黑色谓之溟。蒙，音蒙，涳蒙，细雨也。掀簸，音轩播。捍御，犹言抵敌护卫也。）

历来商渔之徒，颇有精通水务。又苦辞不达意，亘无抉示纤微。即有谙练之弁目，自任以约束调度为职，而于一切行舟事宜，惟捕舵是问。又其甚者，方谓舵、缭、斗、桅，此一枝一艺事也，似不必习，曷亦念为将之道？所谓身先士卒者，非独临阵身先，件件苦处要当身先；所谓同滋味者，非独患难时同滋味，安常时亦要同滋味。而况舵、缭、斗、桅，千金之战舰所系，一船之身命所关，岂可云一技一艺之末，独使士卒该习，弁目不该习乎？虽舟师溅水拖泥，事事艰险，若必顾体统、惜气力，看到口不能开、手不能动，名为坐船之弁目，实同开铺之招牌，可耻孰甚！即使习之，不尽通晓，则同舟之卒，得以欺骗避难，而逆诳（古况切，光去声，欺也）莫可辨。斯驱策不能明，不可行也。升平日久，比比借为捷径。若使伺候上司，问以某汛、某岛屿、某洋、某礁脉，答应不穷，如瓶泻水，一经随带巡行，岛屿、礁脉认得他，他却认不得岛屿、礁脉。谚云：闭目念文，到底不识一字，其斯之谓与。（比，音秘。比比，犹每每也。捷径，犹近路，言其由水师出身较陆路为快便也。屿，音序[3]，海中洲上石山也。礁，音焦，海中隐石，本作礁，今俗通作礁，非。）

今圣天子念周瀚（音汗，广大之貌）海，加意水师，凡具出类拔萃之才，不数年而位至大员，可见士卒者，侯伯之根苗也。生逢盛世，急宜互相鼓舞，以膺千载一时之旷典。总之，千言万语，水师技艺不是答应官府的公事，系尔官兵保身立功、自己贴肉的勾当。你若舵、缭、斗、桅平日学习得十分，到不测时用得五分，亦可保全；若用得八分，已可万全无患。未有到不测时，能用尽十分本事，而从容活泼者也。故俗语有云：到厮打时忘了拳法。全在平日学习时，存想到那遇不测的一般，久而纯熟奥妙。即陡（音斗）遭台飓（飚[4]，音台，俗字无考。飓，本作飓，音具，海中大风。《南越志》[5]云："飓风者，具四方之风也"。又《岭表录》[6]云："秋夏间有晕如虹，谓之飓母。"苏东坡《飓风赋》[7]云："断霓饮海而北指，赤云夹日以南翔。此飓之渐也。"今俗通读为报。[8]），就以平日所学习者用之，一件熟，即得一件之妙。若平日不知学习，即属不要性命的呆（鱼开切，艾平声，痴呆也。）子。猝然飓来，便张目丧胆，待命鱼腹。此时悔哭血出，亦属无益。凡尔千把、外委等官，身邀一命之荣，岂可不识指挥，以取罪戾。即尔兵丁吃着粮饷，又有加拔，不要说你安坐一日，少不得你的银米，就是你病一日，也少不得你一厘一合。这粮饷都是官府征比来的民脂民膏，尔等在家，那个不是种田地的百姓，肯想到种田地、完粮银的艰苦，即知今日吃粮饷的容易，并不用耕种担驼。尔等更有那做渔采生业的，拌（音潘，弃也，俗又作拚）却性命，历尽辛苦，尚多亏折，愈知今日粮饷之不呼而至、安坐而得。州县迟误，尚有参罚，朝廷养兵千日，用力一朝，享天高地厚之恩。身为水师士卒，若犹不熟水性，即是不思报答之人，国家要你何用？尔等各具天良，亦会思量到此否？

本镇仰荷皇恩，谬任以来，无日不恳切训诫，特恐言者谆谆，听者藐藐，虽经分列四甲（舵、缭、斗、椗四项之人），轮流学习，猥蒙圣明俯采，一体遵行。但舵、缭、斗、椗，事固琐碎鄙陋，而其难其慎，又什倍于弓矢干戈。用与三营，将备斟酌考论，分设教习，自捕舵而下及众兵，所有职掌章程，详列于后。

本镇生长海滨，自从戎以及筮仕，数十年虚心问察，字字身试力行。欲使尔等简易遵循，故各条教约，宁言粗俗，而求实效，不敢粉饰而事虚文。各抄一本，识字者自读，不识字者听识字者解说诵读。到行船时，字字依着而行，便觉亲切有味。就是或战或守，俱不外此。（此战守，不是言战兵、守兵，是言或遇海洋打仗交锋，或则出巡防守，俱不外此法则，战则如今水操亦是。）

管驾之法，但不得假借水师，全凭口说，以为骗窃功名之衣钵。（钵，音拨，盂也。和尚传法，有衣有钵。此喻假借水师以骗功名，个个如此，犹和尚衣钵相传也。）殊不思无本之学，即使侥幸得来，一旦奉令巡防，偶有不测，手足无措，势必负罪非轻，贻误不小。想到此际，不知功名在那里，连性命也不知在那里，却不是反害了你。故圣贤学问全在"毋自欺"三个字。天下若有实在本领，凭他怎样颠扑，不得破的。若或稍涉虚假，再没有不败露的日子。尔等捕舵各头目，熟读遵循，便称一个好头目，那个水手敢不听你调度。这就是无惭职守、报答国恩的人了。

所可惜者，尔等终岁在洋，步伐进退，茫无讲求，状貌不异愚蠢乡人，举止全无行伍。所以营伍、水师，二者原难兼得，此千古之通病也。尔等若再能于管驾之外，营伍熟、武艺好，此时求才若渴，功名唾手可得。至尔千把、外委等官，毋耻下问（言自己不晓得，不可以问于下人为耻，则不护己短，而水师亦渐明白矣），毋避劳冗（而陇切，戎上声，杂也，忙也），毋水陆岐视，局于一途，努力造到全才，庶水师可以出力，陆路亦可报效，异日即为干城腹心之器。（干，盾也，古人以木板为之，上尖下方，兵器所以护卫身体者，如今藤牌之类是也。《诗经·周南》"兔罝之篇"有云："赳赳武夫，公侯干城。"又云："公侯腹心，言其如干如城，可以扞外而卫内；同心同德，可以致治而安民也。"）

本镇于尔各弁目兵丁，实有厚望，不得不万分叮嘱。思之、思之！三军性命、地方安危，藉（音谢，犹言倚靠也）尔舟师。舟师所藉何等重大，尚可诿四甲为夫之技艺，漫不经心而反出商渔下耶？（言不可不如商船、渔船之人，而反居其下也。）各自濯磨，毋负本镇一片苦心。幸甚、幸甚！

诰授荣禄大夫、提督江南全省军门、前浙江定海镇总兵官、同安林君升敬亭氏著于舟山之镇鳌公廨

[1] 舵，船控制方向的装置；缭，用以固定船帆的绳索；斗，用于登眺盘旋，占风望向；"碇"，停船时沉入水底用以稳定船身的系泊工具。
[2]《司马法》是我国古代重要兵书之一。大约成书于战国初期。宋元丰中（1078—1085 年）将其列为《武经七书》之一，颁行武学，定为将校必读之书，现仅残存五篇。

[3] 序，闽南话"屿"的读音。

[4] 飑，今简化字作"台"。

[5]《南越志》，南朝宋沈怀远撰，书已佚。沈怀远，吴兴武康（今浙江省德清县）人。初为始兴王璇征北长流参军，因坐事徒广州，后官武康令。《南越志》乃其徒广州时所撰。

[6]《岭表录》，即《岭表录异》，三卷，唐刘恂撰。刘恂，唐昭宗时人，曾出任广州司马，官满，上京扰攘，遂居南海，作《岭表录异》。是书记述岭南异物异事，也是了解唐代岭南道物产、民情的有用文献。原本久已失传，四库馆臣从《永乐大典》中辑出，并印入《武英殿聚珍版丛书》。

[7]《飓风赋》，传苏轼被贬海南时所作。后人考证，认为不是苏轼作品，而是其子苏过所作。

[8] 报，闽南话"暴"，风暴。

捕盗[1]事宜

古者舟师之制，首捕盗，次舵工。跪听中军发放毕，本船甲长兵丁，各听捕盗发放，非以假其威，实以重其事也。使知责成有所归，则临事必惧；兵丁有所畏，则受命不违。兵法谓出门如见敌，我亦谓行船如遇飓，要使一船共为一耳，共为一目，共为一心，共为一力，这才是有制之舟师，方可恃为无患。所以不明纪律，不可以为捕盗。（纪律，纪纲法律也。行兵走阵、大小事情，要依军令，不容儿戏。所谓纪律也，行船亦然。）

一曰公。凡遇轮流派拨，丝毫不容徇情，如摇橹、打水、支更、瞭哨，事务繁杂都要秉公。若该轮着，就是你的子弟亲戚，也没本事免了他；若不该轮着，就是你的旧仇宿怨，也没本事硬派他。你只要想此班轮过，偶然忘记，重派了他，人就不服，都要喧攘起来。可见公错尚然。倘或徇情面、或藉报仇，谁肯依你使唤？

谁肯受你吆喝？军法无私，切宜首记。然又要出之以和。《春秋传》曰："师克在和。"所谓不和于众，不可以共事。盖和则心同，心同则协谋而齐力。故一船之兵，战水不一，凡有举动，务商随船队目，自得协济之妙。

一曰明。凡人智愚强弱，天所赋与，不能勉强，要看他果否胜任。如某人可用某甲，某人可任某事，平日留心，分别停妥。设或某甲某人，猝然有病，可以不必思索、不费商量，立唤某兵替代，在该兵亦乐为知己之用。在本船仍不缺专管之人，预将派定兵丁，登记水牌，首列舵、缭、斗、椗，次及各行事件，犹如舭边贴列战兵的名字一般，既可杜各兵避难趋易之弊，又可使昼夜行泊。或遇风雨有警，皆能按立地位，各司其事。设有一人搀越，禀官究处。至闲尝在船各兵，固不可过于拘束，反致疲倦。而又不可任谈闺阃（谓谈论人家妻女阴私之事也），以致嬉笑轻狂，惑乱神思，全失规矩。如遇泊船收岙以及各处港口，无故不许上去闲游，庶几一呼之际，一名不遗。可见离却严字又行不去。

一曰勤。朝廷设厂造船，文武监督，何等慎重。一经交营驾驶，致有差误，实尔捕盗之罪。船底易致蛆蛀，要尔每月按期燂（徐盐切，音蚕，火热也）洗[2]；灰缝易致晒裂，要尔早晚督令浇淋；风篷日晒则脆（音翠）、雨久则黴[3]（音梅，物中久雨而青黑也。俗作"霉"。考字书无"霉"字），要尔因时晒泼，不惟耐久，亦避火烛。船上什兵，要尔随时分付他打扫收拾，并指点一切绳索；船上炮位，要尔平时较准，吃多少药弹，须逐位装藏如法；杠具篷索，要尔预先禀请购办，又须验看合式坚固。即属不甚值钱之物，亦要尔检察制造。行船走马，事属一体，你看揎（音宣）马鞍的皮条，所值不过厘许，若不辨别朽固，信手揎系，半途断绝，性命攸关。行船物件，类如此者甚多，你若稍一躲懒，有一件不经心处，异时不但劳而无功，还要祸到头来没药医。况且众兵俱听你指挥，未有好劳而恶逸者，每见捕盗因循，众兵怠忽，上下相因，必致逐物易朽。所苦计日无多，请换不敢，仍用不可，这才是开口告人难。毕竟辗转思量，且大着胆，仍旧用去，设遇台飓，心魂先丧，你想医家尚有割股之心，何况同舟共命？这战船又属官物，身家所系，此时若割肉可以补救，在捕盗也是肯的，到你肯时究有何济？想到此地，惟勤有益一句，至宝至宝。

总之，公则无所徇庇，自然能明；明则洞悉利害，自然能勤。三者既得，尚有许多琐屑之处。我常将捕盗譬作人家当家人一般，自堂前以及厨下，事事都在当家人肚里，早夜不得安逸。食用器皿，件件俱要问着他，还要任劳任怨。若使一避劳怨，又却当家不成。故为捕盗者，行舟先须计算粮米，此为第一要着。次之柴火水浆，即属各兵去砍来、汲来的，亦要开导他在船上的艰难，切不可多用。有不率者，则严叱之。凡油麻灰钉、斧凿锯子之类，缺一不可。每夜火盆内不可断绝火种，灯笼内预要防备蜡烛。若遇夜洋行驶，各船要首尾相接，雁行而进，藉力全在尾楼灯。如相离既远，必放流星，庶可遥望跟踪。凡百之难，急宜周悉，随机应变，又在临时。捕盗得此，思过半矣。

[1] 捕盗，官职。清代职官中，有捕盗步军校，正五品；捕盗，六品；掌捕盗贼的巡检司巡检，则为从九品。此处当为战船指挥官。
[2] 燂，烧热。燂洗，烧热水去掉污垢。
[3] 黴，今简化为"霉"，东西因霉菌的作用而变质。

舵工[1]事宜

舵者，犹人之心也；缭、斗、碇，犹人之四肢也；船上众兵，犹人之百骸也。心若主持得正，则四肢百骸，皆得其道；心若主持不正，则四肢百骸，尽失其宜。故一船着力，全在舵工。《三略》[2]曰："用军之害，犹豫为大。"审决既定，应进则进，应退则退，细思犹豫之害，在尔舵工尤甚。（犹豫，迟疑不决也）凡事谋于众则吉，惟尔舵工事宜，要在你一心主宰，众人都不能参赞一见的。况行船一遇风浪，兵心莫不摇惑，礁脉浅沙，他又如何晓得，所以仰观俯察，舵工独任其劳。

仰观之法如何，风云不测，变化无穷，虽古今推算之书甚多，有曰《乾坤秘录》，有曰《雷霆都司》，有曰《测天赋》，有曰《泄天机》。细究其法，都不过占风云气象而已，且其说亦有渺茫处。今取其简而明、明而易者：如"雾后须防风飓"、"夏秋更有雷风"、"秋天夜间有露决无飓"、"交冬北风虽大，不为台"、"夏至以后北风一起，即有风台"。又要晓得"六月雷响止九台，七月雷响九台来"。但风台雷飓，各有云象可观。总之，四季有不应时之风，就知不宜。每天再看日月出没，若有黑云横蔽，非风即雨。兼以天神未动，海神先动，或水有臭味，或水起黑沫（音末），或无风偶发移浪（无风自动曰移，《崇明县志》作依），礁头浪响，皆是做风的豫〔预〕兆。紧紧留心俯察之理如何。

潮候随四时之节令，长[3]退有一定之去来。春潮大在申、酉、戌，夏潮大在亥、子、丑，秋潮大在巳、午、未，冬潮大在寅、卯、辰，各按时候。即如春天初一日，此处不浅可过；转至夏来初一日，此处却过不去。由此类推，行船无失。但礁脉有明暗，流水有顺逆，一被岛峃山屿所阻，又有缓急迟早，隔省更不相同。若遇无风之际，一到水急礁浅，先要度量船之大小，才可强施桨橹，以避其害。所以风飓险，流水更险，欲求妥稳，惟有斟酌抛碇而已。又如春天多有烟雾，若在内洋驾驶，礁脉丛杂，无论昼夜俱须停泊为要。谚云"宽心可驶万年船"者此也。

如若不明方向，须看罗盘；不识浅深，须用水托。倘到薄暮行舟，（薄，音卜，迫也。薄暮，犹俗所云靠夜傍晚也。）必认一山为主。尖而高者，耸立易识。但山高则影远，见影又毋害怕不前。小而平者，急切难辨，须记得此山的山嘴，系何形象，左右有无小山屿。如看见有小山屿，则知为应山，始可认定。至认礁脉，亦以附近之山为主。或由某山嘴，或对某山头，或某山门开，或某山门闭，确对某处，认定某礁，然后可驶舣（舣，本同创，今俗俱以为行船驾驶之法用）避。认礁之要，不外一开一拢、一横一直。倘若不看对山，不认某门，稍有犹豫忽略，鲜有不受其害者。

如黑夜大洋遇风，不敢收舀，惟有凭香舣织。舣去香点若干，收回照依若干，以防礁岸拢浅之虞。或浪大不能转舣，只可将篷蹲少，缭毋往下风挽紧，朝东而行，可避山屿。然凡遇风飔，要蹲篷几页，传集头目各兵，各司其事。至松綷（音律，大绳也。又以竹为索，用以维舟者。今战船用麻作绳，以升降风篷者，名曰樯綷）趱缭，尽宜开舣，又要迅速。若是顺风遇飔，尤要舣起。缭已收紧，可放樯綷，如篷尚吃风，又防樯綷或松不下，腰缦（莫半切，满去声。腰缦，即篷档抱桅，用以穿骨辘子之绳名也）挂紧大桅，此际舣若太起，复恐转舣。所以开泊转舣，先要叫顾头篷者小心提防。其于夏秋遇台之后，须知转西回南，必择碇地，方可收泊。

凡百独任之劳，上司故格外优恤。捕盗之下，即继舵工，你却有呼唤吆喝之任，又不可不知检。如打扫收拾，在你自谓勤谨；谈笑戏谑，在你自谓和睦（音木）。这都是不应为而为之事，体统何在？岂不闻圣人说："不重则不威。"行船事务，都要你商之捕盗，传之头目，告之众人，忘却端严，谁能用命？军令首先肃静，行船愈戒喧哗，或在洋、或进港、或遇船踪，不许众人聚望。就是海上现出金山、银山来，也不许他们拥挤观看。耳目既无遮蔽，心神更觉清明，用心在你，用力在人。故各兵职掌不一，闲时逐细讲知，庶几指挥无误。各兵心性不同，平日情谊关切，庶几呼应得灵，要到得如心之所在，则四肢百骸无不从心所欲，这才成得一个舵工。然亦谈何容易，兵法曰："善将者，知天之时、就地之势、因人之力。"舵工虽微，备此三语。

[1] 舵工，又称舵手，负责船上操舵，掌握海船航行方向。

[2] 《三略》，即《黄石公三略》，是我国古代著名的兵书。相传作者为汉初隐士黄石公。

[3] 长，今作"涨"。

缭手[1]事宜

《易》曰："同声相应，同气相求。"一船上声应气求的事务，惟尔舵缭更甚。是以舟师纪律，驶风不正，责之舵缭，务必和衷协力，方克有济。至行船先问那一戗开，收泊先问那一戗抛，尤要辨地方之宽窄（音责，狭也）。或左右贴近山屿，或前后逼连船踪，趱缭过缭，事事俱与舵工斟酌而行，不可造次。至开船时，诚恐洒来洒去，船头不定，万一头缭照管不及，忽然碰浮，原要这一戗开，反致那一戗转。故缭母必须双买，以防不测，使两戗有备无患，方可任其转折。凡遇捷（音连，上声，又作辇，般运也）篷之际，可将缭曲揎在缭风之上，猝然遇风，恐篷高不能揎挂。至在洋行驶，常川宜在缭袖门，过门须防山泄风。要看戗一起头，急宜收缭舵，若风大难拉，急宜松缭，收放应手，方称活缭活舵。

然善事者必先利器。舟之乘风也，利便迟钝，尽在乎篷。其留心先要在匠人联篷之时，亲自帮他将大篷之屧口（篷边绞口处，以白藤为之）用力绞紧。篷抽（一曰篷筋）每条松七八寸，既免走样可观，又且耐用可久。即篷档倒插等竹，亦必逐根配齐。竹太大则篷硬，不能吃风；竹太小则篷顿（音善，上声，与硬相反），遇飓反兜风，而船且不能过浪。至于篷钩等项，早宜预备齐全，庶几遇飓蹲篷，不致手忙脚乱。若船上要做缭风，还当审察桅木之向背。向前之桅，上把缭略松几寸；背后之桅，上把缭略紧几寸。所以分缭寸舵，毫厘千里。

[1] 缭手，负责撑控船帆绳索的水手。碇，亦作"椗"。

斗手[1]事宜

　　选兵之道，丰伟第一，独选斗手则不然。丰伟之人，体重不能便捷，如何爬得上桅。故手足伶俐、精力强壮者，方胜斗手之任。然又必有胆以充之。倘胆或不充，略能爬得几页，便足软眼花，如何到得桅顶。就使到了桅顶，稍有仓猝惊惶，如何穿缭挂索，尽能舒徐无误。故二十以下、四十以上之人，俱做不得。盖年到四十，则筋力少衰，岂能以堂堂七尺之躯，而蹲伏委曲，猿腾鹘击？上落则甚可危。年未二十，则胆气未壮，岂能以遥遥数仞之上，而屈申进退，蛇行龟息？临事则又可患。

　　故要选别得人，先教以一切上桅工作。须带一丈多长之布，将身系缚（音伏，束也。又音婆，去声读），不惟身安心稳，两手皆可运动。

　　凡桅之软硬，预宜辨知。帮（帮同）用居多，箍（音姑）亦生锈，又恐帮桅摩久则能霉（音梅），不时将箍催紧，庶免摇动抽签。桅门、桅荦[2]（音荐）尤须时时阅视，荦平要虑秤桅，必用板鞎（音殿，俗用垫，非）桅荦之后，免致跳起。却又不宜过高，反致不牢。如遇遭风过洋，必要捆着桅荦，不使跳动。桅脚又有桅箾（音宵），且宜着箾三四分。如或过箾，则调戗不灵。至饼子箾，时用硬木更换，恐略弯则篷必难捷一切绳索。平时预备收好，樯緤[3]吊扬，都要合式。小则塞门，大则难过饼子门。再若腰缦所穿骨辘子，此其极小者也，然两头不时常揎紧，或挪动缺少，一时风雨骤至，任你用力蹲篷，却被铁箍挂住。害生于细微，即此谓也。四时风飐，最坏篷索。夏秋移浪，损伤尤甚。故必预为绸缪，时时更换，不致台飐临时，急迫穿挂之苦。你想一船事务，都可藉着众人

协力共济，独至上桅一节，风浪时谁帮得你。故无浪时要作有浪时
防备，登高则险，毋自贻误。

[1] 斗手，缘篷绳攀登于船桅之上，负责占风望向的水手。
[2] 桅牮，桅杆的斜支撑。
[3] 綷，粗绳子。

碇手[1]事宜

　　波涛浩渺，望战舰如盘石，知碇之为功甚大。故抛碇之法
宜详。
　　走碇之害不小。孑然独艘，则飘流撞搁，一船尽受其害。若鳞
次联踪，则风急浪涌，祸延更觉其惨。常见厦门作飑，上风一船断
碇，一撞二、二撞四，如转圆石于千仞之山。一时数十号大船，顷
刻尽成齑粉。所以遇着联踪，其抛碇切忌雁行，须按七星圆式。
　　细悉碇木利害，平日照管收拾，自然刻刻留心。滚练务必及
时，浇洗不容迟误。尤防蛀蛀于内，难辨于外，惟看燂后有未干之
处，即知内系蛀蛀。燂舵亦然，何愁不识。购买碇舵，俱宜照此辨
别。其余防备之碇，亦须频频浇泼。万一久不泡浸，到临用抛下
时，干燥不能到底，反致误事。即所用碇纫[2]，或棕、或藤、或
篾，俱是喜湿怕燥之物。若不浇泼，则摩动必霉，霉则脆矣。每到
遇风勒舵，以及过门等项，又要生根为妙。再值有风之际，坫头亦
宜不时浇泼。若于风水一息，速行转碇，不致泥沙埋没，伤其碇
齿。此皆平时收拾之道，碇纫俱可应用，临事不致患生意外。
　　抛碇之法有三：一看地之浅深。浅地抛碇，必要等船戗定，方
可抛下。在碇纫又要慢出，出得太急，往往纫绊碇头，俗谓之包
头，又名为吊狗。若港㠀有逼江海之处，恐雨水冲出泥沙，深处忽

浅，难以拘执。如久不进此港呑，先问土人方可收入。一看流之缓急。如急水抛碇，预先将碇泼水，出斗再择善为泼挪者等候，仍将车内碇纫，量其地之浅深，先约放纫多少在船。又把碇纫生根停当，等舵工钗起，就可抛碇。须快出纫才能使得到底。此又不可与浅地一例而论。一看风之顺逆。如顺风逆流，大篷头篷齐下，方可抛碇。若顺风顺流，又要看呑之宽窄。呑若宽，钗起抛碇，然后下篷；呑若窄而浅，即在呑口下大篷，驶头篷进呑，听叫头缭放去，小钗一起，即可抛碇。是名走马抛。抛碇之法，大略具此三者。

　　再于泥烂风大，防碇割地而走，须用薄板一块，长二尺许，较碇齿阔一寸，凿四孔，用绳揎系于碇齿，可以爬泥，俗语唤做碇鞋。至碇担揎系不可长短，长短亦能走碇。倘移地避飔，事起仓猝，或恐车关人力，起碇迟误，备用大毛竹一根，缚于碇纫浮水，以便归取。碇手熟此，何致把碇迟疑，胸无定见。故能措舟师如盘石之安者，此又碇手之功也。

[1] 碇手，负责操碇的水手。碇，亦作"椗"。

[2] 纫，绳索，绳子。

众兵事宜

　　众手好移山，此千古俗语，却是至理。你要想船上有好捕盗、好头目，离了众人，他独自可行船么？你又要想你等离了捕盗，那个差遣得人？离了头目，那个把得舵、趱得缭、上得桅、抛得碇？他非你不行，你又非他不行。善乎！《孙子》（《武经》有《孙子兵法》）有言曰："吴人与越人相恶也，（恶，本音入声读。相恶，言不相和好也）当其同舟，济而遇风。其相救也，如左右手。"（以上六句俱孙子之言也）只此数语，形容到尽情的地位。你想吴越素有仇隙，尚知同舟共济，尔等不要说同标共伍，只要想到不测时节，那利害是一人独受的，还是众人共尝的。晓得到这个利害所在，就晓得不费我的钱，只费我的力。力原不是为他人用的，仍旧为我自己用的，就有人教你不要上前去用力，你还要挣出头去用力哩。在船的捕盗头目，即如你在家的家长一样，有事无事，各要听他约束呼唤。什长有管头缭、传差使之责，众兵于一切用力的事务，只要不偷懒就好。

船上火食，打总为妙，一则省却工夫，二则免却火烛。尔等果能学习得水务，熟谙（音庵，明也）操练得武艺高强，这官难道你水兵做不得的么？往时水兵配船，每每那调更换，所以视同传舍，（传，朱恋切，转去声，与《左传》、《列传》之传不同音。传舍，即今馆驿也。人所止息而去，后人复来，辗转相传，居无常主，以非己室家，人无爱惜。故凡比方不肯修理之处，谓之视同传舍）弃如敝蹝（音徙。敝屣，犹俗语破鞋也）。今将长配之有益者言之，尔等一派到船，行止坐卧，不离此处，这就是你家里一般。想着在家时，设或夜闻火烛贼盗等事，仓猝起来，并无灯火在手，信步走去，遇门知开，遇槛知跨，不致挫（音彭，去声）头绊脚者，熟极之故也。若一迁移换屋，就是青天白日。偶不经心，还像旧屋里走将去，因而挫头绊脚，多少不便。新落一船，光景无二，及到了长久的时候，各人之仓口、统船之前后，随步往来，毋庸着想。设或黑夜行舟，遇风作飓，一到自如，省了多少气力。且随船之器具什物，某项系旧设，某项系新制，不烦细问，到眼即知朽固。某物系利便，某物系滞钝，不待详推，到手悉知用法。在尔等一人有一人之性情，共船日久，识性又可同居，至营船未届修造之年，若一朽烂，就有看守不慎的处分。你想捕盗一人，那里看守得许多，全要大家爱惜。你既长配在船，便知战船的仓口，就是你的房子，即如灰缝稍有豁裂，就该速行艌补。每看半夜三更漏湿被铺之苦，这时就是费你的钱。你亦心肯的要想到长在此船，件件俱宜爱惜，则战船坚固，营员亦并受其福。凡此皆长配之有益。有派拨配船之责者，不可不永守其法。至于人之气力，常用则坚实，不用则疲软。你看古时多少大英雄豪杰，尚且劳其筋骨，尔等众兵，须知拚得性命，成得事业。光阴无几，壮士乘时，不可随行逐队，虚过了一生。有志者亟宜猛醒，奋发有为，毋自暴弃。

跋

［清］陈　奎[1]

《舟师绳墨》者，同安敬亭林公之所著也。古称篙工楫师，选自闽隅。公，闽产也。浮家泛宅，弱冠之年，即扬历洪波巨浸中。故其于云气氛祲、礁脉沙线［汕］，凡所谓仰观俯察之道，时时地地，研究不遗余力，固将以储国家有用之材也。厥后以水师应募，渤澥折冲，同袍中无出其右者。洊擢崇阶，对扬丹陛，即受知于世宗宪皇帝。雍正丙午，特简浙江定海总镇。

其于训练部伍、捍御疆圉而外，每惓惓尤以舟师为要务。盖定海，固东浙屏藩，水师重镇也。爰以公素所讲求阅历，灼见真知、屡试不爽者，敷陈直言，著为轨则。分《舵》、《缭》、《斗》、《碇》为四甲，而以《捕盗》、《众兵》始终之，互相教习，咸使知能。其所以鼓励戎行，保护战舰，为我朝防海巡洋计者，厥意良厚，厥功匪鲜。编次脱稿，进呈宪皇帝睿鉴。深荷温旨都俞，即诏海疆营分，一体遵行。当日者，非特铁衣之列，手执一编，目睹口授。即商艘渔艇间，无不奉为利涉指南矣。

时奎年甫冠，受业父兄，缘不耐寻章摘句。旋即投笔挽强，奔走戎幕。公尝诲余云："以尔抱昂藏之质，目尚识丁，其亦于我《舟师绳墨》，颇能理会耶？"余适强记成诵，脱口而出。公笑曰："谚谓熟读王叔和，不如临症多，是非可以睹记毕乃事也。第孺子可教矣。"后逢巡哨海上，余辄从公于迈，涉历岛峤，冲冒风涛，见公调度指挥，无不身先士卒，区处如意。暇即以绳墨事宜讨论试验，奚啻父教其子，兄诫其弟。虽卤莽如余者，而亦颇领略其因地制宜、随机应变之意。四十年来，得从赳桓大夫后，周旋江浙，乘驾艨艟，四甲诸人，颇不敢视余为门外汉。而诳饰揶揄之者，皆藉公嘉惠后进，面命耳提，得其一二绪余之益也。惟是过江以来，首经吴淞承乏，考校之余，询所谓《舟师绳墨》，佥多茫然罔闻。即核之四甲中人，虽不致大相径庭，而于一切舵、缭、斗、碇事宜，未尽动中肯綮，是虽此邦狃于沿袭使然，实亦江左外洋散漫险危所限。苏、松、川、吴四班巡船，自高家嘴而外羊山、马迹诸处，止堪暂停而不宜久顿。虑西风推荡，逼侵沙麓，伤及底艡也。汇头以内，离却吴淞口，其他别无可倚庇矣。故出则旅出，收即旅收，亦安得风正潮平，年如一日，而俾之扬帆捩舵，梭织自由，又安得如吾定海之岛屿星罗、港浦门列？舟师果克晓畅水务，汛境之内，或行或泊，东西南朔，攸往咸宜，台飓雷霆，有恃无恐乎？故觇江左舟师，动辄限地，有长者不及尽展而抱拙者，亦尽易藏。彼此因循，惟知徼天之幸。此《舟师绳墨》所由束之高阁，而官兵难求出色欤。然而有备无患，《绳墨》不可不知，是在为之将领者，所当身先士卒，未雨绸缪也。

辛卯三春，余滥膺今上恩命，阃寄苏松。入觐螭墀，叠蒙召见，仰承清问江浙外海情形，与夫曾否遇险之处。武臣质率，敢以身亲经历，略悉粗知者，敷奏宸聪，猥荷宠赉，径邀非分之荣。视事以来，铭心镂骨，固不敢自栩为稽古之力，而致身有自，师承耿耿莫忘。因叹林公辞世仅十余年耳，盛德肤功，自有碑留堕泪。而其婆心一片，尤寄《绳墨》数条。迄今典刑尚在，奚忍湮没不传，徒饱蠹鱼之腹？且夫纸上谭兵，类多空言，无补于事，而惟此一书，事事切实，语语精详，舟师舍此更无别求生活者，可不亟为诠述？遍用申明以仰副圣天子之加意水务等，第远绍贤先达之留神洋伍机宜也哉！用是检点遗编，付诸剞劂，期与四营僚属，各执一卷，细心体察，实力遵循，以作舵、缭、斗、碇之衡鉴。其在缯艍[2]、沙船、小哨诸船，及各队目兵人等，分发讲习。夫然后四班轮督，率四甲而日省月试之，毋任拘墟，勿容画地，将见范围不过，统水陆弁兵而胥就甄陶，又奚虑有长莫展、有拙可藏，致憾江左水师循名多难核实乎？昔子路问政于夫子，子曰：“先之，劳

之。"请益，曰："无倦。"斯言也，夫子岂独为子路告哉？是在有
志者，毋让林公专美于前，则庶几矣。开雕即竣，谨叙是书巅末，
谬附臆见以跋其后，或亦孔子所云"述而不作，信而好古"之意
也夫。

　　时龙飞乾隆三十七年岁次玄黓执徐履端上元节，江南苏松镇总
兵官、旧隶帐下士翁洲伏峰陈奎谨跋。

[1] 陈奎，清代浙江翁洲（今舟山市岱山县）人。林君升之部将，乾隆年间
　　任江南苏松镇总兵官。
[2] 缯艍，即缯船，清代水师的一种小型战船，有赶缯船、艍缯船、捞缯船
　　等种类。

地名注释索引

凡　例

1. 本注释索引包含《海国闻见录》、《海疆要略必究》、《厦门港纪事》、《外海纪要》四部文献所出现的地名。

2. 各条注释按地名的汉语拼音字母音序排列。

3. 各条注释后标识的书名简称和页码，指示该地名在本书出现的位置，以便查检。

4. 本地名注释参考《中国历史地图集》、《读史方舆纪要》等诸多工具书与历史文献以及历史地理学者的研究文章，恕不一一列出。

A

阿公山　即公山。参见"公山"条。《厦门》：P171

阿黎米也　即阿拉伯（Arabia）。《海国》：P19

阿娘澳　当为娘澳湾，在广东台山北海湾口西侧、台山市北陡镇的沙咀至尾角南面南面海湾。《厦门》：P154

安南　即越南。《外海》：P201

安汶　在印度尼西亚安汶岛，今马鲁古省省会。《外海》：P209

埃海　即今福建省晋江市的安海镇。《厦门》：P186

埃海水头　即福建省晋江市的安海镇及与其紧相邻的南安市水

头镇，始建于南宋绍兴八年（1138 年）的安平桥（俗称五里桥）即横跨在两重镇之间的海湾上，将两镇连系在一起。　《厦门》：P186

鳌山　指鳌山卫，在今山东省即墨市东部沿海，崂山湾北。《海国》：P3

澳角　即澳角湾，在福建东山岛东南部澳角村的南面，今属漳州市东山县陈城镇。《厦门》：P140

澳头　位于厦门市东南沿海突出部，今为福建省厦门市翔安区新店镇澳头村。《海疆》：P101《厦门》：P141

澳头澳　在厦门市翔安区新店镇澳头村。参见"澳头"条。《厦门》：P186

B

八尺门　本书有两处称"八尺门"的地名：

一处为浙江省温州市苍南县马站镇霞关的南关岛与老鼠尾岛之间的水道，是霞关通向沙埕与外海的门户。《厦门》：P145

一处在浙江省台州市玉环县东南面的坎门湾一带，为茹榔澳内的小港湾。《厦门》：P146

八都　即今福建省宁德市蕉城区东北部的八都镇。《海疆》：P105《厦门》：P145、P159、P162

八都港　在今福建省宁德市蕉城区的八都镇霍童溪入海处。《厦门》：P138、P183

八母礁　当指百亩礁。参见"百亩礁"条。《海疆》：P106《厦门》：P138、P141、P145

八罩　即八罩岛，今称望安岛，位于台湾省澎湖列岛南部、马公市西南面。是澎湖列岛的第四大岛。　《海国》：P5《海疆》：P117、P126《厦门》：P166

吧实　即今印度尼西亚加里曼丹岛东岸的巴塞尔（Pasir）。《外海》：P209、P210

把东　即今印度尼西亚苏门答腊岛西岸的巴东（Padang）。《外海》：P209、P210

白带澳　即白带门澳，为浙江省台州市三门县扩塘山岛的港湾，今称彰化湾。《海疆》：P120《厦门》：P152

白带门　浙江省台州市三门县扩塘山岛南面的水道，水道南岸为临海市朱门山。《海疆》：P98、112《厦门》：P141、P181《外海》：P207

白带门澳　即白带澳。参见"白带澳"条。　《海疆》：P108、P109

白鹅港　当在福建泉州湾附近，今名无考。　《厦门》：P158、P185

白鸽　即白鸽寨，在今广东省湛江市麻章区太平镇通明村，明清时期雷州水师以此为营地。《海国》：P6《厦门》：P170

白鸽寨澳　即通明港，在今广东省湛江市麻章区太平镇通明村南。《海疆》：P97

白碣仔屿　即白碣礁，在福建金门东半岛西北隅的金山港口。《厦门》：P142

白龙　在今广西北海市东的铁山港区营盘镇境内，有珍珠城遗址。《海国》：P6

白龙尾　即白龙尾半岛，今称白龙半岛，位于今广西防城港市防城区南端。半岛东南部有地名曰"白沙"。《厦门》：P155《外海》：P201、P202

白牛　位于广东省汕头市南澳岛北部。《厦门》：P176、P187

白犬　即白犬列岛，在福建闽江口外长乐东面海域、南竿塘岛南，有东犬、西犬诸岛。白犬岛为西犬，东沙岛为东犬。白犬列岛属福建省连江市，现暂由台湾当局管辖。　《海国》：P4《海疆》：

P92、P104、P113、P120、P121《厦门》：P137、P140、P144、P152、P158、P162、P164《外海》：P206

　　白沙港　即白沙门港，位于海南省海口市之北的白沙津出海河道内。白沙津由白沙门和海甸两个岛屿组成，中间的河道就是南渡江出海口。《海疆》：P75《厦门》：P170

　　白沙湖　广东省汕尾市碣石湾西的内海湾。《厦门》：P135、P175、P188

　　白鸭　本书有两处称"白鸭"的地名：

　　一处在广东省惠州市惠东县大星山东北面海域，其邻近又有乌鸭礁。《厦门》：P135、P153、P174

　　一处为福建省厦门市小嶝岛附近的白鸭屿。　《海疆》：P101、P102

　　白屿　本书有四处称"白屿"的地名：

　　一处指福建莆田南日岛东北、小日岛东南海域上的白屿，今属莆田市秀屿区南日镇。《厦门》：P152

　　一处指福建泉州湾内的白屿，今属晋江市西滨镇。　《厦门》：P142

　　一处当指福建晋江市围头湾内的白洋屿。《海疆》：P102

　　一处当在山东省威海市附近，今名无考。《厦门》：P156

　　白屿洋　当为福建兴化湾外白屿周边的洋面。《海疆》：P90

　　白珍　当在福建省莆田市的小日岛与福清市东瀚镇的红屿之间，今名无考。《海疆》：P113、P120《厦门》：P158

　　百亩打涌　当为百亩礁。参见"百亩礁"条。《海疆》：P96

　　百亩礁　在浙江省温州市苍南县石坪乡东南海面上。　《外海》：P206

　　班爱　即班乃（Panay）岛，又作巴乃岛，菲律宾中部米沙鄢（Visaya）群岛中最西面的岛。《海国》：P12

　　半崩山咬　当为半边山。参见"半边山"条。《海疆》：P110

半边山　在浙江省宁波市象山县东海岸中部，为三面临海的小半岛，今属象山县石浦镇（原昌国镇）金山村。《外海》：P207

半明山　疑为半边山。参见"半边山"条。《厦门》：P138

半畔山　本书有两处称"半畔山"的地名：

一处为浙江省象山县石浦镇的半边山。参见"半边山"条。《海疆》：P121、P122

一处为广东省茂名市电白县西南。参见"半停山"条。《海疆》：P97

半屏山　当为半边山，闽南话"屏"与"边"读音有点相似。参见"半边山"条。《厦门》：P147

半凭山　当为半边山，闽南话"凭"与"边"读音有点相似。参见"半边山"条。《海疆》：P112

半坪山　当为半边山，闽南话"坪"与"边"读音有点相似。参见"半边山"条。《海疆》：P120《厦门》：P181

半停山　疑为半畔山，在广东省茂名市电白县西南。《厦门》：P190

包社大白头　指波斯（Persia），即今伊朗。《海国》：P19、P20

宝山　在今上海市宝山区内，清代为江苏宝山县，1988年1月，与吴淞区合并为宝山区。《厦门》：P179

保港　在今海南省三亚市崖城镇西南方。《外海》：P201

抱龙　当在海南省文昌市东部七洲列岛的西南面。《海疆》：P124

豹招　即芭蕉山（闽南话"豹招"与"芭蕉"读音相似），在福建闽江口的川石岛上。川石岛南北狭长，形似芭蕉，故又名芭蕉岛，芭蕉山为其最高峰。《厦门》：P164、P184

杯扣屿　当指茭杯屿，即玟杯礁，在福建省宁德市霞浦县大京村鸭池塘港外。《海疆》：P94、P105《厦门》：P145

北村湾　当在广东省湛江市东海岛附近，今名无考，或即硇州岛的北港。《海疆》：P76

北村山澳　即北村湾。参见"北村湾"条。《厦门》：P170

北椗　即北碇岛，在福建金门岛的东面海域。《海疆》：P86、P113、P114、P119《厦门》：P136、P140、P153、P155、P167、P178《外海》：P205

北竿塘　又名长屿山，在福建省福州市连江县东面，为马祖列岛属岛。《海国》：P4

北港　今名白沙岛，又名北山屿，位于台湾省澎湖列岛以北，为澎湖列岛中的第三大岛。《海国》：P5

北关　即北关岛，为浙、闽两省交界处沿海小岛，今属浙江省温州市苍南县马站镇。与霞关之间有北关港。《海国》：P4《海疆》：P95、P106、P113、P120、P121、P122《厦门》：P163《外海》：P206

北麂　即北麂岛，在温州湾东南，今属浙江省瑞安市北麂乡。《外海》：P206

北家头　当指北茭头。参见"北茭头"条。《厦门》：P183、P192

北家口　即八角口，在山东省烟台开发区八角街道八角口村，海岸呈条弧形，清代已成渔船、商船停泊小港口。《厦门》：P179

北交头　即北茭头。参见"北茭头"条。　《厦门》：P144、P152

北茭　在今福建省连江市黄岐半岛（即北茭半岛）东北苔菉镇的末端。《海国》：P4

北茭头　今称北茭鼻，福建省连江市黄岐半岛东北端北茭的突出部。《海疆》：P93、P104《厦门》：P137、P162、P163

北胶头　即北茭头。参见"北茭头"条。　《厦门》：P141、P168、P178

北黎　即北黎港。参见"北黎港"条。《外海》：P201

北黎港 又称墩头港，在今海南省东方市东北墩头镇。《海国》：P6

北屺 即北麂岛。参见"北麂"条。《海国》：P4

北杞 即北麂岛。参见"北麂"条。 《海疆》：P97《厦门》：P141

北山屿 今名白沙岛，位于台湾省澎湖列岛以北。 《厦门》：P134

北太武 在金门岛中部，为岛上最高山。《海疆》：P118《厦门》：P134、P167

北乌 即北乌龟。参见"北乌龟"条。《海疆》：P100

北乌龟 浙江省舟山市普陀山东北面的小岛。《海疆》：P114、P116、P123《厦门》：P168、P169

笔管 广东省深圳市大鹏湾口的岛屿。《海国》：P5

笔架山 在曼谷湾东岸。《海国》：P16

壁头 在福建兴化湾北岸、福清西南部江阴岛南端，今属福清市江阴镇下石村，有壁头港，为深水港。 《厦门》：P161、P164、P185

表头 本书有两处称"表头"的地名：

一处即广澳的表头，在广东达濠岛的东南突出部，今属广东省汕头市濠江区广澳街道广澳社区。《海疆》：P83、P123、P125《厦门》：P139、P153、P160、P176

一处指大星表头，即广东红海湾西岸大星山的南端突出部。《厦门》：P174、P175、P189

表头澳 指广澳表头山下的海湾。《厦门》：P153、P188

表头山 当指广澳大山东北海岸的表角山。光绪年间建有灯塔，故今俗称"灯楼山"。参见"表头"条。《厦门》：P135

鳖子 指鳖子门，即旧钱塘江口，其南面的龛山西有小山名鳖子山，故江口名鳖子门，今已淤为平陆。《海国》：P3

　　槟榔屿　福建省厦门与小金门海域之间的无居民岛屿。《海疆》：P101《厦门》：P141

　　梹榔屿　今作槟榔屿，亦称槟城、槟州，在马来西亚半岛西北侧，马来西亚十三个联邦州之一。《外海》：P209、P210

　　砰仔礁　福建省漳州市东山岛南面宫前湾内的小岛。《海疆》：P121、P123

　　布袋澳　本书有两处称"布袋澳"的地名：

　　一处位于福建东山岛西南面的西屿岛，今属漳州市东山县陈城镇岐下村。《厦门》：P166、P187

　　一处即布袋港，在福建省连江县定海湾内。《海疆》：P93《厦门》：P162、P164、P184

　　布袋港　即连江县定海湾的布袋澳。参见"布袋澳"条。《厦门》：P159

C

　　菜屿　本书有两处称"菜屿"的地名：

　　一处为沙洲岛东面的菜屿列岛。菜屿列岛位于古雷半岛东面、六鳌半岛南面，北临浮头湾，今属于福建省漳州市漳浦县古雷镇，由沙洲岛、红屿、菜屿、横屿、礼屿、青草屿、东赤、西赤等岛屿组成。《海疆》：P85《外海》：P204

　　一处在广东龟龄岛的东南海域上，今属广东省汕尾市。《海疆》：P82《厦门》：P135、P139、P153、P155、P174

　　菜屿澳　指菜屿列岛的菜屿。参见"菜屿"条。《厦门》：P188

　　蔡厝港　在厦门市翔安区新店镇蔡厝村的九溪入海口，今已围堤造田。《厦门》：P186

　　参将屿　当在浙江南麂岛、北麂岛之西。《厦门》：P146、P152《外海》：P206

苍山岙　今浙江省温岭市石塘镇苍岙。《外海》：P196

草潭　位于广东雷州半岛西北部，濒临北部湾，今属广东省湛江市遂溪县草潭镇。《外海》：P202

草鞋　即草鞋屿，在南田岛的西南面、花岙岛的东南面，今属象山县鹤浦镇。《海疆》：P120

草鞋礁　本书有两处称"草鞋礁"的地名：

一处当在福建省福清市龙高半岛东南端的乌龟洋中，今名无考。《海疆》：P103《厦门》：P137《外海》：P205

一处在广东省澳门十字门水道海域上。《海疆》：P80

草鞋洲　当在广东省汕尾市龟龄岛与遮浪湾之间，今名无考。《外海》：P204

草屿　本书有六处称"草屿"的地名：

一处在浙江省瑞安市北麂岛与洞头县三盘岛之间，今名无考，或即指无草屿。《海疆》：P97

一处为位于浙江苍南县南端北关港海域内的草屿，今属浙江省温州市苍南县马站镇。《海疆》：P96、P106、P120、P121、P122《厦门》：P141、P145、P152、P182《外海》：P206

一处为位于福建西洋岛东北面的草屿，今属福建省宁德市霞浦县海岛乡。《厦门》：P145

一处为位于福建海坛岛南部海域上的草屿，今属福建省福州市平潭县南海乡。《海国》：P4《海疆》：P90、P103《厦门》：P143、P185《外海》：P205

一处为福建东南大金门岛东北端的草屿，遥对围头澳。《海疆》：P102、P113

一处在广东省惠州市惠东县大星山附近，今名无考。《厦门》：P174、P175

草仔垵　在今厦门市镇海路妇幼保健院附近，原为滨海的港湾。《厦门》：P128

岑港澳　位于舟山本岛西北部，今属浙江省舟山市定海区岑港镇。其港外面对金塘门水道。《海疆》：P122《厦门》：P149、P180

查母屿　台湾省澎湖列岛最东的岛屿。《厦门》：P167

茶盘　本书有两处称"茶盘"的地名：

一处即茶盘洋，在浙江省象山半岛南、三门湾口的五屿门一带。《海国》：P4《海疆》：P98、P109、P120《外海》：P207

一处今译潮满岛（Puloa　tioman），在马来半岛彭亨东。《海国》：P12

茶盘屿　当在浙江茶盘洋洋面上，今名无考。《厦门》：P138

茶山　即佘山岛，曾名蛇山、茶山，位于上海市崇明岛以东35公里处。《厦门》：P169、P179

柴山　本书有两处称"柴山"的地名：

一处在浙江嵊泗主岛泗礁山北面，今属舟山市嵊泗县。《海疆》：P120《厦门》：P150

一处在广东省惠州市惠东县的大亚湾口，今名无考。《厦门》：P174、P189

昌国卫　在浙江象山半岛东南部，今为浙江省宁波市象山县石浦镇昌国。洪武十七年（1384年），置卫于旧昌国县城内，领所四。后徙后门山。永乐、成化、嘉靖年间多有修葺，以御倭寇。《海国》：P4《海疆》：P100

昌垣屿　当在浙江省玉环县坎门镇与沙门镇之间的海域上，今名无考。《海疆》：P97

昌化　即昌化港，在今海南省昌江黎族自治县西部的昌化镇，昌化江口。《外海》：P201

长白港　在舟山本岛以北的长白岛南侧，今浙江省舟山市定海区长白渔港。《外海》：P196

长岛　本书有两处称"长岛"的地名：

一处为山东省蓬莱市北面的长山岛，今设长岛县。　《厦

门》：P179

　　一处指辽东半岛中西部的长兴岛。参见"长兴岛"条。《海疆》：P114

　　长山尾　在广东南澳岛的西端。《厦门》：P135、P140

　　长生岛　即长兴岛。参见"长兴岛"条。《海疆》：P115

　　长涂　即长涂山，在岱山县东面，为舟山群岛诸岛之一，今属浙江省舟山市岱山县长涂镇。有大长涂山和小长涂山，大长涂山古称剑山。镇政府设于小长涂山。《外海》：P196、P207

　　长兴岛　位于辽东半岛中西部，辽宁省大连市瓦房店西侧，为中国第五大岛。《海疆》：P114

　　长屿　位于浙江玉环岛的中东部，今为台州市玉环县长屿镇。《外海》：P206

　　嫦娥　即嫦娥澳，在福建省晋江市围头湾附近。《海疆》：P102

　　潮沙港　当为广东省汕尾市城区西南边的长沙港，港外为马宫港，岬角处有妈祖宫；港内有燕洲村，今属汕尾市海丰县。《海疆》：P81

　　潮阳　指原潮阳县，位于广东东南部，东晋隆安元年（397年）置县，今为广东省汕头市潮阳区。又指汕头市的潮阳港，在潮阳区西南。《厦门》：P135

　　陈姑屿　当在福建省福州市连江县北茭头与黄岐湾之间，今名无考。《海疆》：P113《厦门》：P144、P158、P163、P183

　　陈钱　即今嵊山，在花鸟山东南，今属浙江省舟山市嵊泗县嵊山镇。陈钱古称尽山，《定海县志》云："诸岛至至尽也，而曰尽山。"《海国》：P3

　　蛏仔汕　又作"蛏仔线"，在福建厦门大嶝岛前。《海疆》：P102

　　成山卫　在今山东省荣成市成山镇，位于胶东半岛最东端。明洪武年间，魏国公徐辉祖在此设卫戍边，取名成山卫。清雍正十二

年（1734 年）河东总督王士俊奉命整顿封疆，决议裁卫。《海国》：P3

承天府　在今台湾省台南市。明永历四年（1650 年），荷兰人在台南筑普里文萨堡，中国人称之为赤嵌城。清顺治十八年（1661年）十二月，郑成功收复台湾，置承天府于赤嵌城，取泉州佛寺承天为名。于府北设天兴县，府南设万年县，后郑经改县为州。清康熙二十三年（1684 年），清政府改承天府为台湾府，即今之台南市。天兴州为诸罗县，即今之嘉义县。万年州分为台湾、凤山二县。雍正五年（1727 年），析诸罗北之半为彰化县。《海国》：P11

城仔角　在福建金门岛的东北端，明代建巡检司城于此。《海疆》：P86《厦门》：P160、P165、P186

成杯屿　当在香港西博寮海峡一带，今名无考。《厦门》：P172、P189

澄海　今广东省汕头市澄海区。《海国》：P5《外海》：P204

澄海港　在广东省汕头市澄海区韩江出海口。《厦门》：P188

澄迈　即今海南省澄迈县，位于海南岛北部，隋大业三年（607 年）置澄迈县。《海国》：P6

池问　即帝汶（Timor），位于萨武（Savu）和帝汶两海之间的小巽他群岛最东端的岛屿。《海国》：P18

赤安庙　即赤安圣母庙，在今广东省深圳市南山区西面海域、大铲岛南面的赤安山上。《海疆》：P80、P81《厦门》：P172

赤澳　本书有两处称"赤澳"的地名：

一处在今广东省揭阳市惠来县靖海镇西。《海国》：P5《海疆》：P83《厦门》：P135、P139、P153、P159、P176、P188《外海》：P204

一处在今广东省湛江市广州湾西面，今名无考。《厦门》：P170、P190

赤墩山澳　在广东省阳江市的南部海湾，今名无考。《厦门》：P190

赤崎 在福建省连江市黄岐半岛，古代设有铺递（即驿站）。《厦门》：P144、P162、P164《外海》：P206

赤崎澳 位于福建黄岐半岛的港湾。参见"赤崎"条。《厦门》：P184

赤水港 当在广东省茂名市茂港区南海镇赤坎头附近。《海疆》：P77

赤溪 即赤溪港，在浙江省温州市苍南县赤溪镇东侧至中墩乡的盐田鼻。《外海》：P206

赤屿 本书有两处称"赤屿"的地名：

一处为福建省福清湾外的赤礁屿，在平潭岛西面。《海疆》：P104

一处为崇武半岛东南海域上的赤屿，今属福建省惠安县崇武镇。《海疆》：P102

崇明 即今上海市的崇明岛。《海国》：P3《厦门》：P150、P151

崇武 在福建省泉州市惠安县东南海滨，泉州港北岸。明洪武二十年（1387年），筑城设崇武千户所，隶属福建司永宁卫。今崇武古城仍保留明代遗留卫城城墙。《海国》：P4《海疆》：P88、P102、P103、P113、P119《厦门》：P134、P142、P152、P157、P158、P159、P161、P165《外海》：P205

楚门 位于楚门半岛中西部、玉环县北部，今属浙江省台州市玉环县，明洪武二十年设御倭水军千户所。《海国》：P4《厦门》：P146《外海》：P206

楚门港 即今漩门港，在玉环县东北、温岭市西南。参见"楚门"条。《外海》：P196

川江 在今广西北海市铁山港西岸。《海国》：P6

川礁 即穿礁山，亦作川焦、川蕉，位于浙江省临海市上盘镇东南面。《厦门》：P138《外海》：P207

川蕉 即穿礁山。参见"川礁"条。《海疆》：P121、P122《厦门》：P147、P152、P181

川焦 即穿礁山。参见"川礁"条。《海疆》：P98

川招 即川礁山（闽南话"招"与"礁"音似）。参见"川礁"条。《厦门》：P141

川招洋 即穿礁洋，在浙江省临海市上盘镇东南的穿礁山外洋面。《海疆》：P108

淳化 即即今越南顺化，位于越南中部，为越南的古都。《海国》：P13

磁澳 即滋澳，在福建省长乐市东南、福清湾北岸。《海国》：P4《海疆》：P104

磁头 即围头，位于晋江市东南沿海突出部，属福建晋江市金井镇。 《厦门》：P134、P136、P142、P153、P157、P161、P165、P186

磁头坡 即围头湾，福建省晋江市金井镇之西南海湾。参见"磁头"条。《海疆》：P102、P119

慈澳 即滋澳。参见"磁澳"条。《厦门》：P140

D

搭掘坡 即獭窟湾，福建惠安县东南端獭窟岛的海湾，今属福建省泉州市惠安县青山乡浮山村。《厦门》：P142

达濠港 在广东省汕头市濠江区达濠岛的西南部。《厦门》：P176

垯仔脚 即福建金门岛的塔仔脚。参见"塔仔"条。《外海》：P205

打狗山 即寿山，俗称柴山，位于台湾省高雄市西南滨海。《厦门》：P166

大岙 浙江温州有多处称"大岙"，此当为今浙江省温州市苍南县东南之大岙村。《外海》：P196

大产　即大铲岛，位于今广东省深圳市南山区蛇口西面的前海湾海面，为深圳市第二大岛。《海疆》：P81

大陈山　即大陈岛，位于台州湾东南，台州列岛中南部，分为上、下大陈岛，今属浙江省台州市椒江区大陈镇。《厦门》：P178《外海》：P196、P207

大床头　浙东沿海港湾，或指玉环县北面大横床岛所处的乐清湾。《外海》：P196

大担　即大担岛，位于福建金门岛的西面，与厦门岛相距不到三公里，地处厦门港航线要冲。　《海疆》：P86、P113、P114、P117、P118、P126《厦门》：P134、P140、P153、P160、P167、P186《外海》：P204、P205

大蛋港　在今海南省三亚市的崖州湾。《海国》：P6

大德山　在今广东省汕尾市碣石湾西岸，海丰、陆丰二县交界处，山下有大德港。《厦门》：P175、P188

大嶝　在福建省厦门市翔安区东南海面，与金门岛隔海相望。《海疆》：P101、P102《厦门》：P161、P165

大嶝澳　在大嶝岛上。参见"大嶝"条。《厦门》：P186

大度山　又名大肚山，位于台湾省大甲溪和大肚溪之间的两座山脉，分别于台中市与沙鹿、大雅，及台中市与大肚山的交界处。《厦门》：P134

大放鸡　即大放鸡山，原名汾洲山，又名凤鸡岛，在今广东省茂名市电白县南部海域。《海国》：P6

大佛头澳　即花澳，在浙江省宁波市象山县花岙岛的西南面。花岙岛别称大佛头山。《厦门》：P181

大甘山　即担杆岛，为担杆列岛的最大岛屿，位于香港东南，今属广东省珠海市金湾区担杆镇，距珠海中心城区香洲 73 公里。《厦门》：P172、P189

大关　即大管岛，在山东青岛崂山湾外，小管岛的东南面，今

属山东省即墨市鳌山卫镇。《厦门》：P157

大横山　即当岛（Koh Tang，Koh 为泰语"岛"），在柬埔寨西南暹罗湾。《海国》：P17

大汲水　即汲水门。参见"汲水门"条。《海疆》：P81

大揖　即大戢山，在嵊泗列岛主岛泗礁山的西北，洋山的北面，今属浙江省舟山市嵊泗县。《厦门》：P148、P150、P169

大金　本书有两处称"大金"的地名：

一处指大襟岛，为万山群岛的岛屿，位于广东省台山市赤溪镇南面的海面，比邻珠海的高栏港。《海国》：P6《厦门》：P154、P155、P171、P190《外海》：P203

一处今称大京，在福建省宁德市霞浦县长春镇东南海滨，东冲半岛东侧，明洪武二十年（1387 年）江夏侯周德兴奉建"福宁卫大金守御千户所"，清康熙三年（1664 年）废。《海疆》：P94、P105、P122《厦门》：P137、P145、P159、P162、P168、P183《外海》：P206

大境　即将军澳，位于今福建省漳州市漳浦县赤湖镇南隅。《海疆》：P85

大篮蒲　在广东省汕头市澄海区附近的港湾，或即莱芜湾。《海疆》：P83

大练　即福建平潭岛西北的大练岛，今属福建省平潭县大练乡。《海疆》：P12《厦门》：P144、P162、P184

大练门　福建平潭岛北面与大练岛之间的水道。《海疆》：P90、P104

大炼　即大练岛。参见"大练"条。《外海》：P205

大鹿　即大鹿岛，在浙江省台州市玉环县东。《海国》：P4《海疆》：P121、P122《厦门》：P141、P178《外海》：P206

大鹿门　当为玉环县与大鹿岛之间的航道。《海疆》：P107、P113、P120《厦门》：P138

大麦屿 应即大漠山，在浙江省象山县爵溪镇东南海域上。《外海》：P207

大麦门屿 当为大漠山。参见"大麦屿"条。《厦门》：P147

大哖（Patani） 亦称大泥，位于马来半岛北端之东海岸，今为泰国西南部港口城市、北大年府首府。《海国》：P15、P17

大鹏 在广东大鹏湾西岸的大鹏半岛，今为广东省深圳市龙岗区大鹏街道鹏城社区。《海国》：P5《厦门》：P173

大鹏所 在今广东省深圳市龙岗区鹏城社区，明洪武二十七年（1394年），建城置大鹏守御千户所。《厦门》：P173、P189

大埔海 又叫吐露港，在香港大埔东北，为香港新界的内海，东面有赤门海峡通大鹏湾。《厦门》：P173

大钦山 即大襟岛，位于广东省台山市赤溪半岛南面。《海疆》：P78

大钦门 大襟岛西南的海峡。《海疆》：P79、P123

大丘 又作大坵，在福清龙高半岛的中东部，今属福建省福清市东瀚镇大丘村。《厦门》：P159、P162、P185

大嵩 指大嵩卫，位于山东胶东半岛南部海滨，明代中国沿海创建的九卫十八所之一，领中、前、后三千户所，是中国北方海防重镇。清代更名为海阳城，今属山东省海阳市凤城街道。《海国》：P3

大西洋 本书有两处称"大西洋"的地名：

一处即指地球四大洋之一的大西洋。《海国》：P11、P13、P17、P18、P20、P23

一处即西洋岛，在福建省宁德市霞浦县东冲半岛的东南海域。《海疆》：P93、P94《厦门》：P168、P183

大小柑桔 又称兄弟屿，即大柑山岛（兄岛）和小柑山岛（弟岛），亦称大甘、小甘，在福建东山岛之东南。《海疆》：P85

大小戢 即大戢山和小戢山。大戢山在洋山北面偏东，小戢山

在洋山正北面。参见"大榢"、"小榢"条。《厦门》：P141、P148

大小滕　应为大小戡，即大戡山和小戡山。参见"大榢"、"小榢"条。《厦门》：P179

大小珍　即大嶝岛和小嶝岛（闽南话"嶝"与"珍"音同），位于福建省厦门市翔安区东南海域，和金门岛隔海相望。《外海》：P205

大兴所　当指大嵩卫（闽南话"嵩"读作"兴"），或指其所领的中、前、后三千户所之一。参见"大嵩"条。《厦门》：P157

大星　即大星山，在广东红海湾西岸、惠州市惠东县港口镇最南端。《海国》：P5、P24《厦门》：P135、P153《外海》：P203

大星港　在广东省汕尾市红海湾西岸，大星山东面。《海疆》：P81《外海》：P203

大星尖　今广东省惠州市惠东县东南小兴山岛对面突出之海角处。《海疆》：P124《厦门》：P151、P155、P174、P189

大洋山　位于杭州湾口外嵊泗列岛的崎岖列岛，今属浙江省舟山市嵊泗县大洋镇。《外海》：P207

大窑　即大嵛山岛。参见"大嵛"条。《海疆》：P105、P106、P113《厦门》：P162、P163、P182

大瑶　即大嵛山岛，又作大俞山。参见"大嵛"条。《外海》：P206

大嵛　即大嵛山岛，位于福鼎东南、霞浦东北海域，为闽东第一大岛，是闽东最大列岛福瑶列岛的主岛，今设嵛山镇，属福建省福鼎市。福瑶列岛又名窑山、俞山，由大嵛山、小嵛山、鸳鸯岛、银屿等十一个大小岛屿组成。《海国》：P4

大嵛山　此处指位于香港西南面的大屿山，也叫大嵛山或大鱼山，又称大濠岛，是香港境内最大的岛屿。《海国》：P5

大鱼山　本书有两处称"大鱼山"的地名：

一处即大渔山，在浙江省岱山岛西北的灰鳖洋海域，今属舟山

市岱山县高亭镇。《海疆》：P99《厦门》：P149

　　一处即大屿山，也称大鱼山，在香港西南面。参见"大崳山"条。《海疆》：P80

大屿　今称七美岛，在台湾省澎湖群岛之最南。 《海疆》：P117、P126《厦门》：P133、P134、P166、P191

大真屿　今越南南岸外的奥比（Obi）岛。《海国》：P16

大洲头　即大洲岛，又名燕窝岛，位于海南省万宁市东南部。《海国》：P14

大坠　即大坠岛，位于泉州湾入海口，今属福建省泉州市惠安县张坂镇。 《海疆》：P88、P102、P113、P119《厦门》：P134、P142、P165、P185

大岞　在福建省泉州市惠安县崇武半岛海岬，地处东海和南海交界处。有大岞港，又名三屿港，为半岛门户。今为惠东南一个重要的避风良港。 《海疆》：P88、P103、P113、P119、P122《厦门》：P134、P140、P142、P157、P158、P167

大谆　当在福建平潭岛西面海坛海峡一带，或即平潭的大屿岛。《厦门》：P159、P162

岱山　位于舟山群岛中部，孤悬海中，为舟山群岛第二大岛，今置岱山县，属浙江省舟山市。《海国》：P4

玳瑁洲　即今越南东岸外的平顺海岛（pullo secca de mare），实为礁石群。《海国》：P16

儋州　即今海南省儋州市，古称"儋耳"，唐武德五年（622年）改儋耳郡为"儋州"。《海国》：P6

旦门　在象山半岛中部东海岸有旦门乡，属浙江省宁波市象山县，与其隔海对面有旦门山岛。此处似指旦门乡与旦门山岛之间的港湾。《外海》：P196

灯厝澳　即丁厝澳，又作登厝澳（闽南话"登"与"丁"、"灯"同音），在浙江宁波市镇海区。《厦门》：P148、P150

登厝澳　即丁厝澳。参见"灯厝澳"条。　　《厦门》：P141、P180

灯火垵　即灯火鞍，也作灯火湾，在今福建省漳州市漳浦县赤湖镇东面。《外海》：P204

登梁大山　在广东省深圳市大鹏湾附近。《海疆》：P81

登娘山澳　即登梁山澳，在深圳大鹏湾。　　《厦门》：P173、P189

登州　即古代登州府，地处山东半岛一带，明清时期治所在蓬莱，即今山东蓬莱市，同治元年（1862 年）由蓬莱迁烟台，1913年废除。《海国》：P3、P9

登州府　参见"登州"条。《海疆》：P116

登洲门　当指登州水道，即庙岛海峡，在山东烟台庙岛群岛南面，南长山岛、大小黑山与蓬莱市之间。《厦门》：P157

点灯山　当在杭州湾内乍浦港沿岸，今名无考。　《海疆》：P122《厦门》：P149

电白港　位于广东省茂名市电白县南。《海疆》：P77《厦门》：P171、P190《外海》：P202

吊邦　即钓浜岛，有内钓浜岛和外钓浜岛，在温岭市东南部松石半岛的东南海域上，今属浙江省温岭市石塘镇。《海疆》：P107、P121、P122《厦门》：P141、P168

另按《海国闻见录·沿海全图》，有一处"吊邦"在韭山之南的台州湾外。与此钓浜岛不同一处。《海国》：P4

吊邦门　即吊帮门，为温岭市石塘镇东面海域上的腊头山岛与内钓浜岛间的水道。参见"吊邦"条。《海疆》：P98、P113、P120《厦门》：P138、P146、P152、P178、P182

调班　即钓浜岛。参见"吊邦"条。《外海》：P206

调埠　在今广西北海市铁山港西岸。《海国》：P6

丁厝澳　参见"灯厝澳"条。《海疆》：P112、P119

丁噶呶（Terengganu）　今译作作丁加奴，在马来半岛东岸，今为马来西亚丁加奴州。《海国》：P15、P17

丁火澳　即灯火鞍，也作灯火埕。参见"灯火埕"条。《厦门》：P160、P165、P187

丁机宜　今印度尼西亚马鲁古群岛中提多雷（Tidore）岛上的Tongaoi。《海国》：P12

叮咬炉　即丁加奴。参见"丁噶呶"条。　　《外海》：P209、P210

定安　即今海南省定安县，位于海南岛东北部，元至元三十年（1293年）置定安县，今已成为内陆县。《海国》：P6

定海　本书有两处称"定海"的地名：

一处位于长江口与杭州湾的交汇处，即今浙江省舟山市之定海区。《海国》：P3《厦门》：P180《外海》：207

一处位于闽江口东北侧的定海湾，今福建省连江市黄岐半岛筱埕镇的南部。《海国》：P4《海疆》：P93、P104《厦门》：P137、P144、P162、P164、P178、P184

定海港　在今浙江省舟山市定海区。参见"定海"条。《外海》：P196

定海所　在今福建省连江市筱埕镇，明洪武二十年（1387年），江夏侯周德兴筑城置定海守御千户所，为福建沿海十六所城之一。参见"定海"条。《海疆》：P93

定海镇　在今浙江省舟山市定海区。定海原名舟山，康熙时，始移定海卫于舟山，称为定海，设一总兵镇守。原定海卫则更名镇海。参见"定海"条。《外海》：P207

东澳　本书有两处称"东澳"的地名：

一处在今海南省万宁市南。《海国》：P6

一处在今福建省长乐市东部滋澳的南面。《厦门》：P144

东场　位于广东雷州半岛西南端的东场村，今属湛江市徐闻

县。外有港湾称东场湾。《厦门》：P155

东场澳　即东场湾，位于广东雷州半岛西南端，岸边有东场村得名。参见"东场"条。《外海》：P202

东碇　即东碇岛，又作东矴岛。在厦门港口南面、南椗岛东面的金门县南方海域，属福建省龙海市。　《海疆》：P86、P117、P118、P124《厦门》：P151、P167、P178

东鼓角　即铜鼓角（闽南话"东"与"铜"读音相近），在广海港外。参见"铜鼓角"条。《厦门》：P171、P190

东海山　即东海岛，位于雷州半岛东面、湛江港南面海域，今属广东省湛江市麻章区。　《海疆》：P76《厦门》：P154、P171、P190

东鹤　即东霍山，在岱山岛西部，今属浙江省舟山市岱山县。《厦门》：P149、P184

东沪澳　即福建省南日岛南部东户外的海湾。《海疆》：P89

东霍山　此指东福山岛，非岱山岛西部的东霍山，在舟山群岛东北部海域，洛伽山东北，属浙江省舟山市岱山县。《海国》：P4

东箕　即东矶岛，又名东鸡、东麂，古称东箕山，属东矶列岛，位椒江偏东海上，今属浙江省临海市。《厦门》：P168

东甲　即东甲岛，在南日岛东北面、平潭岛南面的海域上，今属福建省福州市平潭县南海乡。《海疆》：P91、P92

东姜　即宋岗岛，古称东羌山，位于香港蒲台岛东北的岛屿。《海疆》：P123、P124、P125《厦门》：P151、P155

东京　越南首都河内的古称。有红河向东直通大海。《海国》：P14《外海》：P202

东桔　即东吉屿，为台湾省澎湖列岛的岛屿。《厦门》：P166

东龙　即龟龄岛（闽南话"龙"与"龄"读音相同，读作líng），在广东省汕尾市捷胜镇南的红海湾海面。《海疆》：P82

东龙港　此处应即东陇港。参见"东陇港"条。《厦门》：P187

东陇港　广东汕头古港口，位于韩江北溪口。《厦门》：P176

东洛　即东洛岛，在福州长乐东南，今属福建省长乐市首祉乡。《海疆》：P104

东洛山　当在浙江南麂岛附近，非福建的东洛岛。《厦门》：P178

东门屿　在今福建省福清市沙浦镇锦城村西南。《海疆》：P90

东青　当在福建省宁德市霞浦县东冲半岛的南部，今名无考。《厦门》：P163

东沙　即东沙岛，亦称东犬岛，处于福建省长乐市东面海中，在东犬岛之西，今暂由台湾当局管辖，改名为东莒岛。《海疆》：P92、P93

东沙山　当指东犬岛。参见"东沙"条。《厦门》：P178

东石澳　位于福建晋江市西南部沿海。《厦门》：P186

东水　即东水港，在今海南省澄迈县老城镇北面。《外海》：P201

东西鹤　本书有三处称"东西鹤"的地名：

一处指东霍山和西霍山，在距宁波镇海区数十里东北洋面上，东临岱山岛，今属浙江省舟山市岱山县。《海疆》：P122

另二处则指东西洛，即东洛岛和西洛岛。

一处东西洛在在福建罗源湾外，今属连江县。《厦门》：P163

一处东西洛在福建省长乐市松下镇东面。《厦门》：P137、P152

东西机　即东矶岛和小东矶岛，在椒江口偏东海上，今属浙江省临海市。《厦门》：P141

东西机山　即东矶岛和小东矶岛。参见"东西机"条。《外海》：P207

东西吉　即东吉屿与西吉屿，为台湾省澎湖列岛的岛屿。《厦门》：P134、P191

东县　即东瀚，古称"东限"（"县"与"限"同音），今福清市东瀚镇，在福建福清龙高半岛的东南端。　《厦门》：P159、P162、P185

东永　即东引岛。参见"东涌"条。《海国》：P4

东涌　即东引岛，原名为东涌岛，后讹传为"东引"，在闽江口外北竿塘岛东北、马祖列岛的最东端，属福建省连江市，现暂由台湾当局管辖。《海疆》：P92、P93、P113、P114、P124《厦门》：P145、P151、P155、P168、P178、P183

东屿平　即东屿坪屿，在台湾省澎湖列岛南部，望安岛的东南面。《海疆》：P126

东竹　当在山东隍城岛附近，或即隍城岛南面的大竹岛。《厦门》：P169

冬瓜屿　本书有两处称"冬瓜屿"的地名：

一处在福鼎沙埕港东南部的冬瓜屿港口，曾名屏风山，今属福建省福鼎市沙埕镇敏灶村。　《海疆》：P106、P120、P122《厦门》：P141

一处在福建长乐东洛列岛一带，今名无考。《海疆》：P104、P113、P120

冬瓜屿仔　又名冬瓜洲，当为广东惠州大亚湾内的岛屿，今名无考。《厦门》：P173、P189

戚船澳　今称闸坡，在今广东省阳江市西南的海陵岛闸坡镇南部。《海国》：P6

斗米　本书有两处称"斗米"的地名：

一处指岛美，在浯屿西岸，今福建省龙海市港尾镇斗美村。《外海》：P204

一处即斗米澳，在今福建省宁德市霞浦县长春镇东，鸭池港之北部。《海国》：P4

对马岛　在日本、朝鲜之间的朝鲜海峡东端，属日本长崎县。

《海国》：P8

多尔其 即土耳其（Turkey），古称突厥，地跨欧亚两洲。
《海国》：P19、P20、P21、P22

E

鹅公澳 即鹅公湾，在大鹏湾东、西冲岛西面，今属广东省深圳市龙岗区南澳镇。《外海》：P203

鹅公港 当在红河入海口。《外海》：P202

二洞港 即儒洞港。参见"如动港"条。《厦门》：P171

恶党 即班乃西南之奥顿（Oton），又有认为指班乃东南的内格罗斯岛（Negros. I）。《海国》：P12

鳄鱼抢宝 在广东虎跳门内。《海疆》：P80

F

番仔澳 应是指澳门的港湾。《厦门》：P139、P154

番仔墓 即方济各·沙勿略墓地，在广东省台山市上川岛三洲港北面的象山山嘴上。方济各·沙勿略，西班牙人，获法国巴黎大学哲学博士学位，天主教耶稣会会士，第一个来华传教的外国神父。1552年，从马六甲来华，先抵上川岛，准备随后乘中国商船进入大陆。但因身染重病，于当年12月在岛上逝世。他在上川岛的墓地被视为"圣山"。《海疆》：P79

番仔墓澳 在上川岛三洲港北面方济各·沙勿略墓地的山脚下。参见"番仔墓"条。《厦门》：P171、P190

番子城 在澳门凼仔岛的西南端。 《海疆》：P80《厦门》：P172

防城 即今广西防城港市。《海国》：P6

房低者里　即彭地治利（Pondicherry），亦译作本地治里，地处印度科罗曼德尔海岸，东濒孟加拉湾。《海国》：P19

纺车礁　在福建平潭岛西南部的金盏、银台附近。《海疆》：P103、P113、P120、P121、P122《厦门》：P137、P140、P143、P152

枋车礁　在广东省陆丰市碣石镇的田尾角南面海域上，或为东桔礁。《厦门》：P135

放圭　本书有两处称"放圭"的地名：

一处即放鸡岛（闽南话"圭"与"鸡"同音），在广东省电白港区洋面上。参见"放鸡山"条。《海疆》：P123、P125

一处指妈屿岛，又名放鸡山，位于广东省汕头港出海口。参见"放鸡"条。《厦门》：P135

放圭洋　即放鸡洋（闽南话"圭"与"鸡"同音），广东省电白县南面海域。《厦门》：P152

放鸡　此处指妈屿岛，位于广东省汕头港出海口，达濠岛北岸。《海国》：P5

放鸡山　即放鸡岛，位于广东省茂名市电白县水东镇的电白港区洋面上，是广东东部通向湛江、北部湾必经之岛。《海疆》：P77

风槽尾　位于台湾省彭湖列岛马公岛西部，隔马公内港湾与马公港相对。《海疆》：P126

风火　即烽火岛。参见"烽火"条。《厦门》：P145、P159、P183

烽火　即烽火岛，在福建省宁德市霞浦县三沙古镇港东南面。《海国》：P4

烽火门　福建霞浦三沙古镇港与东南的烽火岛之间的水道。《海疆》：P95、P105、P113、P120、P121、P122《厦门》：P137、P141、P152

烽火营　在今福建省福鼎市秦屿镇，镇东面有棕蓑澳。清康熙十九年（1680年），以闽安右营改设烽火营，驻三沙海口，康熙二

十三年（1684 年），移驻秦屿，故名。《外海》：P206

蜂仔余兰 又作邦仔系兰、房仔系兰、傍家施兰、冯嘉施兰等，在吕宋岛西北，今菲律宾的班丝兰（Pangasinan）省（亦译为邦雅斯兰省）。《外海》：P209、P210

凤凰 即凤凰山岛，在浙江温州东部海域、瓯江口北温州湾内的大北列岛中，今属浙江省瑞安市北龙乡。《海国》：P4《海疆》：P96、P120、P121《厦门》：P141、P146、P182《外海》：P206

凤凰山 即凤凰山岛。参见"凤凰"条。《厦门》：P138《外海》：P196

凤泉 在广东省汕头市达濠岛至南澳岛之间，或即凤屿。《厦门》：P160

凤尾 即凤尾山。参见"凤尾山"条。《外海》：P207

凤尾山 在浙江台州列岛中南部的下大陈岛西部，为大陈岛的主峰。《海疆》：P98、P113、P124《厦门》：P151、P155、P178

凤屿 本书有两处称"凤屿"的地名。

一处即凤屿山，在广东澄海与南澳岛之间的岛屿，今属广东省汕头市南澳县。《海疆》：P84《厦门》：P135

一处当在浙江瑞安、平阳外海的参将屿与琵琶之间，今名无考。《厦门》：P152

佛堂 指佛堂澳。参见"佛堂澳"条。《海疆》：P102《厦门》：P142

佛堂澳 在福建省石狮市永宁镇东的新沙堤村外。《厦门》：P186

佛堂冬 即佛堂澳。参见"佛堂"条。《海疆》：P87

佛堂门 即佛堂门海峡，位于香港新界西贡区清水湾半岛与东龙洲（又称南佛堂或南堂岛）之间夹峙地带，西接大庙湾（又称北佛堂）和南塘海峡，东峡口正对果洲群岛。古代为我国闽粤海上交通要道，且占有重要军事地位。《海国》：P5《外海》：P203

佛头　即花岙岛，别名大佛岛、大佛头山，位三门湾口东侧，今属浙江省宁波市象山县高塘岛乡。　《海国》：P4《厦门》：P147、P168

佛头山　即花岙岛。参见"佛头"条。《海疆》：P99、P109、P110、P122《厦门》：P168、P178

芙蓉　即浮鹰岛，原名浮瀛山，又称双峰岛，在福建省宁德市霞浦县长春镇之东南、西洋岛之东北海域，距离长春镇间峡村仅4海里，南面紧邻马刺岛。明郑和下西洋经此。《海国》：P4《海疆》：P121

芙蓉山　即浮鹰岛。参见"芙蓉"条。《海疆》：P94、P120、P122《厦门》：P178

浮熙城　即莆禧城，位于今福建省莆田市秀屿区忠门镇莆禧村，明洪武二十年（1387年）于此置莆禧守御千户所。　《厦门》：P143

福建头　本书有两处称"福建头"的地名：

一处在闽浙的交界处的福建省福鼎市沙埕港一带。《厦门》：P145、P163、P183

一处是香港佛堂门东的海岛。《海国》：P5《厦门》：P153、P173、P189

福宁　参见"福宁府"条。《海国》：P4

福宁府　元置福宁州，治所在今福建省霞浦县。明废为县，复升为州，清雍正十二年（1734年）升为福宁府，领宁德、福安、寿宁、霞浦四县，隶属福建省。民国二年（1913年），废福宁府入霞浦县。《厦门》：P163

福宁府港　即福宁湾。参见"福宁港"条。　《厦门》：P145、P159

福宁港　即福宁湾，在今福建省宁德市霞浦县东面。《厦门》：P183《外海》：P206

福全 即今福建省晋江市金井镇的福全村，在围头半岛东侧。《海疆》：P102

福全所 在围头半岛东侧，明洪武二十年（1387年），在此建城置福全千户所。《厦门》：P167

福州港 即今福建省福州市的马尾港。《海疆》：P93《厦门》：P159、P184

复州 在今辽宁省大连市瓦房店一带，辽代设置复州，民国改为复县。《海国》：P3

覆鼎 当在浙江省象山县爵溪镇至石浦镇之间，今名无考。《海疆》：P110、P121、P122

覆鼎澳 参见"覆鼎"条。《厦门》：P181

G

噶尔丹 即鞑靼。《海国》：P19

噶喇吧（Kelapa） 即今印度尼西亚的首都雅加达，马来语为椰子之意。《海国》：P12、P17、P18、P20、P21、P22、P23

盖平 指盖州卫，在今辽宁省盖州市，明置，清康熙三年（1664年）改为县。《海国》：P3

盖州 位于辽宁省辽东半岛西北部，西濒辽东湾。古称辰州，早在汉代就是商贾云集的重镇。金代改辰州为盖州。明洪武四年（1371年）筑新城，改为盖州卫。清康熙三年（1664年）置盖平县。今为盖州市。《海疆》：P113、P114、P115

盖洲口 在今辽宁省盖州市，面对辽东湾。《厦门》：P180

干丝腊 即卡斯蒂利亚（Castilla），位于西班牙北部地区的古代王国。《海国》：P11、P22

甘马力 即卡马里内斯（Camarines），在菲律宾吕宋岛东南部。《海国》：P11

柑桔　即大柑山岛与小柑山岛。参见"大小柑桔"条。《厦门》：P136、P166

感恩　今海南省东方市感城镇，汉元封元年（前 110 年）置县，隋大业三年（607 年）更名感恩县。《海国》：P6

港仔口　在今福建省厦门市镇邦路、升平路交叉处，清代时建有码头。《厦门》：P128

高厝埭　在今福建省石狮市永宁镇外高村。《海疆》：P119

高丁港　即今高亭港，在浙江岱山岛南部，今舟山市岱山县高亭镇南。《外海》：P196

高螺头　即古雷头。参见"古雷"条。《厦门》：P187

高崎　在福建厦门岛北部。《厦门》：P128

高山布　即高山湾，位于福建高山港之南，兴化湾之北。《厦门》：P161、P185

高州　即今广东省茂名市所辖的高州市，位于广东省西南部，史称潘州。《海疆》：P180

戈什哒（Goast）　即戈什嗒。参见"戈什嗒"条。《海国》：P15

戈什嗒　即今印度西南的果阿邦（Goa），原为葡萄牙殖民地，故名小西洋，葡萄牙为大西洋。

《海国》：P19、P20

鸽婆　当在浙江省象山县韭山列岛的北面，今名无考。《外海》：P207

鸽婆屿　本书有两处称"鸽婆屿"的地名：

一处在广东省惠州市大亚湾内，今名无考。《厦门》：P174

一处在浙江省象山县韭山列岛的北面。参见"鸽婆"条。《厦门》：P139、P152

蛤婆屿　即韭山列岛的鸽婆屿。参见"鸽婆"条。《厦门》：P147

　公山　在广东省台山市下川岛东北部。《外海》：P203

　弓鞋　即弓鞋洲。参见"弓鞋洲"条。《海疆》：P123、P124、P125《厦门》：P151、P155

　弓鞋洲　即庙湾岛，又称弓鞋屿洲，在广东珠江口外、大屿岛西南面外洋海域上，与墙珠池相邻。　《海疆》：P80《厦门》：P172、P189

　宫口仔前　当为福建东山岛南面的宫前湾，亦作宫仔前。参见"宫仔前"条。《外海》：P204

　宫前澳砵仔礁　在福建省东山岛南部。《厦门》：P136

　宫仔前　本书有两处称"宫仔前"的地名：

　一处指宫前湾，古称平海澳，在福建省漳州市东山岛最南面，是东山通往台湾及各地的主要港口。清康熙二十二年（1683年），福建水师提督施琅率水师统一台湾，即从宫前湾启航。《海疆》：P84《厦门》：P136、P140、P160、P164、P184

　一处指福建省平潭岛西南面的海湾。《海疆》：P90、P103、P113《厦门》：P137、P140、P143、P157、P158、P159、P162、P166、P187《外海》：P205

　姑螺澳　即古雷。参见"古雷"条。《海疆》：P85

　姑嫂塔　在福建省石狮市宝盖山上，建于南宋绍兴年间，海上行船的航标。《海疆》：P102

　古雷　位于福建省漳州市漳浦县境内东山湾东侧。《海国》：P4《海疆》：P85、P121《厦门》：P136、P140、P153

　古螺头　即古雷。参见"古雷"条。《外海》：P205

　古婆罗国　即今文莱国。《海国》：P12

　古屿　即鼓屿，在福建省福清市城头镇东南，海坛岛西北面，今属平潭县。《海疆》：P103、P113《厦门》：P152

　古屿门　即鼓屿门，福建省福清市城头镇东南海岸与其东南方之鼓屿岛之间的水道。其东面有乌猪岛。《海疆》：P91、P120、

P121《厦门》：P137

挂桾角　即挂锭角，在西江下游、近出海口，今广东省珠海市香洲区南屏镇广昌村挂锭角。《外海》：P203

乖屿　在浙江省温州市洞头岛南面、北麂岛北面之间的海域上，或即东策、南策、北策三岛。《海疆》：P97

关刀岛　或指镆铘岛，其形如弯刀，位于山东省东南部石岛湾，今属山东省荣城市石岛镇，现在北部已建海堤，成为陆连岛。《海疆》：P113

关帝屿　当在浙江省象山县东北面连礁洋一带海域上，今名无考。《海疆》：P110《厦门》：P152《外海》：P207

关角尾　当为广东省徐闻县角尾乡的沼尾角。参见"朝离角"条。《厦门》：P155

关塘　即竿塘，又作官塘。参见"官塘"条。　《海疆》：P113、P120

观门　浙东沿海港湾，今名无考。《外海》：P196

观塘　即竿塘，又作官塘。参见"官塘"条。《厦门》：P158、P162、P164

观塘妈祖澳　指南竿塘岛西部的马祖澳。南竿塘岛今称马祖岛。《厦门》：P164

观音澳　福建省平潭岛东部的澳前港。《海疆》：P90《厦门》：P185《外海》：P205

观音山　在广东省陆丰市碣石镇，濒临碣石港。　《厦门》：P175、P188

官澳　在福建金门岛东半部西北隅。　《海疆》：P102《厦门》：P141

官塘　即竿塘（闽南话"官"与"竿"同音），分南、北竿塘。北竿塘，又名长屿山，在福建省福州连江市东面海域；南竿塘，即马祖岛。北竿塘、南竿塘、东永、白犬诸岛，属福建省连江市，现

暂由台湾当局管辖。　　《厦门》：P178、P137、P140、P144、P152、P158

冠头岭　位于广西北海市西尽端。《海国》：P6《外海》：P202

管塘　即竿塘，又作官塘。参见"官塘"条。《海疆》：P92、P93

管头　即琯头，在福建省福州市连江县南部，闽江口北岸。《厦门》：P184

广澳　在广东省汕头市濠江区达濠岛的东南部。《海国》：P5《厦门》：P141、P176、P187

广澳表头　在达濠岛广澳的东南端，今有地名称作"表角"，即表头。《外海》：P204

广海　今广东省台山市广海镇。明洪武二十七年（1394 年）于此筑城置广海卫，主要守御零丁洋西岸的香山、新宁等三县以及肇庆府。新宁县即今之台山市。《海国》：P6

广海港　即广海湾，在广东省台山市南，东邻黄茅海，西连镇海湾，因湾顶的广海镇得名。参见"广海"条。《厦门》：P190

广海汛　即广海卫之汛地。参见"广海"条。《海疆》：P79

广南　大约为今越南中部的广南－岘港省一带。《海国》：P7、P13

广南湾　即北部湾，宋、明代称为交洋或交趾洋，清代称为广南湾。十九世纪后期，越南沦为法国殖民地，将它改为东京湾。《海国》：P13、P14

广义　即今越南广义省之省会广义市，为越南中南港口城市。《海国》：P13

广州澳　又作"广洲澳"，即广州湾，广东湛江市的旧称。参见"广州湾"条。《海疆》：P123《厦门》：P170、P190

广州湾　广东湛江市的旧称，历来是粤西良港。1899 年，法国"租借"广州湾，对外贸易曾繁盛一时。1943 年，为日军占领。抗战胜利后回归，定名为"湛江"。《海疆》：P76、P77

龟灵　即龟龄岛。参见"龟龙"条。《外海》：P204

龟龙　即龟龄岛（闽南话"龙"与"龄"同音），又有东龙、龟宁等称，在今广东汕尾市捷胜镇南的红海湾海面。《海疆》：P82《厦门》：P135、P174

龟龙山　即龟龄岛。参见"龟龙"条。《厦门》：P174、P188

龟宁　即龟龄岛。参见"龟龙"条。《厦门》：P139、P153

龟镇　又作"龟镇仔"，即为古镇村，位于福建省霞浦县三沙镇东北角。古镇村东侧有著名的深水良港古镇港。《厦门》：P145、P159、P163、P183

圭母澳　即鸡母澳。参见"鸡母澳"条。《厦门》：P135

鬼澳　位于福建东冲半岛西南面的西洋岛西部。　《外海》：P206

H

海安　今广东省湛江市徐闻县海安镇。《海国》：P6

海安所　在今广东省湛江市徐闻县海安镇，明洪武二十七年（1394年）筑城建海安千户所于此。《外海》：P203

海北　即海安所，《外海纪要》称"海北即海安所，对琼州山"。参见"海安所"条。《外海》：P203

海北山　即海安。参见"海安"条。《海疆》：P76《厦门》：P170、P190

海仓口　即山东省莱州市胶莱河的入海口。《海国》：P3

海甲山　位于今广东省陆丰市甲西镇，面临南海。《厦门》：P175、P188

海康　即今广东省雷州市，原称海康县，位于雷州半岛中部，其西海岸有海康港。《海国》：P6

海康港　位于广东雷州半岛中部西海岸。参见"海康"条。

《厦门》：P155

海灵头　当指海陵岛，在海陵湾东南，今属广东阳江市江城区。《外海》：P203

海龙澳　即海陵湾（闽南话"龙"与"陵"同音），北起广东省阳江市江城区平冈镇南部海边，西为阳西县溪头镇东南海岸，东南为海陵岛。因海陵岛得名。《海疆》：P78

海龙头　当指海陵岛。参见"海灵头"条。《海疆》：P123

海门　本书有两处称"海门"的地名：

一处即今台州市椒江区海门街道，位于台州湾西岸。《海疆》：P98《厦门》：P147

一处即今广东省汕头市潮阳区海门镇，西面有海门港。《厦门》：P159《外海》：P204、P207

海门港　本书有两处称"海门港"的地名：

一处位于浙江省中部台州湾椒江入海河口，今属台州市椒江区。《外海》：P196、P207

一处在广东省汕头市潮阳区海门镇西面，练江出海口处。《海疆》：P83《厦门》：P176、P188

海山　即平潭岛，旧称"海山"。《厦门》：P159

海山港　当指平潭岛东海岸中部的海坛湾。平潭俗称"海山"，又名海坛。《厦门》：P184

海神庙　在河北省秦皇岛市山海关老龙头南面。《厦门》：P180

海坛　即平潭岛，为福建省福州市平潭县主岛。东临台湾海峡，西隔海坛海峡与福清市相望。乃全国第五大岛，福建第一大岛。《海疆》：P90、P91《厦门》：P168《外海》：P205

海坛大岛　即平潭岛。参见"海坛"条。《海国》：P4

海塘　在广东雷州半岛西海岸的江洪港和乌石港之间，当为海康港。《外海》：P202

海套　指福建省莆田市东的兴化湾。《海国》：P4

海头　即海头港，位于海南省儋州的西南部，即今儋州市海头镇西。《外海》：P201

海翁汕　厦门港外的沙汕，在金门岛西南端的金龟尾之南，汕甚迤长。《海疆》：P86《厦门》：P153

海洋　即海洋港，在浙江省象山半岛昌国附近。《海疆》：P99

海闸门　位于浙江省舟山市普陀区六横岛东南角的台门镇与元山岛之间的水道。《外海》：P196、P207

海照　又作海招屿，在嵊泗列岛陈钱岛的东面。《海疆》：P116《厦门》：P151、P169、P179

海州　即今江苏省连云港市海州区，位于江苏省北部。《海国》：P3

蚶江　即今福建省石狮市蚶江镇，在泉州港南岸，为泉州港的门户。《厦门》：P159、P186、P189《外海》：P205

合浦　即今广西北海市合浦县，位于广西南端，北部湾东北岸。《海国》：P6

河东港　应为湖东港，在今广东省陆丰市湖东镇南面。《厦门》：P135

荷包湾　今广东省珠海市金湾区荷包岛北部的海湾。《外海》：P203

红排　即红牌港，在今海南省临高县博厚镇红牌村东面。《外海》：P201

红头屿　兰屿的旧称，是台湾省东部的一个小岛。因岛上安山岩含大量硫化铁而呈赤红色，远望如红色人头，故名。又因岛上盛产名贵的蝴蝶兰，后改名为兰屿。与鼓浪屿，江心屿，东门屿并称"中国四大名屿"。《海国》：P11

红香炉　即红香炉港，今香港铜锣湾一带地区。相传有红香炉被水冲来，百姓以为是天后娘娘显灵，建天后庙，以香炉上香奉祀。天后庙后山也叫红香炉山。康熙四十三年（1704年）清廷于

红香炉设汛地，派兵防守。后泛指港岛，香港的命名由此而来。《海国》：P5《厦门》：P172、P173、P189

　　红屿仔　应为龙高半岛东面的红屿，今属福建省福清市东瀚镇。《厦门》：P143、P158

　　洪坎　即红坎湾，在今广东省徐闻县龙塘镇南。　《外海》：P203

　　·**鸿渐山**　在福建省厦门市翔安区内厝镇东，为翔安区最高峰，临海而立，可远眺金门岛和台湾海峡。《海疆》：P101

　　猴探水　福建平潭岛西南部娘宫澳北山边对面的大屿，今名"猴屿"。《厦门》：P164、P184

　　猴屿　本书有两处称"猴屿"的地名：
　　一处在福建厦门西海域的东渡港内。《厦门》：P128
　　一处在广东惠来市大亚湾海域。《厦门》：P173

　　猴屿探水　即猴探水，今称猴屿。参见"猴探水"条。《厦门》：P144

　　后海　指杭州湾。《海国》：P3

　　后门　指鲘门港，在广东省汕尾市海丰县南部。参见"鲘门港"条。《厦门》：P174

　　后门港　即鲘门港。参见"鲘门港"条。《外海》：P203

　　后宅　广东省汕头市南澳县辖镇，在南澳岛中部，南北临海，南称前江湾，北称后江。　《海疆》：P84《厦门》：P136、P176、P187

　　后宅澳　即后江，南澳岛中北部海湾。《厦门》：P135

　　候山　即杭州湾口外的猴山。参见"猴山"条。《厦门》：P148

　　猴山　本书有两处称"猴山"的地名：
　　一处在渤海湾口外，庙岛附近，今名无考。《厦门》：P157
　　一处在杭州湾口外，洋山与鱼山之间，今名无考。《厦门》：P147、P180

　　鲎壳　此处指的是浙江台州湾南石塘钓浜岛的鲎壳澳。参见"鲎壳澳"条。《海国》：P4《海疆》：P97、P107、P108、P112

　　鲎壳澳　本书有两处称"鲎壳澳"的地名：

　　一处在在浙江台州湾南的石塘钓浜岛。《海疆》：P98《厦门》：P138、P147、P152、P182《外海》：P206

　　一处在福建省漳州市东山县东南面苏尖湾外。《海疆》：P84《厦门》：P160、P187

　　鲘门港　在广东省汕尾市海丰县南部，地处红海湾北岸，是汕尾市主要渔港。《海国》：P5

　　呼应山　在福建省连江市筱埕镇定海外海域。《厦门》：P178

　　湖东港　在今广东省陆丰市湖东镇南面。《外海》：P204

　　湖里　当指福建厦门岛的胡里山。《厦门》：P128

　　湖头渡　在象山港的北岸，今浙江省奉化市松岙镇。《外海》：P196

　　湖下澳　位于福建金门岛西半部的西北隅。《海疆》：P87《厦门》：P186

　　葫芦　即葫芦岛，在今辽宁省葫芦岛市龙港区东面的半岛突出部。《海疆》：P114、P116

　　虎井　即虎井屿，位于台湾省澎湖马公岛西南方，为澎湖列岛的第七大岛。《海疆》：P117、P118

　　虎井澳　在台湾澎湖群岛的虎井屿。《厦门》：P191

　　虎空仔　当指虎崆滴玉，位于福建东山岛铜山古城东门外的海滨的海蚀岩洞，岩洞形若张开的虎口，称"虎崆"。《厦门》：P160、P166、P187

　　虎跳门　珠江入海水道之一。《海疆》：P80

　　虎头山　本书有两处称"虎头山"的地名：

　　一处在六鳌半岛的西南端，今属福建省漳州市漳浦县六鳌镇。《海疆》：P121、P123《厦门》：P140、P160、P165、P187《外

海》：P204

一处在今厦门市鹭江道南端，一山临海，与鼓浪屿龙头山隔海相望。《厦门》：P128

虎屿门 浙江省温州市凤凰山东面、洞头县南面的水道。《海疆》：P96

虎屿 本书有两处称"虎屿"的地名：

一处在福建东山岛南面海域上。《厦门》：P136

一处当在渤海湾口一带，今名无考。《厦门》：P169

虎仔 即福建东山的虎屿。参见"虎屿"条。 《厦门》：P140、P153

虎仔脚 即小金门虎仔屿。参见"虎仔屿"条。《厦门》：P186

虎仔屿 本书有七处称"虎仔屿"的地名：

一处在渤海湾内铁山与长兴岛之间，或指虎平岛。《海疆》：P114、P115《厦门》：P179

一处在浙江宁波小港（今北仑区小港街道）甬江入海口处，今名无考。《海疆》：P110《厦门》：P147

一处当在浙江象山县南田岛附近，今名无考。《海疆》：P99

一处为浙江省温州市平阳县南麂岛南面的虎屿，在凤凰山的东南。《海疆》：P106、P120《厦门》：146

一处为福建小金门西南面海域上的虎仔屿。《厦门》：P160

一处为福建东山岛东南海面上的虎屿。《海疆》：P84

一处为广东省潮州市饶平县柘林镇下岱尾乡的虎屿。 《厦门》：P176

虎仔屿门 当为浙江省温州市洞头县虎屿外的水道。《海疆》：P113《厦门》P146

花澳 在浙江三门湾口东侧花岙岛的西南面。花岙岛又称佛头山。《厦门》：P138、P152《海疆》：P98、P109、P112

花脑 即花鸟山。参见"花鸟山"条。《海国》：P3

花鸟澳　在花鸟山。参见"花鸟山"条。《外海》：P208

花鸟　即花鸟山，为嵊泗列岛最北面的岛屿，今属浙江省舟山市嵊泗县花鸟乡。《海疆》：P101《厦门》：P150、P169、P179

花鸟屿　即花鸟山。参见"花鸟山"条。《海疆》：P101

花屿　位于台湾省澎湖群岛最西边，在澎湖岛西南 30 公里处。《海疆》：P117、P118《厦门》：P133、P134、P166、P167、P191

还钟　当为福建诏安湾西岸的悬钟（闽南话"还"与"悬"读音相近）。参见"悬钟"条。《外海》：P207

皇城　即隍城岛，在黄、渤海交汇处，庙岛群岛最北端，有南、北二岛，今属山东省烟台市长岛县。　　《厦门》：P156、P169、P179

黄岑山　当在广东省珠海市西南、三灶湾外海域，今名无考。《海疆》：P79

黄城　即隍城岛。参见"皇城"条。《海国》：P3

黄冈　今广东省饶平县城所在地，地处粤东沿海，东与福建省诏安县接壤。《海国》：P5

黄瓜屿　在福建省惠安县东周半岛附近，今名无考。　《厦门》：P143

黄光港　即黄冈港，广东省饶平县黄冈河出海口处。参见"黄冈"条。《厦门》：P135

黄华水寨　在浙江省瓯江入海口处，今温州市乐清市南三十里的黄华镇。《外海》：P196

黄芒山　今称烟楼山，在海山岛西，今属广东省潮州市饶平县海山镇上港村。《海疆》：P84

黄陇　当为大黄龙岛，在嵊泗列岛主岛泗礁山东南，今属嵊泗县黄龙乡。《外海》：P208

黄祁　为匈牙利（hungay）之译音。《海国》：P22

黄岐　即福建省连江市东北黄岐半岛的黄岐镇，清福建闽安协

水师把总驻此。其南面有黄岐湾。《海疆》：P93、P104

J

代炮台，称鸡母澳炮台。《海疆》：P84《厦门》：P160

鸡罩山　本书有两处称"鸡罩山"的地名：

一处当为鸡笼山，位于今广东红海湾北部的汕尾市马宫镇。《厦门》：P174、P188

一处在香港的果洲群岛附近，今名无考。　《厦门》：P173、P189

积谷　即温岭松门港外的积谷山。参见"积谷山"条。《海疆》：P98、P120、P121、P122《厦门》：P141、P147、P168、P178

积谷山　本书有三处称"积谷山"的地名：

一处在韭山列岛南部，属浙江省宁波市象山县爵溪街道，亦称"假积谷"、"北积谷"。《海疆》：P100、P110

一处在浙江省温岭市龙门列岛东面、松门港东北面外海，今属浙江省温岭市松门镇。《厦门》：P138《外海》：P206

一处在广东省大襟岛以东一带，今名无考。《厦门》：P154

吉礁　即吉打（Kedah），位于马来半岛西北部，今马来西亚吉打州，首府亚罗士打（Alor Setar）。《外海》：P209、P210

吉里问（Karimon）　即印度尼西亚爪哇岛北面卡里摩爪哇群岛。《海国》：P12、P13

吉连丹（Kelantan）　在马来半岛东海岸，是马来西亚最北部的州，首府哥打峇鲁。《海国》：P17

吉寮　即吉蓼。参见"吉蓼"条。《外海》：P205

吉蓼　在福建湄洲湾北岸、湄洲岛东北面，今福建省莆田市秀屿区东埔镇东吴村。北宋熙宁四年（1071年）创建吉蓼城，为海边集镇。明洪武二十年（1387年）于此设置吉蓼巡检司，山上有明万历年间修建的吉蓼石塔。《海疆》：P89

吉鸟　即吉蓼。参见"吉蓼"条。　《海疆》：P103《厦门》：P143、P159、P161、P164、P185

吉屿　即东吉屿。参见"桔屿"条。《厦门》：P134

吉袁丹　当指吉兰丹，在马来半岛东岸，丁加奴之北、大泥之南。《外海》：P209

吉兆　即福建平潭岛西南隅的吉钓（"兆"与"钓"闽南话读音相近）。参见"桔柱"条。《海疆》：P113《厦门》：P158

吉柱屿　即福建平潭岛西南隅的吉钓。参见"桔柱"条。《厦门》：P143

蜎仔汕　即蛏仔汕。参见"蛏仔汕"条。《厦门》：P141

即郎港　即织浓港。参见"织浓港"条。《厦门》：P171

汲水门　本书有三处称"汲水门"的地名：

一处在香港，旧称急水门，是香港马湾洲与大屿山东北新铺咀之间的海峡，为香港维多利亚港西面的出口，自古为海船出入珠江的必经航道。清末两广总督张之洞忌讳"急"字，改名为"汲水门"。《海疆》：P81《厦门》：P135、P154

一处在海南省文昌市铺前镇的目莲头，其突出岬角的前方就是海水流速为世界第二的"急水门"，也作"汲水门"。《海疆》：P75

一处在浙江象山半岛南面的南田岛东面入石浦的水道，亦称"汲水门"。《海疆》：P99、P109、P112、P120《厦门》：P141、P152、P181

急水门　即汲水门，本书相应亦有三处作"急水门"的地名：

一处在香港。参见"汲水门"条。《海国》：P5《厦门》：P172、P189

一处在目莲头。参见"汲水门"条。《厦门》：P170、P190

一处在南田岛东。参见"汲水门"条。《外海》：P207

加磂吧　即葛留巴（Keiapa），今印度尼西亚首都雅加达。《外海》：P209、P210

甲子　今广东省陆丰市的甲子镇，其海口名甲子门，明洪武二十八年（1395 年）始建千户所城于此，隶属于碣石卫。《海国》：

P5《厦门》：P139

甲子澳　在今广东省陆丰市的甲子镇。参见"甲子"条。《海疆》：P82

甲子耳澳　即甲子澳。参见"甲子"条。《厦门》：P188

甲子柑澳　应为甲子澳。参见"甲子"条。《厦门》：P175

甲子港　在今广东省陆丰市的甲子镇。参见"甲子"条。《海疆》：P82《外海》：P204

甲子兰头　即甲子角，在今广东省陆丰市甲子镇南端。参见"甲子"条。《厦门》：P153

假积谷　在浙江韭山列岛南面，有岛亦称"积谷山"，应即此处所指的"假积谷"。参见"积谷山"条。《海疆》：P100

拣屿　当为小练岛。参见"小练"条。《海疆》：P103、P113

监公　当为鉴江（闽南话"公"字白读与"江"字读音相似），在福建省罗源县鉴江半岛中东部。有港湾称鉴江港。《厦门》：P159、P184

剑山　即大长涂山，古称剑山，为舟山群岛之一，今属浙江省舟山市岱山县。参见"长涂"条。《海国》：P4

剑石尾　位于福建省厦门市鼓浪屿东南海域上。《厦门》：P128

江红　即江洪港，位于广东省雷州半岛遂溪县江洪镇西部。《外海》：P202

江口水寨　在浙江省温州市平阳县东南、鳌江下游。《外海》：P196

江南　指江南省，设于清顺治二年（1645年），省府位于江宁（今南京）。康熙六年（1667年）析江南省为江苏、安徽两省。《海国》：P1

江平　今广西东兴市江平镇，位于东兴市东部，南濒北部湾。《海国》：P6《外海》：P202

江坪 即江平。参见"江平"条。《厦门》：P155

将军 当在今海南省儋州市东北部的将军岭临海处。《外海》：P201

将军澳 本书有三处称"将军澳"的地名：

一处亦称大境，位于福建省漳州市漳浦县赤湖镇南隅，其南面海域称将军湾。参见"大境"条。《海疆》：P85、P121、P126《厦门》：P136、P140、P153、P160、P165、P187《外海》：P204

一处位于香港新界西贡区西南部海湾。《海国》：P5

一处叫将军澳屿，在台湾省澎湖列岛望安岛东面海域。《海疆》：P126

将军仔 即将军屿，在福建省漳州市漳浦县赤湖镇大境南面海域的将军湾中。《海疆》：P85

交鳞山 位于广东赤溪半岛的南端，其西部有铜鼓湾，属广东省台山市赤溪镇。《海疆》：P79《厦门》：P172、P190

胶州 即今山东省胶州市，位于胶州湾畔。《海疆》：P116

胶洲 当指胶东半岛。《厦门》：P157、P192

蛟门 在浙江省慈溪市东北部的观海卫镇山海村。《外海》：P207

礁尾港 在福建省漳州市云霄县东南的陈岱镇礁美村。《厦门》：P187

角屿 在福建厦门小嶝岛的东南面。《厦门》：P161、P186

节析所 即爵溪所，在象山半岛东北部的浙东海防重镇爵溪镇。明洪武二年（1369年），设爵溪巡检司，洪武三十年（1397年）升格为千户所，翌年筑石城。《厦门》：P181

碣石 位于广东省陆丰市南部碣石湾畔，今为陆丰市碣石镇，历代为粤东海防军事重镇，明洪武二十二年（1389年）设碣石卫，辖海丰、平海、甲子、捷胜等九所。《海国》：P5《厦门》：P153

碣石港 即碣石湾。参见"碣石"。《厦门》：P175、P188《外

海》：P204

金定门　浙江省象山县东北面的水道。《厦门》：P139

金椗门　即金定门。参见"金定门"条。《厦门》：P141

金瓜仔　即金瓜仔礁，台湾澎湖群岛六十四屿之一，在将军澳屿西北，今属台湾省澎湖县望安乡。《厦门》：P191

金圭屿　即锦瓜屿，在台湾澎湖群岛的将军澳屿之北面海域。《海疆》：P126

金龟尾　福建金门岛西南端，金龟山下。《海疆》：P86

金校椅　即交椅洲，位于香港坪洲、小交椅洲以西，喜灵洲、周公岛以北，今属香港离岛区。《厦门》：P172、P189

金门山　即福建金门岛。《外海》：P204

金牌门　本书有两处称"金牌门"的地名：

一处当为浙江象山县石浦镇外的水道，或指铜瓦门水道。《海疆》：P109、P120

一处为闽江入海口北港主航道最狭窄的一段水道，古称急水门，其南岸为福州市马尾区琅岐岛的金牌山、烟台山，其北岸为福建省福州市连江县琯头镇的长门村。《厦门》：P184

金七门　在今浙江省宁波市象山县南田岛的南端。《外海》：P207

金沙澳　即金沙港，位于金门岛东半部的西北隅，是通往大陆的主要港口。《海疆》：P87

金山港　在福建金门岛东半部的西北隅。《厦门》：P142、P186

金塘　即金塘岛，古称金塘山，在舟山岛西南面，今属浙江省舟山市定海区。其西南面与宁波市北仑区之间有金塘港。《海疆》：P110

金塘门　舟山金塘岛西南面的金塘港水道。《厦门》：P147

金乡　在浙江省温州市苍南县县城东部，今金乡镇。明洪武二十三年（1390年）筑城置金乡卫，下辖蒲门、壮士、沙园3个所。《海国》：P7《海疆》：P96、P121、P122《厦门》：P182《外海》：P206

金香　即金乡。参见"金乡"条。　《海疆》：P106、P113、P120《厦门》：P138、P141、P145

金星石　当为汕尾碣石湾外的金屿岛。参见"金屿"条。《外海》：P204

金屿　本书有两处称"金屿"的地名：

一处在福建漳浦县东南的菜屿列岛，今名无考。《海疆》：P85

一处在广东省汕尾市遮浪半岛东面，碣石湾外，今属广东省汕尾市遮浪街道。《厦门》：P135、P175、P188

金屿仔　在福建泉州深沪湾内。《厦门》：P142

金盏、银台　在福建平潭岛的西南部。《海疆》：P90、P103、P120《厦门》：P143

金钟　当在浙江省温岭市的松门港附近，今名无考。　《海疆》：P108

金钟港　参见"金钟"条。《厦门》：P182

金州　即今辽宁省大连市金州区，金贞祐四年（1216年）由化成县升为金州，其名始于此。《海国》：P3

锦囊　今广东省湛江市徐闻县锦和镇的锦囊圩，位于雷州半岛南麓海滨，明洪武年间设锦囊千户所于此。　《海国》：P6《外海》：P202

锦囊港　在今广东省湛江市徐闻县锦和镇的锦囊圩外，北面内港有东门港、东门下海等港湾，当为锦囊港。参见"锦囊"条。《海疆》：P76《厦门》：P190

锦囊头　当为锦囊港湾的岬角。参见"锦囊"条。　《厦门》：P154

锦州港　位于渤海的西北部，面临锦州湾，与葫芦岛市一水相

望。《厦门》：P180

尽山　即嵊山，位于浙江嵊泗列岛北，花鸟山东南，今属浙江省舟山市嵊泗县嵊山镇。尽山又称陈钱，即陈钱岛，《海国闻见录》称"陈钱外在东北，俗呼尽山"。参见"陈钱"条。《海疆》：P75、P100、P101、P113、P114、P116、P123《厦门》：P149、P150、P168、P169、P179《外海》：P208

尽尾　即集美，古代为福建同安县的滨海小村，其海湾称浔江，浔江西岸延续到此已是末尾，故名浔尾，又作尽尾，后雅化成集美。今有海堤、大桥与高崎相连。《厦门》：P128

井尾港　在漳州井尾半岛南端，今属福建省漳州市漳浦县佛昙镇管辖。明代曾在此设巡检司。《海疆》：P85，P117，P126《厦门》：P133、P136、P160、P165、P187

靖海　本书有两处称"靖海"的地名：

一处为靖海所，地处广东省揭阳市惠来县东南海隅，明洪武二十七年（1394年），置靖海千户守御所。属潮州卫。《海国》：P5《厦门》：P160《外海》：P204

一处为靖海卫，在今山东省荣成市西南端，明洪武十三年（1380年）设卫。清雍正十三年（1735年）裁卫成村。《海国》：P3《厦门》：P157

靖海澳　在广东省揭阳市惠来县东南海隅。参见"靖海"条。《海疆》：P83

靖海港　即靖海澳。参见"靖海"条。《厦门》：P176、P188

靖海衙　山东荣成的靖海卫。参见"靖海"条。　《厦门》：P157

靖屿　当为堉屿之误，在福建省福鼎市东南部。参见"堉屿"条。《厦门》：P183

九龙　即香港九龙，位于港岛北部，新界南侧。　《外海》：P203

九龙停 当指香港九龙湾，即今红磡至观塘之间一带的香港九龙半岛海湾。《厦门》：P173、P189

九龙澳 即九龙湾。参见"九龙停"条。《海疆》：P81

九山 即韭山，位于今浙江省宁波市象山县丹城镇东海面。参见"韭山"条。《海疆》：P100、P113、P124《厦门》：P151、P155、P168、P178《外海》：P196

九厦澳 当在福建省诏安县东的诏安湾内。《厦门》：P136

九下澳 即九厦澳。参见"九厦澳"条。《厦门》：P187

九州 即九洲岛洋。参见"九州岛洋"条。《外海》：P203

九州岛洋 亦称九洲洋、九星洋，在伶仃山西面、广东省珠海市东面，由九小岛组成。《海国》：P5

九州山 即九州岛洋。参见"九州岛洋"条。《海疆》：P80

九洲山 即九州山。参见"九州岛洋"条。《厦门》：P172、P189

九洲头 九洲湾最北面的小岛，在广东省珠海市东面的九洲洋海域上。《厦门》：P154

韭山 又称九山，位于浙江省宁波市象山县丹城镇东面、舟山南六横岛南面海上，以产大韭得名。《海国》：P9《外海》：P207

旧港 即巨港（闽南话"旧"与"巨"同音），今印度尼西亚南苏门答腊省省会。《外海》：P209、P210

桔屿 当为东吉屿，为台湾省澎湖列岛的岛屿，在澎湖列岛东南海域，为台澎航道上的重要据点。《厦门》：P134

桔柱 本书有两处称"桔柱"的地名：

一处为吉钓村（"柱"与"钓"闽南话音似），在平潭岛西南隅，今属福建省平潭县北厝镇，原为小岛今为半岛。《海疆》：P103

一处为吉钓岛，又称吉兆岛，在福清湾东北部，今属福建省福清市城头镇。《海疆》：P119

桔柱垵　即吉钓岛的港湾。《海疆》：P119

菊花岛　位于辽宁省兴城市东南海上。《海疆》：P115、P116

爵溪澳　在浙江省象山半岛东北部的爵溪镇东。　《外海》：P196

俊仔　即石圳，今福建省晋江市金井镇的石圳。参见"石峻"条。《外海》：P205

峻头　即石圳。参见"石峻"条。《海疆》：P117、P121

浚里　即石圳。参见"石峻"条。《厦门》：P161、P165

K

坎门　位于浙江玉环岛的东南端，今属浙江省台州市玉环县坎门镇。《海疆》：P97、P107、P113《厦门》：P138、P146、P152《外海》：P206

盔山　即魁山岛，在福建省宁德市霞浦县东南部，西洋岛东面。《海疆》：P94

昆大吗（Ponteamass）　即河仙（Ha Tien），越南西南部的边陲城市，暹罗湾东岸贸易港。《海国》：P14

昆仑　即昆仑岛，或译为康道尔岛、波鲁贡得罗岛，为越南东南端岛屿，离金瓯半岛东岸100公里。其西南有兄弟岛，昆仑与兄弟岛合称为大、小昆仑。中古以来是东西航路必经之地。《海国》：P12、P16、P17、P20、P23、P25

L

蜡屿　广东南澳岛东北部深澳海湾外的岛屿。　《厦门》：P136、P140

莱芜澳　即莱芜湾，今广东省汕头市澄海区莱芜码头外，与南

澳岛一水之隔。《海疆》：P123

莱阳 即今莱阳市，位于胶东半岛中部，临黄海丁字港，今属山东省烟台市。《海国》：P3

狼山 位于江苏省南通市南郊的长江沿岸。《海国》：P3

螂蜫 即浪岗山列岛，又称两广，在浙江杭州湾外嵊泗列岛东南面，属舟山市嵊泗县。《海疆》：P100、P101

浪白滘 又称浪白澳，澳门附近海域古岛名，位于三灶岛之西，今已淤浅为陆地，大约在珠海市金湾区南水镇的浪白路一带。《外海》：P203

老湖 当为东冲半岛中南部的罗湖，即今福建省宁德市霞浦县长春镇的罗浮村。《海疆》：P94、P105、P113《厦门》：P137、P144、P145、P159、P162、P163、P183

老瑚 即老湖。参见"老湖"条。《外海》：P206

老山 即崂山，位于山东省青岛市东北部，此处当指其东面的崂山湾。《厦门》：P157、P169

老万 即老万山岛，现名为大万山岛，在广东珠海正南约40公里处，珠江口外最南端，是万山群岛的岛屿之一。《海国》：P5

老万山 现名大万山岛。参见"老万"条。《海疆》：P80

乐会 位于今海南省琼海市博鳌镇乐城村，是海南古代乐会县府所在地。《海国》：P6

黎庵港 即黎安港，在今海南省陵水黎族自治县东南。《海国》：P6

蟆凹 当在今福建省宁德市霞浦县长春镇东南海滨，或指小间澳。《厦门》：P163、P183

里海 文中所指的是黑海，为欧洲东南部和亚洲之间的内陆海，通过西南面的博斯普鲁斯海峡、马尔马拉海、达达尼尔海峡、爱琴海与地中海沟通。《海国》：P19

利津 即今山东省东营市利津县，位于山东省北部。《海

国》：P3

利仔豸 即黎牙实比（Legaspi），菲律宾吕宋岛东南岸港市。《海国》：P11、P12

荔枝屿 本书有两处称"荔枝屿"的地名：

一处在宁波市北仑区东北峙头洋海域，今名无考。《海疆》：P110《厦门》：P147

一处即果洲群岛，位于香港东南部，西贡区的东南偏南，有南果洲和北果洲。福建船民称其为"荔枝屿"，但广东人称为"果盘洲"，后简化为果洲。《厦门》：P173、P189

连头 即莲头岭，在电白港东岸的莲头半岛，今属广东省茂名市爵山镇。《外海》：P202

连招洋 即乱礁洋，浙江省象山县东北海域，北起东屿山，南至道人山、泗礁列岛一带。《海疆》：P110

莲蕉洋 即乱礁洋，也作连礁洋。参见"连招洋"条。《厦门》：P181

梁舌 浙东沿海港湾，今名无考。《外海》：P196

娘船澳 即粮船湾，又称高岛，位于香港新界西贡区西部的岛屿，与滘西洲为邻。古代为闽粤商船避风或补充粮水的地方，曾建造运粮大船，故名。今因建万宜水库，两边连陆，已不是海岛。《外海》：P203

两广 即浪岗山列岛。参见"蝲蜢"条。《厦门》：P155、P156、P169、P179

两头洞 即今浙江舟山市岱山县西面的两头洞山，位于仇家门水道西边，系南洞岛和北洞岛因地壳变迁合一而成，故今称双合山。《外海》：P196

辽海 当指辽海卫。明洪武二十三年（1390年），在今辽宁省海城市西北牛庄置辽海卫，属辽东都指挥使司。二十六年（1393年）移治三万卫城（在今辽宁省开原市）。清初废。《海国》：P3

寮罗　即料罗湾。参见"料罗"条。《海疆》：P114《厦门》：P153、P178

缭罗　即料罗湾。参见"料罗"条。《厦门》：P167

膫罗　即料罗湾。参见"料罗"条。《外海》：P205

料罗　即福建金门岛的料罗湾，在岛的南面，背向大陆、面向台海。《海疆》：P86、P119、P125《厦门》：P134、P136

烈港　今名沥港，位于浙江省舟山市定海区金塘岛西北端。《外海》：P196

烈屿　又称"小金门"，位于福建东南隅的九龙江口外、厦门湾内，金门岛西南方，居于厦门与金门之间。《海疆》：P165

林进屿　在福建省龙海市湖前湾西南面海上。《海疆》：P121《厦门》：P136、P160、P165、P187

林岭头　当在浙江省宁波市象山县昌国之外海、韭山群岛西南面。《海疆》：P99

临高　即今海南省临高县，位于海南岛西北部，隋大业三年（607年）置县，唐开元元年（713年）更名临高县。《海国》：P6

吝因　即丹麦（Danmark）。《海国》：P22

伶仃山　即内伶仃岛，在广东省深圳市西南、香港屯门区西。原名伶仃山或零丁山，因独居海中而得名，后为区别于外伶仃岛，故改此名内伶仃岛。《海国》：P5《外海》：P203

灵山　即灵山卫，在山东省胶南市东部，南濒黄海。明朝洪武五年（1372年），为抵御倭寇筑城设灵山卫，明、清两代均为鲁东南沿海军事重地。《海国》：P3

岭头　即岭头湾，在今海南省乐东黎族自治县尖峰镇西部。《外海》：P201

陵水　位于海南岛东南部，隋大业六年（610年）始置县，今为海南省陵水黎族自治县。《海国》：P6

驴岛　在山东省即墨市田横镇东南海上。《海疆》：P115

旅顺口　位于辽东半岛最南端，东临黄海、西濒渤海，南与山东半岛隔海相望，今为辽宁省大连市旅顺口区。《海国》：P3

刘公岛　在山东省威海市城区东部，威海湾口中央。《海疆》：P115、P116《厦门》：P157、P179

刘家澳　即刘家港，亦作浏家港，在今江苏苏州太仓市东浏家港镇。《厦门》：P179

刘五店　位于福建省厦门市北侧水道的东北方，隔海与厦门岛五通相望，今属厦门市翔安区新店镇。《海疆》：P101《厦门》：P141《外海》：P205

刘伍店　即刘五店。参见"刘五店"条。《厦门》：P128

六鳌　在福建省漳州市漳浦县六鳌半岛六鳌镇西侧的青山。元代曾设立巡检司，明洪武二十年（1388年）设立千户所。《海国》：P4《厦门》：P133

六坤　即泰国马来半岛的洛坤，今名那空是贪玛叻（Nakon-SithamaRa）。《海国》：P15、P17

龙船澳　即粮船湾，位于香港新界西贡区西部。参见"娘船澳"条。《厦门》：P173、P189

龙灯洋　即伶仃洋（闽南话"龙灯"与"龙灯"读音相同），又称零丁洋，位于广东珠江口外，其范围北起虎门，南达香港、澳门，为一喇叭形河口湾，水域面积约两千平方公里。《海疆》：P80

龙丁洋　即伶仃洋。参见"龙灯洋"条。《厦门》：P135

龙海澳　在广东省陆丰市的田尾角和甲子屿之间的港湾，今名无考。《海疆》：P82

龙门　本书有两处称"龙门"的地名：

一处即龙门岛，在浙江省台州温岭市东面。《厦门》：P168

一处即龙门港镇，在广西钦州市南部，是一个由众多岛屿组成的岛镇，百多个岛屿参差地散布在纵横10公里的钦州湾海面上，形成许多回环往复、曲折多变的水道，共有72条之多，故名七十

二泾。《海国》：P6

　　龙潭澳　即香港九龙湾。《厦门》：P181

　　龙头　即莲头岭，在电白港东岸的莲头半岛，今属广东省茂名市爵山镇。《厦门》：P154、P155

　　龙头澳　参见"龙头"条。《厦门》：P154、P171、P190

　　龙王堂　当为位于浙江省温岭市东面、松门港北面的龙王山。《外海》：P206

　　龙尾　在福清瑟江港南岸，今属福建省福清市高山镇岑下村。《厦门》：P159、P162、P184

　　龙芽　即龙牙（Lingga），一般认为指印度尼西亚西部、苏门答腊岛之东的林加（Lingga）岛，但也有的认为应指新加坡海峡的龙牙门。《外海》：P209、P210

　　鲁万　即老万山岛，现名为大万山岛，在广东珠海正南约40公里处，是万山群岛的岛屿之一。《海国》：P6《厦门》：P172、P189《外海》：P209

　　鲁万山　即老万山岛。参见"鲁万"条。《海国》：P14

　　陆鳌　即福建六鳌半岛西侧的六鳌。参见"六鳌"条。《海疆》：P85《厦门》：P136

　　鹿耳门　本书有两处称"鹿耳门"的地名：

　　一处位于今台湾省台南市安平镇西北，明清时期台湾岛西南岸重要港口航道。因两岸沙角形似鹿耳，航道狭窄如门而得名。今已淤为平陆。　《海国》：P5、P10《海疆》：P117、P118《厦门》：P134

　　一处在广东惠来县西南，今名无考。《厦门》：P175、P188

　　鹿港　位于台湾省彰化县西北部，西邻台湾海峡。　《厦门》：P134

　　鹿赖　即禄赖，今越南的胡志明市。《外海》：P209、P210

　　鹿西　即鹿西岛。在玉环半岛的南面海域，今为浙江省温州市

洞头县鹿西乡。《外海》：P206

　　鹿栖　即鹿西岛。参见"鹿西"。《厦门》：P146

　　禄赖　即鹿赖。参见"鹿赖"条。《海国》：P14

　　鹭鹚　即鸬鹚岛，在莆田平海镇东南的平海湾海域上，今属福建省莆田市秀屿区。《厦门》：P168

　　乱礁洋　浙江省象山县东北海域。参见"连招洋"条。《海疆》：P100《厦门》：P179

　　驴山　即闾山。参见"闾山"条。　　　《厦门》：P162、P163、P183

　　驴山头　即闾山。参见"闾山"条。《厦门》：P158

　　闾岐　当为闾峡，今福建省宁德市霞浦县长春镇闾峡村，北面有闾峡港。《海疆》：P94

　　闾山　在今福建省宁德市霞浦县长春镇东南的闾澳之南，浮鹰岛之北，为一半岛。《中国历史地名大辞典》称"闾山"与"芙蓉山"皆为浮鹰岛，误。《海国闻见录·沿海全图》中，"闾山"与"芙蓉"绘作两个相邻的小岛，闾山在北、芙蓉在南。《海国》：P4

　　吕山　即闾山。参见"闾山"条。《厦门》：P145、P183

　　绿鳌港　即六鳌。参见"六鳌"条。　　　《厦门》：P160、P166、P187

　　洛迦门　位于浙江普陀山东南海的洛迦山北端，是古代日本、朝鲜等国舟楫进入我国的必经航道。《海国》：P4

M

　　妈宫　即马公港，台湾省澎湖列岛中心马公市港口。位于澎湖岛西部，马公湾北岸。《海国》：P4《厦门》：P134、P191

　　麻喇甲　即马六甲（Malacca），在马来半岛西南岸，马六甲州的首府。《海国》：P15、P17、P19、P20

　　马鞍　即马鞍岛，在浙江省温州市平阳县的南麂岛西面。《海疆》：P96

　　马鞍山　广东省阳江市海陵岛西南端马尾岛对岸的小岛。《海国》：P6

　　马鞍屿　又称马鞍山屿，在台湾省澎湖列岛望安岛的东北面海域。《海疆》：P126

　　马鼻　位于罗源湾腹部西岸，今福建省福州市连江县东北部的马鼻镇。《外海》：P206

　　马迹　即马迹山，在洋山东北、嵊泗列岛泗礁山西南，今属浙江省舟山市嵊泗县马关镇。又有学者考证，清代称马迹山，不是仅指今之马迹，而是把泗礁山称为马迹山，包括今之马迹山。《海国》：P3、P4、P5《外海》：P208

　　马龙角　今越南河静省的枚闰角（Cap mui ron）。《海国》：P13

　　马木港　即马目港，在舟山本岛西北端，今属浙江省舟山市定海区马目乡。《外海》：P196

　　马袅　在今海南省临高县西北，有港湾称马袅港。《外海》：P201

　　马袅港　参见"马袅"条。《海国》：P6

　　马砌　即马刺岛，在福建省宁德市霞浦县东南部，浮鹰岛的南面。《海疆》：P94

　　马神　即马辰（Bandjarmasin），在加里曼丹岛南岸，今为印度尼西亚中部港市。《海国》：P12、P13

　　马蹄　本书有两处称"马蹄"的地名：

　　一处为马蹄礁，在嵊泗列岛泗礁山西南、马迹山东南，有里马蹄礁和外马蹄礁两片，今属浙江省舟山市嵊泗县。《海疆》：P116

　　一为马蹄岙，在台州湾东南，今属浙江省温岭市松门镇。《外海》：P207

马蹄埼　即马蹄峇。参见"马蹄"条。《海疆》：P108《厦门》：P147

马蹄澳　即马蹄峇。参见"马蹄"条。《厦门》：P138

马头嘴　当为马头山，在今山东省荣成市成山镇马山寨村的东北角。《厦门》：P156、P157、P169

马头嘴山　即马头山。参见"马头嘴"条。《海疆》：P113

马尾港　今广东省阳江市海陵岛西南端马尾半岛的港湾。《外海》：P203

马絃大山　当为达濠岛北端的马岛，在榕江入海口南面，今属广东省汕头市濠江区。《海疆》：P83

吗辰　即马辰，在加里曼丹岛南岸。《外海》：P209、P210

吗哩呀氏简　即今日之马达加斯加岛（Madagascar I.），今为马尔加什共和国。《海国》：P21

嘛呖港　当在红河入海口。《外海》：P202

嘛呐呷　即马六甲，在马来半岛西南岸，马六甲州的首府。《外海》：P210

麦坑　即麦坑澳，在浯屿之南，今福建省龙海市隆教乡一带。《海疆》：P125《厦门》：P134、P165

麦穗头　当为今福建省龙海市隆教乡东北面海域上的麦穗礁。《厦门》：P136、P140

芒佳虱　即望加锡（Macassar），坐落于苏拉威西岛的西南部，今为印度尼西亚南苏拉威西省首府乌戎潘当。《海国》：P12

猫喇猫里也　即今非洲西北部的摩洛哥、阿尔及利亚、突尼斯和利比亚的的黎波里地区。《海国》：P21、P22

猫务烟　即菲律宾棉兰老岛西部的三宝颜（Zamboanga），也有认为指宿务东南的保和（Bohol）岛。《海国》：P12

猫屿　本书有两处"猫屿"的地名：

一处又叫猫屿仔，在福建省福清湾外，平潭岛西。《厦门》：

137、P158

一处为台湾省澎湖列岛的属岛，包括大猫屿和小猫屿。《厦门》：P134、P166

梅港 当为梅山港，在今浙江省宁波市北仑区东南的梅山岛北面。《外海》：P196

梅花 今福建省长乐市梅花镇，地处闽江口南岸突出部，明洪武二十一年（1388年）设梅花守御千户所。《海国》：P4

梅花头 在闽江口南岸梅花镇的东北角突出部。《海疆》：P93

湄洲 即湄洲岛，位于福建省莆田市中心东南42公里海上，是莆田市第二大岛。其西北面有湄洲湾，处于福建东海岸的中部，莆田市仙游县和泉州市泉港区两地交汇处。《海国》：P4《海疆》：P89、P119、P121、P122《厦门》：P134、P140、P161、P164、P178、P185

湄洲大门 福建省莆田市忠门半岛南面、湄洲岛西北面的海域，为湄洲湾内海通向外海的海口。《海疆》：P89

湄洲蛎壳坡 在福建湄洲岛的西部。《海疆》：P119

湄洲砧 当作湄洲坵，皆指湄洲岛。参见"湄洲"条。《海疆》：P119《厦门》：P168

湄洲门 参见"湄洲大门"条。《厦门》：P143

门扇后 在福建省福清市东瀚镇万安村的西南。《海疆》：P90《厦门》：P103、P119

门扇后坡 参见"门扇后"条。《海疆》：P103

弥黎吕黎惹林 即毛里塔尼亚（Mauretania），位于撒哈拉沙漠西部地区。《海国》：P21

庙岛 位于辽东半岛与山东半岛之间的渤海海峡中，属山东省烟台市长岛县，在长岛县西北。《海国》：P3《海疆》：P114、P115、P116《厦门》：P156、P157、P169、P179

庙湾 位于黄海之滨的江苏省盐城市阜宁县县城阜城镇，原为庙湾场，万历二十三年（1595 年）设庙湾镇，辖今阜宁、滨海二县全境及射阳县北部、响水县南部。明代为黄河出海口。《海国》：P3

庙州门　当在舟山岛的西北方向。《厦门》：P179

民哢呷　即威尼斯（Veneyia），在意大利北部。《海国》：P19、P21、P22

民呀国　指今孟加拉（Bengala）地区。《海国》：P19

闽安　在闽江内口北岸，今为福建省福州市马尾区，为东南沿海军事与海上贸易重镇。唐景福二年（893 年），设巡检司衙门，从唐代沿袭设置到清朝覆亡。《海国》：P4《外海》：P206

磨盘山　当为碾盘石，在辽宁长兴岛东北部复州湾的岬角处，今属辽宁省瓦房店市。《海疆》：P114

墨屿　台湾省澎湖列岛的岛屿之一，在澎湖本岛之西。《厦门》：P167

目莲头　又作"目连头"，即木栏头，位于海南岛最北端的"海南角"，在海南省文昌市铺前镇木兰港北。北临琼州海峡，其突出岬角的前方就是海水流速为世界第二的"急水门"，是海上通往海口的必经之"门"。《海疆》：P75《厦门》：P170、P191

目屿仔　即目屿岛，在福建省连江县定海湾内。《海疆》：P93《厦门》：P1623、P164、P184

墓口　即墓仔口。参见"墓仔口"条。《厦门》：P161

墓仔澳　当在福建金门岛一带，今名无考。《厦门》：P186

墓仔口　当在福建省福清市东瀚镇的万安与平潭县南海乡的草屿之间。《厦门》：P137、P140、P143、P164、P185

N

内河澳　即莲河港（"莲河"当地闽南话读音近似"内河"），

在福建省厦门市翔安区南部沿海，南面与大嶝岛隔海相望。《厦门》：P186

那吗 即罗马（Roma），文中指的是意大利半岛。《海国》：P21、P22

南澳 本书有两处称"南澳"的地名：

一处即南澳岛，坐落在闽、粤、台三省交界海面，西距汕头仅11.8海里，现为广东省唯一的海岛县，属广东省汕头市。《海国》：P5、P14《海疆》：P84、P121、P123、P124《外海》：P204《厦门》：P133、P135、P136、P140、P151、P153、P160、P166、P187

一处在澎湖马公港附近。清康熙二十三年（1684年）起，戍守营兵轮调进驻澎湖，各水师置兵馆作为班兵换防住宿之地。马公港附近置有南澳馆，在阴阳堂旁右前方，今仅剩墙壁一角。《海疆》：P126

南北炮台 当指天津大沽口南北两岸的南炮台、北炮台。《海疆》：P114

南椗 即南椗岛，在漳浦县香山半岛东南，今属福建省漳州市漳浦县。《海疆》：P86、P117、P118

南干塘 即南竿塘。参见"南竿塘"条。《外海》：P206

南竿塘 即马祖岛，在福建省连江县东南、闽江口东，北与北竿塘岛对峙，南与白犬列岛相望，为马祖列岛主岛。属连江县，暂由台湾当局管辖。参见"官塘"条。《海国》：P4

南关 为浙、闽两省交界处沿海小岛，在北关岛的西面，今属浙江省温州市苍南县马站镇。《海国》：P4《海疆》：P95、P106《厦门》：P163《外海》：P206

南麂 即南麂山，又称南杞山，在浙江温州湾东南方、北麂岛西南，今属浙江省温州市平阳县鳌江镇。《外海》：P206

南麂山 参见"南麂"条。《外海》：P196

南交　即南茭，在今福建省长乐市梅花镇。《厦门》：P137

南门　即南门湾。在福建东山岛东北面。　　《厦门》：P160、P187

南门澳　即南门湾。参见"南门"条。《厦门》：P136

南明　当在浙江洞头岛南面，今地名无考。《厦门》：P138

南屺　即南麂岛。参见"南麂"条。《海国》：P4、P5

南杞　又作南屺，即南麂岛。参见"南麂"条。　《海疆》：P96、P114、P124《厦门》：P151、P168、P178

南日　即南日岛，又作"大南日"，古名"南匿"。位于兴化湾东面，是南日群岛的主岛，福建省第三大岛，今为福建省莆田市秀屿区南日镇。　《海国》：P4《海疆》：P89、P92、P103、P119、P120、P121、P122《厦门》：P137、P140、P143、P158、P161、P164、P185

南太武　位于福建龙海市港尾镇。参见"太武"条。《厦门》：P134、P141、P178

南田　即南田岛，在象山半岛南面，今属浙江省宁波市象山县樊岙乡。岛西部有港湾名南田塘。《海疆》：P99

南田东瑶　当在浙江省舟山群岛普陀山与六横岛之间的海域上，今名无考。《外海》：P207

南窑　浙江舟山群岛普陀山南面的小岛。《海疆》：P100

南鱼山　即南渔山，在象山县石浦镇东南方向约 47 公里处，系渔山列岛主岛之一。《外海》：P207

南镇　即南镇港，在福建省福鼎市沙埕港口南岸，为闽东避风良港。《海国》：P4《厦门》：P163、P182

南镇港　参见"南镇"条。《海疆》：P95

硇州　位于雷州湾东部海面的岛屿，今为广东省湛江市麻章区硇洲镇。古称碙洲，南宋末代皇帝赵昺在岛上登基，始改硇洲。《海国》：P6《海疆》：P124、P125《厦门》：P170《外海》：P202

呢颜八达　即内格巴塔姆（Negapatam），又作讷加帕特南，在印度南部的彭地治利市南。《海国》：P19

霓岙　即霓屿岛，古称霓岙山，位于温州市东偏南约 38 公里海上，今属浙江省温州市洞头县。《外海》：P196

泥龙澳　即涂龙澳。参见"涂龙澳"条。《海疆》：P110、P120《厦门》：P181

泥朱澳　当在临海市穿礁山至白带门一带，今名无考。《海疆》：P108

娘宫澳　在广东省汕头市澄海区东南，属坝头镇。《厦门》：P176、P187

鸟嘴尾　本书有两处称"鸟嘴尾"的地名：

一处在福建省漳浦县六鳌半岛的西南端虎头山下。《厦门》：P136、P140、P153、P165

一处在福建金门岛的西南端。《厦门》：P140、P155、P167

宁德澳　应指三都澳，位于福建省宁德市蕉城区东南面，由三都、青山等五个单岛和城澳半岛、二三十个屿礁、滩涂以及官井洋、复鼎洋组成。是世界少有的天然良港。《海疆》：P94

宁德港　参见"宁德澳"条。《外海》：P206

宁海洲澳　在今烟台市金山港。宁海州，即今山东省烟台市牟平区，明代隶属登州府。《厦门》：P179

宁远　即兴城古城，在今辽宁省兴城市，明宣德三年（1428年）在此建城设宁远卫，属辽东都指挥使司，清代称宁远州城。《海国》：P3

宁州　即今辽宁省大连市金州区，位于辽东半岛南部。《海疆》：P115

牛垵　即牛里澳。参见"牛里澳"条。《厦门》：P142、P161、P185

牛鼻　即牛鼻山，在象山港外。其东南为乱礁洋，乱礁洋东南

的水道称牛鼻山水道。《外海》：P207

　　牛鼻廊　或指浙江省象山县乱礁洋东南的牛鼻山水道。《厦门》：P141、P152

　　牛鼻龙　即牛鼻廊。参见"牛鼻廊"条。《厦门》：P147

　　牛角山　本书有两处称"牛角山"的地名：

　　一处为香港佛堂门东的海岛。《厦门》：P173、P189

　　一处在福建省长乐市松下镇首祉村东南面，是古代航海的重要航标。　《海疆》：P104、P121、P122《厦门》：P140、P144、P162、P164

　　牛脚胫山　当在汕尾市遮浪半岛南面，或在遮浪半岛的五家曾村（闽南话"牛脚胫"与"五家曾"读音相近）。　《厦门》：P174、P188

　　牛栏矶　即牛栏基岛，位于浙江省象山县东部的半招列岛，在石浦东北方。《外海》：P196

　　牛栏机　即牛栏基岛。参见"牛栏矶"条。《外海》：P207

　　牛栏杞　即牛栏基岛。参见"牛栏矶"条。《海疆》：P99

　　牛里澳　在福建省泉州市惠安县大岞港北面牛屿内海湾，背靠小岞。《海疆》：P88

　　牛头　本书有两处称"牛头"的地名：

　　一处在福建省惠安县大岞港内，或即港北面的牛屿。《海疆》：P88

　　一处在浙江省三门湾口、台州市三门县沿赤乡东南端。《海国》：P4

　　牛头澳　当为今广西防城港市防城区牛头村东的海湾，在红河入海口。《外海》：P202

　　牛头鼻　当在浙江舟山岛东北面的牛头山。《海疆》：P112

　　牛头门　在浙江三门湾口、台州市三门县沿赤乡南部与扩塘山岛间的水道。《海疆》：P109、P112《厦门》：P138、P147、P152、

P181《外海》：P208

牛头山 在浙江省台州市三门县外三门湾口的东北岸。《海疆》：P98、P122

牛屿 本书有两处称"牛屿"的地名：

一处当是平潭岛东南面外洋的牛山岛，今属平潭县澳前镇。为台湾海峡的交通要冲。《海疆》：P91、P92、P124《厦门》：P151、P155、P168、P178

一处为福建大岞港北面的牛屿，今属福建省惠安县小岞镇。《海疆》：P103

牛庄澳 在辽河东岸今海城市牛庄镇，原为闻名远近的东三省港口，1858年签订中英《天津条约》时，指定为开埠之地。然其时河道已淤塞，不能停泊海船，故通商口岸移至距海口更近的没沟营，即今营口。《厦门》：P180

女儿岙 浙东沿海的港湾，今名无考。《外海》：P196

P

彭亨（Pahang） 在马来半岛中部偏东，是西马来西亚最大的州。州首府为关丹（Kuantan）。《海国》：P15、P17

彭山 当指广东省汕头市南澳岛东南方的海上的南彭列岛。参见"三澎"条。《海疆》：P84

棚屿 疑为澎山，即三澎。参见"三澎"条。《厦门》：P140

澎海 当指福建省莆田市秀屿区的平海（闽南话"澎"与"平"音相似）。参见"平海"条。《海疆》：P103、P113、P119

披山 浙江省台州市玉环县大鹿岛东面的海岛。《厦门》：P146、P178

皮岛 在鸭绿江口东之西朝鲜湾，今属朝鲜，改名椵岛。《海国》：P3

琵琶　即琵琶山，浙江省温州市苍南县东面海域上的岛屿。《海疆》：P96、P113《厦门》：P146、P152《外海》：P206

琵琶头　即琵琶山。参见"琵琶"条。《厦门》：P138

琵琶港　苍南县琵琶山的港湾。参见"琵琶"条。　《厦门》：182

琵琶屿　本书有两处称"琵琶屿"的地名：

一处即琵琶山，在浙江省温州市苍南县。参见"琵琶"条。《海疆》：P106

一处当在今广东省中山市西江下游入海口处。《海疆》：P79《厦门》：P172、P189

琵琶洲　今称龙珠岛，在香港屯门区南面海湾内。　《外海》：P203

平海　本书有两处称"平海"的地名：

一处为平海卫，在福建莆田东南，今福建省莆田市秀屿区平海镇平海村，明洪武二十年（1387年）筑城设平海卫，领6个千户所。　　　《海国》：P4《厦门》：P134、P137、P143、P161、P164、P185

一处为平海所，在今广东省惠州市惠东县最南端的平海镇，东濒红海湾，西倚大亚湾，明洪武十八年（1385年）筑城置平海守御所，属碣石卫管辖。《海国》：P5、P24

平海澳　今福建省莆田市秀屿区平海镇平海村外港湾。参见"平海"条。《外海》：P205

平海圪　又作平海矼、平海屹、平海杚，今福建省莆田市秀屿区平海镇平海村。参见"平海"条。《海疆》：P89、P121、P122《厦门》：P137、P140、P152、P157、P158

平海所　此处应指平海卫，今福建省莆田市秀屿区平海镇平海村。参见"平海"条。《海疆》：P89

平潭澳　福建省平潭岛西部海湾。《海疆》：P91

Q

七都 今福建省宁德市蕉城区的七都镇。《海疆》：P105《厦门》：P145、P159、P162、P163、P183

七姐妹 即七姊八妹列岛。参见"七姊妹"条。 《厦门》：P149

七昆身 又作七鲲鯓，台湾省安平镇沿海之沙洲。 《海国》：P5

七星岭 位于海南省文昌市铺前镇东北，隔海和雷州半岛相望。《海疆》：P124《厦门》：P151《外海》：P202

七星屿 指七星列岛，古称七星山，在福建省宁德市大嵛山岛东、福鼎市沙埕镇东南22公里处。《海疆》：P95

七州 即七洲列岛。参见"七洲"条。《海疆》：P124

七洲 即七洲列岛。在海南省文昌市东部近海七洲洋中，距海南岛80多公里，由南士、北士等7个小岛组成，故名。 《厦门》：P151

七洲山 即七洲列岛。参见"七洲"条。《海疆》：P75《厦门》：P170、P190

七洲洋 介于起自台湾、迄于南海龙牙山的万里石塘与闽粤大陆之间的海面。《海国》：P12、P14、P16、P23、P24、P25

七姊妹 即七姊八妹列岛，舟山群岛最西部的一组岛屿，位于舟山岛的西北部、杭州湾外的灰鳖洋里、慈溪市东面海岸与东、西霍岛之间的海域上。今属浙江省舟山市岱山县。《外海》：P207

歧头 即崎头。参见"崎头"条。《厦门》：P179

崎头 即崎头，亦称旗头，在宁波穿山半岛东北处，象山港北岸岬角，外即崎头洋，亦称崎头洋、旗头洋。 《海国》：P4《外海》：P207

旗蠡澳 在龙穴山。参见"旗蠡屿"条。《海疆》：P80

旗毒澳 在龙穴山。参见"旗蠡屿"条。《厦门》：P189

旗蠡屿 即龙穴山，在广东省东莞市虎门横档山南、九洲岛洋海中，先置哨汛，今废。《海国》：P5

旗头 本书有两处称"旗头"的地名：

一处当在福建龙海市港尾镇的烟墩山岬，今名无考。《海疆》：P86

一处即象山港北岸岬角的崎头。参见"崎头"条。《海疆》：P112、P116、P122《厦门》：P139、P141、P147、P152、P181

旗尾 即骥尾礁，在福建龙海市港尾镇浯屿之南。《厦门》：P134、P136、P140

千里岛 又称千里岩，千里山，位于南黄海，今属山东省海阳市，为烟台市最南端。《厦门》：P169

千里石塘 即我国领土南沙群岛及其洋面，由万里长沙的南部至七洲洋，岛屿以环礁为主。《海国》：P14、P24

钱澳 在濠江区西南部，达濠岛的南岸，今属广东省汕头市濠江区滨海街道钱塘社区。《海国》：P5《海疆》：P83《厦门》：P140、P160、P176

钱山头 即前山头，在雷州半岛东南端，今属广东省湛江市徐闻县前山镇。《厦门》：P170、P190

钱湾 即钱澳。参见"钱澳"条。《外海》：P204

浅澳 本书有两处称"浅澳"的地名：

一处又称浅湾，当指香港的浅水湾。《外海》：P203

一处在甲子镇西，今属广东省陆丰市碣石镇。《海国》：P5《外海》：P204

墙珠池 广东珠江口外、大屿岛南面外洋海域上的岛屿。《海疆》：P80《厦门》：P172

钦州 今广西钦州市。《海国》：P6

青兰山　或指群兰岛，在越南下龙湾东南。《外海》：P201

青龙山　当在今广东省揭阳市惠来县靖海镇。　《厦门》：P176、P188

青龙港　当为位于今宁波市北仑区梅山岛东北青龙山下的港湾。《厦门》：P147《外海》：P207

青龙头　在香港荃湾区的青龙湾之北。《外海》：P203

青门鼻　在浙江省象山县东北、乱礁洋海域中的青门山上。《厦门》：P141

青崎澳　当为青岐，在福建小金门岛西南。《厦门》：P186

青山　即今莆田市城厢区青山村。参见"青山泥沪"条。《厦门》：P143

青山泥沪　即今福建省莆田市城厢区青山村南面的泥沪澳。《海疆》：P89

青山头　当为今山东省荣成市成山镇东北端的成山头。另，成山镇北面滨海有山曰"青山"，或指此"青山"。《海疆》：P113、P114、P115、P116《厦门》：P156、P157、P169、P179

青山子　当指广东阳西县沙扒湾外的青洲岛。参见"青州"条。《海疆》：P78

青州　即青洲岛，在广东省阳江市阳西县沙扒镇沙扒湾对面海上。《外海》：P203

青屿　本书有四处称"青屿"的地名：

一处在浙江宁波孝顺洋北面海域上，或即指梅山岛东北的青龙山。《海疆》：P110

一处位于金门岛西南面、龙海港尾东面，今属福建省龙海市港尾镇。《海疆》：P86《厦门》：P178

一处位于广东省西澳岛南面，今属广东省潮州市饶平县。《厦门》：P176

一处位于广东省阳江市阳西县南面海域，或为沙扒湾外的青洲

岛。《厦门》：P154

　　青屿仔　即青洲岛。参见"青州"条。《厦门》：P171、P190

　　埼屿　疑为秦屿，在福鼎市东南部，地处晴川海湾，今属福建省福鼎市秦屿镇。《厦门》：P162、P163

　　清河　即黄河入海口大清河口。《海国》：P3

　　琼州　即今海南省海口市南部琼山区一带，唐贞观元年（627年）始置琼山县，唐至清朝，琼山都是琼州府的所在地。《海国》：P6

　　衢山　位于舟山群岛中北部，长江、钱塘江入海口外缘，今属浙江省舟山市岱山县。《海国》：P4《外海》：P197

　　泉州港　福建泉州东南晋江下游滨海的港湾，北至湄洲湾内澳，南至围头湾，历史上曾以三湾十二港著名于世。书中此处当指湄洲湾的内澳。《厦门》：P185、P186

R

　　惹鹿惹也　即今格鲁吉亚（Georgia）亚美尼亚（Armenia），在黑海南岸。《海国》：P19、P22

　　稔山港　在今广东省惠州市惠东县的稔山镇，面对大亚湾。《厦门》：P173

　　日湖　在福建省石狮市东北部的泉州湾口南畔，今属于福建省石狮市蚶江镇。《海疆》：P102《厦门》：P137、P142、P158、P161

　　日湖垵　即日湖，今称石湖港。参见"日湖"条。《海疆》：P119

　　日湖澳　即日湖垵。参见"日湖"条。《厦门》：P186

　　柔佛（Gohors）　位于马来西亚的南部，亚洲大陆最南端的陆地，今为马来西亚十三个州之一，首府为新山。《海国》：P15、

P17、P20

　　如动港　即儒洞港，广东省阳江市阳西县儒洞镇南部、青洲岛北面的港湾。《海疆》：P78

　　如皋　即今江苏省如皋市，地处长江三角洲北翼，南临长江。《海国》：P3

　　茹节澳　当为茹榔澳。参见"茹榔澳"条。《厦门》：P146

　　茹榔澳　当在浙江省玉环县东南面坎门湾的沿岸海湾，今名无考。《海疆》：P107

S

　　萨峒马（Satsuma）　即萨摩的译音。萨摩，即今日本鹿儿岛县，位于日本最南端。《海国》：P9

　　三点头　在广东省阳江市海陵岛的马尾半岛至海陵头之间，或指海陵岛东南面的三山岛。《外海》：P203

　　三墩　即广东湛江市徐闻县南面的三墩港，港内海域上有头墩、二墩、三墩三个岛屿。《厦门》：P155

　　三狗垅　即山狗垅，当在广东省徐闻县洪坎附近，今名无考。《外海》：P202

　　三姑山　亦称三姑礁，在大洋山和小洋山两岛之间的前姑礁、中姑礁和圣姑礁三块礁石，今属浙江省舟山市嵊泗县。《厦门》：P179

　　三孤山　即三姑山。参见"三姑山"条。《外海》：P197

　　三管笔　在广东省深圳市大亚湾西岸，今属广东省惠州市惠阳区。《厦门》：P173

　　三海关　当为山海关。参见"山海关"条。《厦门》：P180

　　三江口　即三江口港，位福建于莆田市涵江区东南部，濒临兴化湾，历史上为闽省五大港口之一。《厦门》：P159、P161、P185

三角洲　在广东省惠州市惠东县西南部、大亚湾东部海域。《厦门》：P173、P189

三马尔丹　即撒马尔罕（Samarkand），在乌兹别克斯坦东南部，今为撒马尔罕州首府。《海国》：P19

三门　即三门湾，位于浙江省海岸中段，三面环陆，东起南田岛，西至坡坝港牛头门，北靠象山半岛，是半封闭海湾。湾内有花岙岛，即花澳。《海疆》：P98、P109《厦门》：P147《外海》：P207

三炮台　当在辽宁省营口市，今名无考。《海疆》：P114《厦门》：P180

三盘　即大三盘岛，在浙江瓯江口北温州湾内，今属浙江省温州市洞头县三盘乡。《海国》：P4《海疆》：P97、P107、P113、P120、P121、P122《厦门》：P138、P141、P146、P152

三盘澳　在北温州湾内的大三盘岛。参见"三盘"条。《厦门》：P182《外海》：P206

三澎　即广东省汕头市南澳岛东南海上的南彭列岛，包括顶澎岛、中澎岛和南彭岛。《海国》《厦门》：P5《外海》：P204

三沙　地处霞浦县东北沿海突出部，我国著名的渔港，今为福建省宁德市霞浦县三沙镇。《海国》：P4《海疆》：P95、P105《厦门》：P137、P159、P162

三沙澳　即三沙港，位于三沙镇南侧。参见"三沙"条。《海疆》：P105《厦门》：P145、P183《外海》：P206

三沙五澳　今福建省宁德市霞浦县的三沙镇五澳村。参见"三沙"条。《海疆》：P95《厦门》：P183

三碗芋　当为福建福清湾外的鼓屿与小练岛之间的岛屿，今名无考。《海疆》：P113《厦门》：P137、P144、P158

三霄礁　又作"三消礁"，即福建省漳州井尾半岛南面的三礁。《厦门》：P160

三消礁　即"三霄礁"，参见"三霄礁"条。《厦门》：P136

三灶　即三灶岛，在珠海市香洲西南部、万山群岛西，是万山群岛中第一大岛，今属广东省珠海市金湾区管辖。《海国》：P6

三灶山　即三灶岛。参见"三灶"条。《海疆》：P79

三灶澳　即三灶湾，在珠海市三灶岛的西南。参见"三灶"条。《海疆》：P79

三灶门　在三灶湾，或指三灶岛东侧的磨刀门河道出口处。参见"三灶"条。《厦门》：P172、P189

三洲澳　在今广东省陆丰市湖东镇西南角，碣石镇之东面。《厦门》：P175、P188

三洲塘　即三洲湾，在广东省台山市上川岛的西北部。《外海》：P203

山海关　在渤海西北岸，华北与东北的交界处，今属河北省秦皇岛市。《海国》：P3

桑门　当为沙门，位于玉环岛东北部，东南濒海，今为浙江省台州市玉环县沙门镇。《海疆》：P97

扫手尾　即扫帚尾山（闽南话"扫帚"称"扫手"），在今广东省汕尾市捷胜镇东坑村。《厦门》：P139、P174

杀牛房　即刣牛房（闽南话"杀"读作"刣"），在澳门十字门水域内。《厦门》：P154

沙埕　即沙埕港，别称沙关，我国东南天然良港之一，在福建省福鼎市沙埕镇南面，系闽浙海岸的交界地。《海国》：P4《海疆》：P106《厦门》：P163

沙埕澳　即沙埕港。参见"沙埕"条。《海疆》：P95

沙程　即沙埕港。参见"沙埕"条。《外海》：P206

沙马崎　在台湾岛西南角，今名猫鼻头。《海国》：P5、P10、P11、P24、P25

沙尾港　当在汕尾港附近，今名无考。《厦门》：P174、P188

沙洲　指福建菜屿列岛的主岛沙洲岛。今属于福建漳浦县古雷

镇。《外海》：P204

沙洲澳　在菜屿列岛的主岛沙洲岛。参见"沙洲"条。《厦门》：P187

山口　指今北海市合浦县山口镇，在广西北海市铁山港东岸。《海国》：P6

上川　即上川岛，又称上川村岛，位于珠江口西侧，广东省台山市的西南部海域上，西面有下川岛，常合称为"上下川"。《海国》：P6

上村山　即上川岛。参见"上川"条。《海疆》：P79

上诗头　当指祥芝头（闽南话"上诗"与"祥芝"读音相近）。参见"祥芝"条。《外海》：P205

上下　即松下（闽南话"上"与"松"音近），在今福建省长乐市松下镇的东南端。《厦门》：P159、P162、P164、P184

上下春　即上下村，指上川岛与下川岛，也称上村山、下村山，位于珠江口西侧。《厦门》：P154

上下川　即上下村。参见"上下春"条。《外海》：P203

上芝垵　即祥芝。参见"祥芝"条。《海疆》：P119

尚芝　即祥芝。参见"祥芝"条。《海疆》：P102

蛇屿　本书有两处称"蛇屿"的地名：

一处当在浙江舟山金塘岛外海域，今名无考。《海疆》：P122《厦门》：P141

一处当指辽宁省大连市旅顺口区西北面渤海海域的蛇岛。《厦门》：179

身妇娘澳　即媳妇娘澳。参见"媳妇娘澳"条。《厦门》：P162、P163、P183

深后垵　即深沪湾（闽南话"后"与"沪"读音相似）。参见"深沪"条。《海疆》：P119

深沪　即深沪湾，在福建东南泉州湾与围头湾中部，北起石狮市永宁镇、南到晋江市龙湖镇衙口一带的海湾。《海疆》：P87《厦门》：P134、P142、P152、P161、P165、P186

深扈 即深沪湾。参见"深沪"条。《外海》：P205

深门 在浙江省台州市三门县三门湾花岙岛附近，或即指三门湾。《厦门》：P147

神前澳 即神泉港。参见"神泉港"条。《厦门》：P135

神泉澳 即神泉港。参见"神泉港"条。《海疆》：P82

神泉港 在今广东省揭阳市惠来县南的神泉镇，是粤东重要港口之一。《厦门》：P175《外海》：P204、P207

沈家门 舟山岛东南部海港，今浙江省舟山市普陀区沈家门镇。《海疆》：P116《厦门》：P180《外海》：P196

升罗屿 即长崎岛，在今浙江省今舟山市定海区的南面。《厦门》：P179

生屿 即嵩屿（闽南话"生"与"嵩"同音），位于厦门的西南部，隔海与鼓浪屿相望，今属福建省厦门市海沧区。 《厦门》：P128

圣澳 在今福建省诏安县梅岭镇悬钟村。《厦门》：P136

圣筶屿 本书有两处称"圣筶屿"的地名：

一处在浙江温州金乡。《海疆》：P96

一处即圣杯屿，在古雷半岛东面，今属福建省漳州市漳浦县。《海疆》：P121、P123《厦门》：P140

狮察 当为西寨（闽南话"狮"与"西"同音；"察"与"寨"相近）即福建南日岛西部的西寨港。《厦门》：P185

十二门 应是十字门（闽南话"二"与"字"音同）。参见"十字门"条。《海疆》：P80

十字门 澳门水域旧名称，指澳门半岛、氹仔和路环为东岸、对面山与大、小横琴为西岸中间的水域，明清时期是外国商船的重要航道及停泊点。《海国》：P6

石邦 当在今浙江省温州市苍南县的石坪乡一带。 《厦门》：P145

石碑澳 在今广东省惠来县靖海镇坂美村东南、石碑山海岬东的海湾，毗邻靖海港。《厦门》：P176、P188

石丁澳 当在福建省漳州市诏安湾一带。 《厦门》：P160、P166、P187

石井澳 即石井港，位于围头湾南端，今属南安市，东与晋江市东石隔港相望，并与东石白沙夹峙而形成大盈港、安海港的海门。《厦门》：P186

石俊 即石圳（闽南话"俊"与"圳"同音，读作 tsùn）。参见"石圳"条。《厦门》：P134、P142

石峻 即石圳（闽南话"峻"与"圳"同音，读作 tsùn）。参见"石圳"条。《海疆》：P87、P102、P113、P119、P122

石码 位于九龙江下游，厦门岛西面，今为福建省龙海市市区所在地。《厦门》：P128

石牛港 浙江省舟山市普陀区朱家尖岛北部的古海港，北临莲华洋，与普陀山相望，今已围垦为农场。《外海》：P196

石牌 即石牌洋。参见"石牌洋"条。《外海》：P205

石牌洋 福建平潭岛西北看澳村西侧海面，500 多米远处有大礁石，上有一高一低的两块碑形海蚀柱，如双帆浮动，称为"半洋石帆"，洋因石而名石牌洋。《海国》：P4《海疆》：P90、P91

石浦 在象山半岛东南端，即今浙江省宁波市象山县石浦镇。《海疆》：P109、P112、P122《厦门》：P147、P152《外海》：P207

石浦港 在今浙江宁波市象山县石浦镇。《外海》：P196

石浦所 在今浙江省宁波市象山县石浦镇，明洪武二十年（1387 年），始筑所城，设前后千户所。 《海疆》：P99《厦门》：P181

石蛇尾 即石泉尾（闽南话"蛇"与"泉"读音接近），在漳

江出海口北岸，今属福建省漳州市漳浦县沙西镇下寨。《厦门》：P187

石狮头　在广东省汕尾市遮浪街道施公寮半岛的西北端。《厦门》：P175、P188

石唐澳　即石塘澳。参见"石塘澳"条。《厦门》：P182

石塘　在浙江省温岭市东南濒海处。原为石塘岛，今泥沙淤积，形成连岛沙洲。《海国》：P4《海疆》：P98、P107、P113、P120、P121、P122《厦门》：P138、P141、P146、P152、P178

石塘澳　在温岭市东南的石塘岛。参见"石塘"条。《厦门》：P182《外海》：P206

石圳　位于今福建省晋江市金井镇东部的海滨。《厦门》：P137

崎里　位于澎湖列岛马公岛的西南部。《海疆》：P126

是班呀　即西班牙（spain）。《海国》：P11

寿光　即今山东省寿光市，位于山东半岛中北部，渤海莱州湾的西南岸。《海国》：P3

双门所澳　当为松门所澳，即松门港。参见"松门港"条。《厦门》：P182

双头弄　闽南航海者称中有礁石、两旁可行船的水道为"双头弄"。本书有三处称"双头弄"的地名：

一处为进入湄洲湾的水道，在福建湄洲岛西北面、吉蓼的南面。《海疆》：P103《厦门》：P143、P161、P185

一处在福建平潭岛西南海坛海峡的水道上。《厦门》：P164、P185

一处在浙江三门县三门湾花澳岛附近。《海疆》：P109

双鱼　即今广东省阳江市阳西县上洋镇东南面的双鱼城村。明洪武二十七年（1394年），明朝廷在此地训练水师，筑城设立双鱼守御千户所。《海国》：P6《海疆》：P78《厦门》：P154、P171《外

海》：P203

双屿港　在今浙江省舟山市普陀区六横岛西岸与佛渡岛东岸之间，为 16 世纪远东与西方贸易的重要港口，后废。《厦门》：P179

霜山　即北礵山，四礵列岛的主岛，在福建省宁德市霞浦县东南海上。《海疆》：P94

水垵　在台湾省澎湖列岛望安岛的西北部。《海疆》：P126

水澳　位于今福建省宁德市霞浦县长春镇加竹村南部。《厦门》：P183

水东港　位于广东省茂名市电白县水东镇，在清道光年间已成为粤西地区的重要商埠。《厦门》：P154

水桶澳　位于浙江省玉环县东面坎门湾、漩门湾一带。《海疆》：P107、《厦门》：P146、152《外海》：P206

水桶澳垵　即水桶澳。参见"水桶澳"条。《海疆》：P107

水仙宫　在厦门岛望高石下今晨光路一带，坐山面海。明初所建，祀大禹、伍员、屈原、项羽、鲁班诸神。至明末，这一带成了繁华的码头街市，船只往来络绎不绝。《厦门》：P126

舜寮　即巽寮湾，位于今广东省惠州市惠东县城平山镇南部，大亚湾的东部。《厦门》：P173、P189

四草　位于台湾省台南市安南区，滨临台湾海峡。《厦门》：P191

四弼　在广东省阳江东平港至海陵岛一带海域，今名无考。《厦门》：P154

四霜　即四霜列岛，在福宁湾东南，东引岛的西北面。《外海》：P206

四屿　本书有四处称"四屿"的地名：

一处在浙江舟山东霍山西北海域，今名无考。《海疆》：P110、P119、P120、P122《厦门》：P147、P148、P149

一处即浙江三盘岛东北面、鹿西岛东南面的两头山屿、茅草

屿、大山屿、北园屿四个岛屿，合称四屿，今属浙江省温州市洞头县大门镇。《海疆》：P107《厦门》：P146

　　一处为浙江平阳港外的上头屿、上二屿、三屿、四屿的四个岛屿，合称"四屿"，今属浙江省温州市平阳县鳌江镇。《海疆》：P96《厦门》：P146

　　一处为福建定海湾外的四母屿岛，今属福建省福州市连江县筱埕镇。《海疆》：P93、P104《厦门》：P137、P144

　　松门港　在浙江省温岭市松门镇。洪武十九年（1386年）置松门千户所，二十年升为松门卫。《外海》：P196：

　　松霞　即松下，在今福建省长乐市松下镇的东南端。参见"上下"条。《外海》：P205

　　崧门　即松门，位于浙江省温岭市松门港东南的海岛。参见"松门港"条。《海国》：P4

　　宋脚　今译宋卡（Songkhla），位于马来半岛中部东海岸宋卡湖口，今为泰国南部港口城市，宋卡府首府。《海国》：P17

　　苏澳　即苏澳湾，在福建省平潭岛西北部。《厦门》：P159、P162、P164、P184

　　苏澳湾　参见"苏澳"条。《海疆》：P90

　　苏尖　即苏尖湾，又名乌礁湾，位于福建省漳州市东山县东南面，是东山岛最大的海湾，包括从岛东突出部的苏峰山（俗名"苏尖山"）至岛南端的澳角村圆锥角的水域。《海疆》：P84、P123《厦门》：P136、P140、P153

　　苏喇（Surat）　今译苏拉特，在印度西北海岸，今古吉拉特邦的港口城市。《海国》：P19

　　网买　即孟买（Bombay）位于印度的西部、阿拉伯海岸。《海国》：P19

　　苏鹿　即苏禄。参见"苏禄"条。《外海》：P209、P210

　　苏禄　位于菲律宾西南部的群岛，由霍洛岛、塔威塔威群岛、桑阿桑阿岛、锡布图群岛、锡亚西岛和卡加延苏禄岛等组成。约在公元 1450 年，穆斯林在群岛上建立苏禄国。1915 年，苏禄国成为菲律宾的一部分。《海国》：P12、P13、P24

苏麻勿里　指西苏丹的北部，大致相当于塞内加尔河流域和尼日尔河上、中游地区。《海国》：P21

苏占　即苏尖湾（闽南话"占"与"尖"读音相近）。参见"苏尖"条。《厦门》：P187《外海》：P204

薯榔澳　当为茹榔澳，在浙江省坎门湾，今名无考。参见"茹榔澳"条。《厦门》：P152

宿务（Cebu）　菲律宾米沙鄢群岛中部岛屿，是米沙鄢群岛的第一大岛。位于保和岛和内格罗斯岛之间。《海国》：P12

栋屿　当为福建平潭岛西面、海坛海峡间的岛屿，今名无考。《厦门》：P140、P144

遂溪　今广东省湛江市的遂溪县，位于雷州半岛西北部。《海国》：P6

T

塔屈埃　即獭窟。参见"獭窟"条。《海疆》：P119

塔堀　即獭窟。参见"獭窟"条。《海疆》：P102

塔山　在辽宁省瓦房店市长兴岛西端。《海疆》：P115

塔仔　即福建省金门岛西南的金门塔，亦称吉屿塔。其所处位置即称塔仔山。《海疆》：P121

塔仔脚　即金门岛的塔仔山下。参见"塔仔"条。《海疆》：P86《厦门》：P134、P178、P186

塔仔山　指长兴岛的塔山。参见"塔山"条。《海疆》：P116

獭窟　即獭窟岛，今福建省泉州市惠安县张坂镇浮山村，原为泉州湾湾口北侧、惠安东南面的一个孤岛，今围垦成半岛。《海

国》：P4《海疆》：P88《厦门》：P186

獭屈　即獭窟（闽南话"屈"与"窟"读音相同）。参见"獭窟"条。《外海》：P205

台山　当为台山列岛，在今福建省福鼎市东南海域。《海疆》：P113、P124《厦门》：P151、P168、P178

台山小港　当为广东省惠州市惠东县的咸台港，南临平海湾。《厦门》：P174、P189

太平县　即今浙江省温岭市，原名太平县，明成化五年（1469年）设县治。民国三年（1914年）改称温岭县。《外海》：P206

太武　指南太武山，亦称南太武，位于福建省龙海市港尾镇，距漳州市城区 55 公里，与金门的北太武山相对峙。《海国》：P4《厦门》：P167

太武山　又名北太武山、仙山，在金门岛中部，为岛上最高山。《海疆》：P118

潭口　即潭口礁，在金门东半岛西北隅的金山港口。《海疆》：P87、P101、P102《厦门》：P141、P161、P165

潭门港　又称新潭港、那乐港，在今海南省琼海市潭门镇东南。《海国》：P6

探头屿　当为檀头山，又作探头山，位于浙江省宁波市象山县石浦镇东、象山半岛东南方向的大目洋与猫头洋之间。《厦门》：P178

糖屿　即塘屿，平潭岛南面的岛屿，与乌礁相邻，今属福建省福州市平潭县南海乡。《厦门》：P164、P185

桃花　即桃花岛，古称桃花山，在浙江舟山本岛沈家门渔港的南面。《海疆》：P124《厦门》：P151

桃花门　舟山岛沈家门渔港与其南面桃花岛间的水道。《海疆》：P124《厦门》：P151《外海》：P196、P207

桃山　又名涂山，在越南海防市东南郊区。《外海》：P202

桃渚 位于临海市东部沿海，今属浙江省临海市桃渚镇。明洪武二十年（1387年）筑城设置千户所。《海国》：P4

桃枝门 山东烟台庙岛群岛北面砣矶岛的南、北砣矶水道，此处当指南砣矶水道。砣矶岛，又名鼍矶岛，今属山东省烟台市长岛县。《厦门》：P179

藤头 当为潭头，在闽江入海口南港主航道的南岸，今属福建省长乐市潭头镇。《厦门》：P184

天台山 在台湾省澎湖列岛的望安岛西北部，为望安岛的最高峰。《海疆》：P126

天堂门 在日本九州岛西南，甑岛列岛与宇治岛之间的水道。《海国》：P9

田头 位于儋州的西部，即今海南省儋州市排浦镇田头村。《外海》：P201

田头澳 福建省宁德市霞浦县浮鹰岛西南部的港湾。《厦门》：P162

田普寨 即田埔巡检司，在福建金门岛东部的田埔村，明洪武二十一年（1388年）置城寨设巡检司，属金门守御千户所。《海疆》：P102《厦门》：P142

田尾 即田尾澳，在今广东省陆丰市碣石镇，傍碣石港。《海国》：P5《厦门》：P135、P139《外海》：P204

田尾澳 参见"田尾"条。《海疆》：P82

田尾山 在今广东省陆丰市碣石镇最南端，其岬角称田尾角。《厦门》：P135、P175、P188

田英澳 当为福建省宁德市霞浦县的长春镇罗浮村至下浒镇之间的港湾，今名无考。《厦门》：P162、P163、P183

田仔垼澳 在福建东山岛苏尖湾至南门湾一带，今名无考。《厦门》：P136、P187

铁丁屿 在浙江省台州市三门县的白带门至象山县的南田岛之

间，或指三门湾外的五子—三门岛群中的岛屿。《海疆》：P121、P122《厦门》：P141

铁钉屿　本书有三处称"铁钉屿"的地名：

一处当指三门湾外的铁丁屿。参见"铁丁屿"条。《海疆》：P98

一处即铁钉仔屿，在湄洲湾外、忠门半岛南端海域上。《海疆》：P89

一处在福建东山湾口、东山岛的东北面海域上。《厦门》：P167

铁山　即老铁山角，位于辽宁省辽东半岛最南端。又称老铁山岬、老铁山头、老铁山嘴。《海国》：P3《海疆》：P114、P115《厦门》：P156、P169、P179

呫哔啰山　即屿崂占（Cu Lao Cham），或称大占岛，在越南中部的中心城市岘港口外。《海国》：P13

通州　即今江苏省南通市通州区。《海国》：P3

铜钵　在福建东山岛的东北部，即今漳州市东山县康美镇铜钵村。《海疆》：P85

铜斗角　当为东土角，在广东省雷州半岛的西岸，雷州市乌石港的西南角。《厦门》：P155

铜古山　即铜鼓山，位于广东赤溪半岛的南端，今属台山市赤溪镇。《厦门》：P189

铜鼓角　广东赤溪半岛南端铜鼓山的岬角。《海疆》：P79《厦门》：P155《外海》：P203

铜鼓洋　在福建省福州市连江县黄岐半岛南面。《海疆》：P92

铜钱澳　指戙船澳，今称闸坡，在今广东省阳江市西南的海陵岛闸坡镇南部。《厦门》：P154、P171、P190

铜山　位于福建省漳州市东山岛东北隅突出部，明洪武二十年（1387年）建城，置铜山千户所，而设铜山水寨，为闽南五大水寨之一。　《海国》：P4、P5《海疆》：P85、P126《厦门》：P133、P135、P136、P160、P166、P187《外海》：P204

涂龙澳　浙江省宁波市象山县牛栏基至半边山之间的港湾，今名无考。《厦门》：P138

堍龙澳　即涂龙澳。参见"涂龙澳"条。《海疆》：P121

土地公　即土地公屿。参见"土地公屿"条。《外海》：P207

土地屿　当为土地公屿。参见"土地公屿"条。《厦门》：P138、P147

土地公屿　当在浙江省宁波市象山县昌国附近，今名无考。《厦门》：P152

兔儿岛　今名仙人岛，位于月牙湾南部的盖州市九垄地镇，为伸向海中的半岛，状若伏卧的兔儿，故名。《厦门》：P180

屯门琵琶洲　今称龙珠岛，位于香港新界屯门东南，咖啡湾口。因状似琵琶而得名，古代为航海的指路标志。《外海》：P203

陀宁三水门　即沱泞，又称三门岛。参见"沱泞"条。《外海》：P203

沱泞　又称三门岛，是深圳东部第一大岛，位于大鹏湾与大亚湾的汇合处。《海国》：P5

W

外罗　即外罗山。参见"外罗山"条。《外海》：P209、P210

外罗山　越南中部海岸外广东（Quang Dong）群岛中的列（Re）岛，在咕哔啰东南。《海国》：P14、P16

万安　今福建省福清市东瀚镇万安村。参见"万安所"条。《海国》：P4《海疆》：P92《厦门》：P143

万安所　位于今福建省福清市东瀚镇万安村，明洪武二十年（1387年）始筑城设万安守御千户所。《海疆》：P90

万丹（Bantam）　位于爪哇岛最西部，16世纪后期至19世纪初期为统治爪哇西部的伊斯兰教王国，现为印尼的一个省。《海国》：P18

万古屡（Bengoolen）　即印度尼西亚苏门答腊岛西岸的明古鲁，今明古鲁省省会。《海国》：P17、P18、P20

万老高　即印度尼西亚的马鲁古群岛（Maluku Is.）。《海国》：P12

万里长沙　即我国领土西沙群岛及其洋面，岛屿以沙岛为主。《海国》：P14、P24、P25

万难　当为万兰，即印度尼西亚的班达群岛（Banda. Is.）。《外海》：P209、P210

万宁　原越南万宁州，今属越南广宁省芒街市。《海国》：P6

万州　即今海南省万宁市，唐贞观五年（631年）置县，明洪武三年（1370年）改称万州。《海国》：P6、P14、P24

王崎　即黄岐，在福建省连江市东北黄岐半岛中段南部。参见"黄岐"条。《厦门》：P137、P144、P162、P163、P184

网垵口　在台湾省澎湖列岛望安岛的南端。《海疆》：P126

网礁腊　即孟加拉（Bengala）。《海国》：P19

网巾礁脑　即菲律宾棉兰老（Mindanao）岛。《海国》：P12

网仔澳　位于福建宁德霞浦县烽火岛的南端。《厦门》：P183

网仔屿　当指位于红海湾的芒屿，在鲘门镇南面海上，今属广东省汕尾市海丰县鲘门镇。《厦门》：P174、P189

网屿　本书有两处称"网屿"的地名：

一处在浙江温岭龙门列岛外、积谷山与马蹄澳之间。《厦门》：P138

一处为茫洲岛，位于广东下川岛和台山市北陡镇沙咀村之间海域。《厦门》：P171

望楼　即望楼港，在今海南省乐东黎族自治县乐罗镇。《外

海》：P201

望屿 即墓屿（闽南话"望"与"墓"读音相似），位于福清市东面，海坛海峡间的岛屿。《厦门》：P159、P184

威海 即威海市，位于山东半岛东端。《海疆》：P114《厦门》：P157、P169

围头 在今福建省晋江市金井镇围头半岛的南端，是晋江距离金门最近的海岬。西面是围头湾。《海疆》：P87、P125《外海》：P205

涠洲 即涠洲岛，位于广西北海市南方北部湾海域。《外海》：P202

魏港 当在福建省莆田市平海湾一带，今名无考。《厦门》：P143、P159、P161、P164、P185

温烧港 即云霄港（闽南话"云霄"读音似"温烧"），位于福建东山湾西北岸、漳江出海口，为云霄县唯一的出海口。《厦门》：P187

文昌 位于海南岛东北部，隋大业三年（607年）置县，唐贞观元年（627年）更名文昌县，今为海南省文昌市。《海国》：P6

蚊加虱 即望加锡，在苏拉威西岛西南部。参见"芒佳虱"条。《外海》：P209、P210

蚊屿 当为茫洲岛，又作网屿（闽南话"网"与"蚊"读间相近）。参见"网屿"条。《海疆》：P78《厦门》：P154

问来 即汶莱，今名文莱达鲁萨兰国，位于中国南海南岸，婆罗洲北岸。《外海》：P209、P210

乌东港 当为湖东港，在今广东省陆丰市湖东镇南面。《厦门》：P175、P188

乌龟 即乌龟洋，在福建兴化湾外之南日岛与海坛岛之间。《海疆》：P89、P92、P113、P124《厦门》：P151、P155、P168

乌鬼国 指非洲诸国。《海国》：P17、P20、P21

乌鬼王国　文中所指的大致上是今塞内加尔和马里的南部以及布基纳法索、尼日尔、尼日利亚等国的部分地区。《海国》：P21

乌礁　本书有三处称"乌礁"的地名：

一处在花岙岛南，今属浙江省宁波市象山县。《海疆》：P109

一处在福建平潭岛西北面海域，今名无考。《厦门》：P137、P144、P158

一处在广东惠东县平海湾外海域，或为无名礁石。　《厦门》：P174

乌雷　即今广西今钦州市钦南区犀牛脚镇的乌雷村，在龙门港的外港东岸。入内港为清代龙门水师协营。《外海》：P202

乌驴岛　即海驴岛，在山东省荣成市西霞口村龙眼港北面海域2海里处。《海疆》：P114《厦门》：P179

乌丘　又作乌坵，即乌丘屿，在福建湄洲岛之东，南日岛之南，今属福建省莆田市秀屿区，暂由台湾当局管辖。　《厦门》：P167、P178

乌坵　即乌丘屿。参见"乌丘"条。　《海国》：P4《海疆》：P91

乌沙门　在浙江省舟山市朱家尖岛西南部与西峰岛之间的水道。《外海》：P196、P208

乌沙头　在福建金门岛西北角的古宁头。　《厦门》：P141、P160、P165、P186

乌石　即乌石港，位于广东雷州半岛西南部，今属雷州市乌石镇。《外海》：P202

乌兔　当在在广东省廉江市的安铺镇。《海国》：P6

乌鸭　在广东省惠州市惠东县大星山东北面海域，与白鸭相邻。《厦门》：P135、P153、P174

乌洋港　在浙江省台州市玉环县的西南面。《厦门》：P182

乌屿仔　广东南澳岛东南面海域上的小岛。《厦门》：P140

乌猪 即乌猪山，在广东小襟岛西南面、上川岛东面。《海国》：P6《厦门》：P155《海疆》：P123、P125

吴宝澳 即五宝澳。参见"五宝澳"条。 《厦门》：P142、P186：

吴江衢山 在深圳大鹏半岛末端的南澳半岛，东临大亚湾，西连大鹏湾，今属广东省深圳市南澳镇。《厦门》：P173

吴蜞澳 又作吾骑澳或蜈蜞澳，当在浙江省象山县东面。《厦门》：P147

吴湘港 即吴淞港，位于黄浦江注入长江口吴淞口的西侧。《厦门》：P179

吾骑澳 即吴蜞澳。参见"吴蜞澳"条。 《厦门》：P138、P139

吾商 即吴淞港。参见"吴湘港"条。《厦门》：P192

浯蜞澳 即吴蜞澳。参见"吴蜞澳"条。《厦门》：P152

梧屿 即浯屿，参见"浯屿"条。《外海》：P204

溪商港 即上海的吴淞港。参见"吴湘港"条。 《厦门》：P180

浯屿 位于南太武山东南，小担岛与镇海角之间的小岛，今属福建省龙海市港尾镇。 《海疆》：P86《厦门》：P140、P160、P165、P186

五宝澳 当为福建省泉州市的佛堂澳与祥芝之间的港湾。《海疆》：P102

五岛门 日本九州岛西北之福江、久贺、奈留、若松、中通等五岛之间的水道。《海国》：P9

五宫厝 即五间厝（闽南话"宫"与"间"读音相同）。参见"五间厝"条。《厦门》：P161、P164、P185

五鬼山 在今广东省吴川市境内。吴川，隋开皇九年（589年）废平定县设置吴川县，今为湛江市所属的县级市。《海疆》：

P77《厦门》：P171、P190

五虎　闽江口粗芦岛（又叫熨斗岛）与川石岛间的小岛，为五座基部相连的岩礁，因状若五虎而得名。其水道名五虎门，为通闽江之航道。《海国》：P4《厦门》：P184

五虎门　参见"五虎"条。　《厦门》：P162、P178《外海》：P206

五间厝　在福建省福清市东瀚镇万安村西南的门扇后埯。《海疆》：P103《厦门》：P143

五通　在厦门岛东北部，今属福建省厦门市湖里区。古代即为通往大陆的要津，设有进入厦门的驿站五通铺。明洪武二十七年（1394年）厦门建城时，在此设五通寨。清代，五通古渡头更是成为大陆各地通往台湾的重要转渡点。《厦门》：P128

五相　即吴淞。参见"吴湘港"条。《厦门》：P149

五湘　即吴淞（闽南话"五湘"与"吴淞"音似）。参见"吴湘港"条。《厦门》：P148、P149、P150

五屿　舟山金塘岛北面海上的北馒头山、龙洞山、丫鹊山、大五峙等五座小岛，总称五屿，今属浙江省舟山市定海区。《厦门》：P179

五屿山　今称五屿，在广东饶平县海山岛西南海面上的岛礁。《厦门》：176

X

西贡澳　位于香港新界西贡半岛东部的海湾。《厦门》：P173

西桔　即西吉屿，为台湾省澎湖列岛的岛屿。《厦门》：P166

西箕　当为东矶岛西面的岛屿，今名无考。《厦门》：P168

西京　指今越南顺化。十八世纪初，越南分为南北朝。北朝为黎氏，实掌政权者则为郑氏，称大越国，即交趾国，都交都，即今

河内，称东京。南朝为阮氏，建广南国，都顺化，称西京。《海国》：P14

西仑 即锡兰（Ceylon），斯里兰卡的旧称。《海国》：P19

西洋 即西洋岛，又称大西洋，在福建省宁德市霞浦县东冲半岛的东南海域。参见"大西洋"条。《海疆》：P93、P94《厦门》：P152、P158、P162、P163、P168、P183

西屿头 即渔翁岛，台湾省澎湖岛之西，是澎湖列岛的第二大岛，澎湖三大岛的西翼大岛，故又名西屿。有"西屿落霞"，为"澎湖八景"之一。《海国》：P5《海疆》：P117、P118、P125、P126《厦门》：P134、P166、P167、P191

西寨 即福建省南日岛西北部的西寨港。《海疆》：P86、P113

息力大山 马来语意为一千一百山，在今加里曼丹岛西部。《海国》：P12

媳妇娘澳 在福建省连江县东冲半岛的东面。《海疆》：P105

细密里也 即今西伯利亚（Siberia）。《海国》：P19、P22

呷 指开普（Cape），即好望角（Cape of good hope）。《海国》：P20

虾公屿 当在广东省珠海市三灶湾外海域，今名无考。《海疆》：P79

下川 即卜川岛，又称下川村岛，位于珠江口西侧，广东省台山市的西南部、大襟岛的东南面海域上。《海国》：P6

下村山 即下川岛，又称下川村岛。参见"下川"条。《海疆》：P78

下府 当指下浒，位于福建省宁德市霞浦县南部，东冲半岛中部，北濒三都澳。《厦门》：P162、P163

下港 今印度尼西亚爪哇岛西北岸一带，有认为即今雅加达，张燮的《东西洋考》则称万丹港为下港。《海国》：P18

下门 应即厦门。《厦门》：P128

下桥　当在福建平潭岛海坛海峡一带，今名无考。《厦门》：P159、P162、P184

暹罗　即今泰国。《海国》：P14、P15、P16、P19

暹田　当在今福建省宁德市霞浦县的长春镇罗浮村至下浒镇之间，今名无考。《厦门》：P162、P163

限门　位于广东省吴川市吴阳镇外海域，乃鉴江出口及通往湛江之内河口与南海交汇处，为吴川到湛江或远洋的必经之道。该海域险狭，水流急湍且两旁有礁石，故称限门。《海疆》：P77、P123、P125《厦门》：P154、P171、P190

相山　当为霜山，即四礵列岛的主岛北礵山。参见"霜山"条。《厦门》：P168

香山　即今之广东省中山市，为孙中山故乡，1925 年，香山县改名为中山县。《海疆》：P79

香员澳　在神泉港外，属广东省揭阳市惠来县。《厦门》：P175、P188

祥芝　位于福建省石狮市东北部泉州湾口。明洪武二十年（1387 年），徙石湖巡检司于祥芝，置祥芝巡检司。《海国》：P4《海疆》：P87、P88、P102、P125、P126《厦门》：P134、P137、P142、P152、P161、P165、P186

饷尾　当在福建平潭岛西南海坛海峡一带。《厦门》：P161、P164、P185

象城　即今福建省莆田市秀屿区埭头镇石城。其东有石城澳，即象城澳，再东有石城屿，即象城竹篙屿。《海疆》：P119《厦门》：P161、P164、P185

象屿　在福建东山岛陈城镇东面海域。《海疆》：P121、P123《厦门》：P136、P153

小白头　指今巴基斯坦一带。《海国》：P19

小笔架山　锦州南面海上的小岛，今属辽宁省凌海市。《海

疆》：P115

小长沙 位于福建福清龙高半岛东南端，今属福清市沙埔镇长沙村。《厦门》：P143、P159

小埕 即筱埕，在黄岐半岛东南部，今为连江县筱埕镇。《厦门》：P159、P162、P164、P184

小担 即二担岛，在福建金门岛的西南面海域上。《外海》：P204、P205

小嶝 即小嶝岛，位于福建省厦门市翔安区东南海域，和金门岛隔海相望。《海疆》：P101、P102《厦门》：P141

小嶝澳 在翔安区东南海域的小嶝岛。《厦门》：P186

小放鸡 即小放鸡山，在广东省茂名市电白县大放鸡山东北3公里海域。《海国》：P6

小烽火 当在福建省宁德市霞浦县三沙烽火岛附近。《外海》：P206

小关岛 即小管岛，在山东青岛崂山湾口，大管岛的西北面，今属山东省即墨市鳌山卫镇。《厦门》：P157

小横山 在柬埔寨西南暹罗湾普林斯（Prins）岛。《海国》：P17

小横鱼山 当为小鱼山。参见"小鱼山"条。《厦门》：P149

小楫 即小戢山，在嵊泗列岛主岛泗礁山的西面，洋山的北面，今属浙江省舟山市嵊泗县。《厦门》：P141、P169

小王崎 当指福建省福鼎市沙埕镇的黄岐村，位于沙埕港外东南方海岸线上。《厦门》：P145、P163、P182

小金 即小襟岛，是万山群岛的岛屿，在大襟岛南6.5公里处。《海国》：P6

小练 即小练岛，在福建平潭岛西北大练岛的西北海域上。《厦门》：P144、P164、P184

小鹿 浙江省台州市玉环县东的海岛。《海国》：P4《厦门》：

P146、P182《外海》：P206

小墓港　即小漠港，广东红海湾西的内港，在今广东省汕尾市海丰县小漠镇。《厦门》：P174、P188

小南日　即小日岛，南日岛北面的岛屿，今属福建省莆田市秀屿区南日镇。《海疆》：P90、P113《厦门》：P141、P152、P158、P164、P185

小升　当为小星山（闽南话"升"的读音近似"星"）。参见"小星"条。《厦门》：P139

小闽安　即万安（闽南话"闽"与"万"读音相近）。参见"万安"条。《厦门》：P140、P143

小万安　指小闽安，即万安（闽南话"闽"与"万"读音相近）。参见"万安"条。　《海疆》：P119《厦门》：P143、P159、P161、P164

小西洋　本书有两处称"小西洋"的地名：

一处指印度西南的戈什嗒。参见"戈什嗒"条。　《海国》：P15、P17、P18、P19、P20、P21

一处俗称"黄湾岛"，在福建省宁德市霞浦县东南海域，西洋岛的西北面。因相邻西洋岛，故名。《海疆》：P93、P120、P121、P122《厦门》：P137、P141、P144、P183

小星　大星岛西南海上的岛屿，在今广东省惠州市惠东县港口镇。《海国》：P5《海疆》：P81《厦门》：P135、P153

小洋山　即小洋山岛，在大洋山岛北面，今属浙江舟山市嵊泗县洋山镇。《外海》：P207

小窑澳　在福鼎市东南的小嵛山岛。参见"小嵛"条。《厦门》：P159

小鱼山澳　当指渔山列岛的北渔山岛，在石浦东南27海里的海域上。《厦门》：P181

小鱼山　在岱山岛西北的灰鳖洋海域，今属浙江省舟山市岱山

县。《海疆》：P99、P113、P114、P116、P120

小嵛 即小嵛山岛，位于福建省福鼎市东南海域，大嵛山岛的西面。参见"大嵛"条。《海国》：P4

小嵛山 此处指香港大屿山附近的岛屿。《海国》：P5

小屿 在浙江象山檀头山岛的西面，今属浙江省宁波市象山县檀头山乡。《海疆》：P122

小真屿 今柬埔寨福塞奥比（Fausse Obi）岛。《海国》：P16、P17

小坠 即小坠岛，位于福建泉州湾入海口，大坠岛的南面。《厦门》：P142

小岞 位于福建省泉州市惠安县小岞镇东山村，南隔着大港与大岞遥遥相对。古称小兜，现称东山城，宋熙宁间，设有小兜寨，明洪武二十年（1387年），置巡检司于此。《海疆》：P88、P103《厦门》：P142、P165、P167、P168、P185

孝顺洋 在今浙江省宁波象山港外、乱礁洋东南的牛鼻山水道一带。《海疆》：P110、P120、P122《厦门》：P141、P179《外海》：P207

斜阳 即斜阳岛，在广西涠洲岛的东南方。《外海》：P202

斜仔 即柴也（Chaiya）的旧译，一称赤野，亦称猜耶，在今泰国南部马来半岛东北岸，属素吩他尼府。《海国》：P15、P17

新安 即今之深圳市宝安区，清代原属广州府新安县，管辖香港岛和周围的岛屿，以及对岸的九龙。《外海》：P220

新安港 当在深圳宝安的前海湾一带。《厦门》：P172、P189

新潮港 在今海南省昌江黎族自治县西，昌化江口。《海国》：P6

新前 即神泉，在今广东惠来县南神泉镇。参见"神泉澳"条。《厦门》：P159

新英港 在今海南省儋州市西北。《海国》：P6《外海》：P201

新州　即今越南平定省之省会归仁，为越南中部港口城市。《海国》：P13

兴化　福建省莆田市之古称。北宋太平兴国五年（980 年），立兴化县，建太平军，寻改为兴化军，辖兴化、莆田、仙游三个县。《海国》：P4

兴化港　兴化湾上的港口。兴化湾，福建省福清市高山半岛的牛头尾至莆田市秀屿区石城角之间的海湾。《海疆》：P90、P119《厦门》：P159、P161、P185

杏仔　在福建古雷半岛东部。《厦门》：P166

荇仔　即杏仔。参见"杏仔"条。《厦门》：P187

徐公　即徐公岛，在浙江嵊泗列岛主岛泗礁山西，今属舟山市嵊泗县马关镇。《外海》：P207

徐闻　即今广东省湛江市的徐闻县，位于广东雷州半岛南部。《海国》：P6

许港　当指古港，位于东山港南岸，漳州市东山县樟塘镇东北部。《厦门》：P187

许屿　即古屿，也叫苦屿，在松下港外。参见"古屿"条。《厦门》：P144、P162、P164、P184、P192

许屿门　即古屿门。参见"古屿门"条。《厦门》：P140、P144、P158

玄钟　即悬钟。参见"悬钟"条。《厦门》：P136

悬澳　即悬钟。参见"悬钟"条。《海疆》：P84

悬钟　位于福建省诏安湾的西岸，今福建省漳州市诏安县梅岭镇南门一带，处于南海与东海交汇的突出部。明洪武二十年（1387年）建城置千户所。《海国》：P4《海疆》：P84《厦门》：P136、P160、P166、P187

浔江　即岑港（闽南话"浔"读音近似"岑"），在舟山市定海区西面的岑港镇。参见"岑港"条。《外海》：P196

蟳公澳 即岑港澳（闽南话"蟳"与"浔"同，读音近似"岑"；"公"与"港"读音相近）。参见"岑港澳"条。《外海》：P207

蟳广澳 也作蟳公澳，即岑港澳。参见"岑港澳"条。《厦门》：P141、P147、P149

Y

鸭池 即鸭池塘港，在福建省宁德市霞浦县大京村外。《海疆》：P105《厦门》：P137、P145、P159、P163、P183

鸭洲 今越南平顺海岛附近。《海国》：P16

崖门 位于广东省江门市新会区南西江入海中。《海国》：P6

崖州 即今海南省三亚市崖城镇，位于三亚市西，自南北朝起建制崖州。《海国》：P6《外海》：P201、P210

亚齐（achin） 今印度尼西亚苏门答腊岛西北部的亚齐特区一带，首府班达亚齐。《海国》：P17、P20

盐田 本书有两处称"盐田"的地名：

一处在苍南县东部沿海。古之苍南，为产盐重区，洪武八年（1375年）天富南监盐课司在芦浦城设场廨，盐场分布于万全永丰湫至蒲门沿浦间的90公里海岸线，较为著名的有芦浦、沿浦等。此盐田当在今石坪乡附近沿海。《海疆》：P96、P120、P121、P122《厦门》：P138、P141、P145、P152、P182《外海》：P206

一处指盐田港，在今福建宁德福安市和霞浦县的水上交界处，延深到宁德东冲口流入东海。《外海》：P206

盐田埭 或指苍南东部沿海的芦浦镇，今属浙江省温州市苍南县，其东面海上有琵琶山。参见"盐田"条。《海疆》：P106

盐洲港 在今广东省惠州市惠东县东南部内海，港中有盐洲岛，盛产原盐，故名。《外海》：P203

盐洲山　即盐洲岛，惠东县东南部考洲洋内的内陆海岛。参见"盐洲港"条。《厦门》：P174、P188

眼金湖　当在广东汕尾市白沙湖西，今名无考。《厦门》：P175、P188

燕州港　即长沙港的内港，在广东省汕尾市海丰县西，港西岸有燕洲村，故名。《海疆》：P81

羊山　即嵊泗列岛的洋山。参见"洋山"条。《厦门》：P148、P179

羊屿　本书的两处称"羊屿"和地名：

一处在浙江温州平阳港外。《厦门》：P146

一处即羊屿山，在广东南澳岛的的中北部。《厦门》：P176

阳江　即今广东省阳江市。《海国》：P6

阳江大澳　位于今广东省阳江市阳东区东平镇东南，为古老的渔港。《海疆》：P78《厦门》：P154《外海》：P203

杨柳坊澳　即杨柳坑，位于浙江象山南田岛的西南端，今属宁波市象山县鹤浦镇杨柳坑村。《厦门》：P181

杨山　即洋山。参见"洋山"条。《海疆》：P112

洋甫　即洋浦港，在今海南儋州市西北、新英港外。《外海》：P201

洋山　位于杭州湾口外嵊泗列岛的崎岖列岛，有大洋山和小洋山岛，一般洋山指大洋山，今属浙江省舟山市嵊泗县大洋镇。《海国》：P3、P4《海疆》：P100、P101、P120《厦门》：P141、P149、P156、P169、P180、P192

洋屿　本书有两处称"洋屿"的地名：

一处是广东南澳岛的羊屿山。参见"羊屿"条。《厦门》：P187

一处位于连江县黄岐半岛东北角北茭外洋面上的洋屿，今属福建省福州市连江县苔菉镇。《海疆》：P93《厦门》：P183

洋子江 即杨子江。《海国》：P3

仰船洲 即昂船洲，原为香港维多利亚港岛屿之一，位于九龙半岛的西面。后因填海工程而成为九龙半岛一部分，今属深水埗区。《外海》：P203

窑山垵 即位于福建省福鼎市东南海域的大嵛山岛。参见"大嵛山"条。《海疆》：P95

野马门 当为福建省福清市沙埔镇牛头尾南面之目屿岛与牛头尾间的水道。　《海疆》：P90、P103《厦门》：P143、P161、P164、P185

揖仔澳 在台湾省嘉义县西北沿海的椅仔寮，今嘉义县东石乡的下揖村及顶揖村。《厦门》：P134

閤年卷毛乌鬼地方 指几内亚湾沿岸地区，包括今几内亚比绍、几内亚共和国等。《海国》：P21

閤年乌鬼王国 其范围大致上相当于古代的刚果王国，即今之刚果（布）、刚果（金）及其邻近地方。《海国》：P21

永安 在今北海市铁山港东岸，今属广西北海市合浦县山口镇。《海国》：P6

永宁 位于泉州湾与围头湾中部的深沪湾北畔，今为福建省石狮市永宁镇。明洪武二十年（1387年），朝廷在此筑城设立永宁卫，下辖福全、崇武、中左（厦门）、金门、高浦五个千户所及祥芝、深沪、围头三个巡检司。《海国》：P4《海疆》：P87《厦门》：P134、P142、P161、P165《外海》：P205

永宁垵 位于福建深沪湾北畔。参见"永宁"条。《海疆》：P102、P119

永凝澳 即永宁垵。参见"永宁垵"条。《厦门》：P186

余动港 即儒洞港，又作如动港。参见"如动港"条。《海疆》：P78

鱼山 本书有两处称"鱼山"的地名：

一处当指小鱼山。参见"小鱼山"条。《海疆》：P119《厦门》：P180

一处应指南渔山，在石浦东南方向约47公里处，系渔山列岛主岛之一。《海疆》：P124《厦门》：P151、P155、P168

鱼山头 当为大渔山，在浙江省岱山岛西北的灰鳖洋海域，今属舟山市岱山县高亭镇。《海疆》：P112

鱼塘 即鱼塘湾，在今广东省台山市赤溪半岛的西南部，铜鼓湾的西面。《外海》：P203

渔山 在舟山岛西北、岱山岛西面，今浙江省舟山市岱山县渔山乡。《海国》：P4

屿坪 有东屿坪和西屿坪两座对望的小岛，在台湾省澎湖列岛的望安岛和七美岛中间。《厦门》：P167

屿头 即屿头岛，在福建省平潭县西北面，东北与福清市海口、长乐市松下隔水相望。属福州市平潭县屿头乡。《海疆》：P91

玉环山 位于浙江省乐清湾东侧的玉环半岛。《外海》：P196、P206

云界寺 即云盖寺，在广东南澳岛之东南部，宋时所建。《厦门》：P160

Z

宰牛坑 即吕宋岛北部的阿帕里（Aparri）港。《海国》：P11

贼仔垵 即贼仔澳。参见"贼仔澳"条。《海疆》：P119

贼仔澳 本书有多处称"贼仔澳"，多泛指海盗藏身的海湾，唯此处专指的是福建湄洲岛西部的海湾。《海疆》：P88《厦门》：P161、P185《外海》：P205

乍浦 即今浙江省平湖市东南部的乍浦镇，傍杭州湾，明、清时期为海防重镇。《海国》：P3《海疆》：P119、P121、P122《厦

门》：P133、P141、P148、P149、P180《外海》：P207

寨浪澳 即遮浪澳（闽南话"寨"与"遮"读音相似）。参见"遮浪"条。《海疆》：P82

占城 印度支那古国，又称占婆（Champa）。位于印度支那半岛东南沿海地带，北起今越南河静省的横山关，南至平顺省潘郎、潘里地区，即今越南中南部。王都为因陀罗补罗（今茶荞）。1697年为越南所灭。《海国》：P13、P14

朝离角 当为广东省徐闻县西南部角尾乡最南端的沼尾角，此地形似一支角伸向大海，故称为角尾。《厦门》：P154

召离角 即朝离角。参见"朝离角"条。《厦门》：P170

诏安港 即诏安湾，福建省漳州市的诏安县与东山县之间的港湾，在悬钟东面。《厦门》：P136、P160、P187

遮浪 位于粤东红海湾与碣石湾交接的遮浪半岛（又称南澳半岛）、碣石港西岸，有港湾称"遮浪澳"，今属广东省汕尾市城区东部的遮浪街道。《海国》：P5

遮浪角 又名遮浪岩，在遮浪半岛的南端岬角。参见"遮浪"条。《外海》：P204

者篮港 即柘林湾。参见"樵篮"条。《厦门》：P187

樵篮 当为柘林（樵，同"柘"；闽南话"林"字有读作"篮"音），即广东省潮州市饶平县的柘林湾，东北有柘林寨。《厦门》：P160、P166

樵林 即柘林。参见"樵篮"条。《海疆》：P84

樵嘟头 即遮浪角。参见"遮浪角"。《厦门》：P153

樵郎澳 即遮浪澳。参见"遮浪"条。《厦门》：P175

珍珠墩 在广西白龙半岛西面珍珠港海域上。《厦门》：P155

珍珠洲 即珍珠墩。参见"珍珠墩"条。《外海》：P201

镇东 位于今福建省福清市海口镇城里村，洪武二十一年（1388年）在此设镇东卫指挥使司，辖梅花、万安两个守御千户

所。《海国》：P4

镇海　本书有两处称"镇海"的地名：

一处在福建太武山南，今龙海市东南之隆教乡镇海村一带。明洪武二十年（1387年）置镇海卫，辖六鳌、铜山、悬钟三千户所。清顺治十四年（1657年）废。《海国》：P4《海疆》：P85、P86、P117、P121、P122、P126《厦门》：P134、P136、P140、P153、P160、P165、P187《外海》：P204

一处位于宁波甬江口，今浙江省宁波市镇海港。《海国》：P3《海疆》：P110

镇海关　即今浙江省宁波市镇海港。参见"镇海"条。《海疆》：P116《厦门》：P147

镇下　即今浙江省温州市苍南县的霞关，古称镇霞关，又作镇下关，是浙江省最南端的滨海渔村，东南濒临北关港，与福建海域连接，西与福建省福鼎市沙埕港隔海相望。《海疆》：P106《厦门》：P163

枝山　即披山。参见"披山"条。《海国》：P4

织浓港　即丰头港，广东省阳西县溪头镇丰头村外海湾，发源于阳西县新圩镇织簀河由此入海，故称。《海疆》：P78

知汶　即帝汶岛（Timor. I.），位于萨武（Savu）和帝汶两海之间的小巽他群岛最东端的岛屿。《外海》：P209、P210

芷寮　位于今广东省吴川市吴阳镇街南，为古代闽粤商船集散之地，元末成港，明代最盛，清代因沙泥淤塞而逐渐衰落，今已废。《海疆》：P77

中茭　在闽江口，今名无考。《海疆》：P93

中山国　在琉球群岛。12世纪，琉球分中山、南山、北山三国，明初开始向明政府朝贡。永乐年间并为中山国，都首里，在今冲绳岛。1879年，日本强占琉球，将国王尚泰流放到东京，把琉球改为冲绳县。《海国》：P9

中窑　在浙江舟山群岛普陀山南面的小岛，与南窑相邻。《海疆》：P100、P110《厦门》：P181

刣牛房　在澳门十字门水域内。　《海疆》：P80《厦门》：P172、P189

州山　即舟山岛，为舟山群岛中最大的岛，今浙江省舟山市政府所在地。《海疆》：P100

洲山　即舟山。参见"州山"条。《厦门》：P147、P151、P152

洲门　当指古雷半岛与菜屿列岛主岛沙洲岛间的水道。《海疆》：P121《厦门》：P136、P153、P160、P187

洲门菜屿　即沙洲岛东面的菜屿列岛。参见"菜屿"条。《海疆》：P85

朱澳　当为滋澳（闽南话"朱"与"滋"同音）。参见"滋澳"条。《海疆》：P91、P92

朱葛礁喇　即苏卡达纳（Sukadana），在印度尼西亚加里曼丹岛西岸。《海国》：P12、P13

珠澳　当为滋澳（闽南话"珠"与"滋"同音）。参见"滋澳"条。《海疆》：P121

猪母礁　在福建省莆田市秀屿区平海镇东面海上。《海疆》：P121《厦门》：P143

猪母落水　即山水里，曾名珠江，在澎湖本岛大山屿，属澎湖县澎南区。有港湾名"猪母落水澳"。《厦门》：P167、P191

猪头岙　当为位于浙江台州市临海市东南海面上的猪头屿，或位于台州市温岭市东南端的猪头礁。《外海》：P196

竹篙屿　本书有两处称"竹篙屿"的地名：

一处在广东深圳大鹏湾外一带，今名无考。《海疆》：P81

一处当在浙江省玉环县东南面坎门湾一带，今名无考。《海疆》：P97、P107、P113

竹根屿　当为根竹仔屿，在福建省霞浦县福宁湾内。　《海

疆》：P105

竹齐港　当为竹峙港，浙江省岱山县高亭镇东、面对小长涂岛的港湾。《外海》：P196

竹沙门　当为舟山岛定海港内的竹山门。《厦门》：P147

竹山　在今广西防城港市东兴市竹山镇北仑河河口，为中国海岸线最西端。《外海》：P201：

竹屿　本书有五处称"竹屿"的地名：

一处在广东大鹏民大亚湾一带，今名无考。《厦门》：P135

一处为竹屿港，在平潭岛西海岸中部，今属平潭县北厝镇。《海疆》：P91《厦门》：P162、P164、P184《外海》：P205

一处为福建湄洲湾北岸吉蓼古城城下港口南面的小岛，或即大、小竹岛。《海疆》：P89

一处在浙江玉环县东南面坎门湾一带，或指竹篙屿。《厦门》：P146

一处在暹罗港口。《海国》：P17

竹仔澳　当在广东省汕尾市遮浪湾外，今名无考。《厦门》：P174、P188

状元澳　本书有两处称"状元澳"的地名：

一处在福建霞浦县长春镇东南、浮鹰岛后。《厦门》：P145、P163、P183

一处在浙江省温州市洞头县蒲瓜屿西面。《海疆》：P106、P107《厦门》：P146《外海》：P206

滋澳　亦作磁澳，在福建省长乐市东南、福清湾北岸。《外海》：P205

子午岛　即芝罘岛，在山东省烟台市区北端。《海疆》：P115、P116《厦门》：P157、P169、P179

自澳　当为滋澳（闽南话"自"与"滋"读音相近）。参见"滋澳"条。《厦门》：P137、P144、P162、P164、P184

棕蓑澳 当为今福建省福鼎市东南部的秦屿镇外的海湾。清移烽火营驻此，故有"棕蓑澳即烽火营"之说。《海疆》：P95《厦门》：P145《外海》：P206

走马埔 本书有两处称"走马埔"的地名：

一处即走马埔村，在广东南澳岛的西北部，今属汕头市南澳县深澳镇。《厦门》：P176

一处当为今香港走马地。《厦门》：P172

足溪 当为爵溪（闽南话"足"与"爵"同音），在象山半岛东北部，今属浙江省象山县爵溪镇。《厦门》：P147

岞浦 即乍浦。参见"乍浦"条。《厦门》：P149

后　记

　　厦门地处东南沿海，明清时期已是通洋口岸和海防重镇，浓厚的海洋文化氛围，催生了一部部凝结着海上活动经验的海疆文献。《厦门海疆文献辑注》收录的六部清代厦门海疆文献，就是历尽百年沧桑后得以留存下来的部分作品。这些作品，内容涉及我国沿海海疆形势、航海针路、潮信气候，乃至世界海洋沿岸国家的地理民俗状况，又涉及清代水师的防海策略、海战战术及航海技术，提供的历史信息颇为丰富。其中最具有代表性的是陈伦炯的《海国闻见录》，它是清代第一部综合性海洋地理名著，在我国的海疆研究中发挥巨大作用，影响十分深远。成书以来，一再刊刻出版，并被纳入《四库全书》之中，由此足见珍贵。

　　六部文献之珍贵，还在于其版本价值。除《海国闻见录》外的其他五部作品，皆为稀见古籍，极可能都是硕果仅存之孤本。李增阶的《外海纪要》和林君升的《舟师绳墨》分别珍藏于福建省图书馆和国家图书馆，藉着《续修四库全书》的影印出版，世人才得一睹芳容。而李廷钰的《海疆要略必究》和《靖海论》、窦振彪的《厦门港纪事》，则一直深藏秘阁，鲜为人知。此次我们将其开发出来，方得揭其面纱。其中，《靖海论》虽曾付诸梨枣，然今只查得此手抄本；《厦门港纪事》则唯有手抄本存世了。

　　六部作品的五位作者，除了窦振彪外，都是厦门籍的水师将领。故其作品是地地道道的厦门文献。窦振彪虽非厦门籍人士，但是他自道光十一年（1831年）任金门镇总兵至道光三十年（1850年）卒于水师提督任上，驻扎厦门前后有二十年之久，其一生的最主要岁月是在这里度过的。不仅如此，他的后裔也世世代代在厦门定居下来。现今市公安局所在地的瓮王巷，就曾有一座窦家府第。因此说他是厦门人也不为过。更为主要的是，窦振彪的《厦门港纪事》是在厦门完稿。从书中频繁出现的闽南方言来看，窦振彪所编撰的这部书，极可能是汇集诸多闽南海上行家之经验记录。因此将其列入厦门海疆文献，也是顺理成章的。

鉴于以上三点理由，我们将这六部文献列入《厦门文献丛刊》编纂计划之中，汇辑点校出版。实际上，现今存世的厦门海疆文献，还有林树梅的《闽海握要图说》一部。该书载于《啸云山人文抄》卷十三之中，因我馆已将《啸云文抄》列入《厦门文献丛刊》之中点校出版了，故不在这里重复。

六部作品依"从总到分"排序。《海国闻见录》为海疆总体形势，故列于首编；《海疆要略必究》、《厦门港纪事》和《外海纪要》是航海针路、潮信气候等具体航海知识，则续之其后。《靖海论》论述防海策略，《舟师绳墨》阐述海战战术，编排于最后。个别作品的原有篇章编排较无序，我们对其进行归类，前后顺序稍作调整。对原无标题的篇章，我们拟加了标题，以"〈　〉"标识，令其更为完整。

《海国闻见录》等四部作品，有诸多港口、海岛、礁汕的地名，是海疆形势与海道水程的重要信息，除了个别的地名确实无法考证外，我们尽可能地将它们提出来加以注释。由于这些地名信息数量极大，且在各部作品中反复出现，故采用集中注释的方法，于书后专置《地名注释索引》一章。且将各条注释按地名的汉语拼音字母音序排列，并在各条地名注释之后，标识其在书中出现的篇名和页码，以便读者阅读时查检。

本书的校注出版，得到了许多热心人的支持与帮助，上海图书馆、福建省图书馆和同安区图书馆分别提供了《厦门港纪事》、《靖海论》和《海疆要略必究》的影印件，厦门文献丛刊编委会顾问江林宣、何丙仲先生为本书的编纂提出了十分宝贵的指导意见，厦门大学人文学院历史学系周运中老师对本书的地名注释作了认真仔细的审校；责任编辑薛鹏志先生尽力校务，付出甚多艰辛劳动。特此向他们表示衷心感谢！

由于辑注者的学识水平有限，对原著的许多表述理解不透，因此校注方面肯定存有诸多疏漏舛误之处，还望方家多多给予批评指正。

编　者

2012 年 11 月

图书在版编目(CIP)数据

厦门海疆文献辑注/陈峰辑注. —厦门:厦门大学出版社,2013.12
(厦门文献丛刊)
ISBN 978-7-5615-4553-9

Ⅰ.①厦… Ⅱ.①陈… Ⅲ.①海疆－文献－厦门市－清代
Ⅳ.①K928.19

中国版本图书馆 CIP 数据核字(2013)第 029414 号

厦门大学出版社出版发行
(地址:厦门市软件园二期望海路 39 号 邮编:361008)
http://www.xmupress.com
xmup @ xmupress.com
厦门市明亮彩印有限公司印刷
2013 年 12 月第 1 版 2013 年 12 月第 1 次印刷
开本:889×1194 1/32 印张:12 插页:2
字数:310 千字 印数:1~3 000 元
定价:35.00 元
如有印装质量问题请与承印厂调换